主要手続き年間カレンダー

	労働保険関係	社会保険関係
1月	**末日** ・労働者死傷病報告書の提出 　（休業4日未満・10～12月分） 　→124ページ参照 ・労働保険料第3期納期限	
2月		
3月		・健康保険料率・介護保険料率の改定月→206ページ参照 　（控除対象月＝当月控除3月、翌月控除4月）
4月	**不定期** ・労働保険率の改定時期 　→238・240ページ参照 **末日** ・労働者死傷病報告書の提出 　（休業4日未満・1～3月分） 　→124ページ参照	
5月	・労働保険年度更新申告書類送付時期 　（5月末頃に役所から送付。納付期日7月10日）	
6月	**6月1日～7月10日まで** ・労働保険の年度更新手続きの開始 　→242ページ参照	

毎月10日
・外国人雇用状況届出書の届け出
　（前月採用の外国人雇用保険被保険者分）
　→57ページ（外国人雇用状況記載欄）・
　62ページ参照

毎月月末
・健康保険・厚生年金保険料の納付→204ページ参照
・外国人雇用状況届出書の届け出
　（前月採用・離職の雇用保険被保険者ではない外国人分）
　→62ページ参照

●生年月日に応じた手続き等

時期	区分	手続き
40歳到達	社会保険	介護保険料の徴収開始→176ページ参照
65歳到達	社会保険	介護保険料の徴収終了→186ページ参照
70歳到達	社会保険	70歳到達届の提出→198ページ参照 （ただし、70歳到達日時点の標準報酬月額相当額が70歳到達日の前日における標準報酬月額と同額の場合は提出不要）
	社会保険	厚生年金保険料の徴収終了→198ページ参照
75歳到達	社会保険	健康保険被保険者資格喪失届の提出→198ページ参照

	労働保険関係	社会保険関係
7月	**10日** ・労働保険概算保険料・確定保険料申告書提出期限（労働保険料第1期納期限） →244ページ参照 **末日** ・労働者死傷病報告書の提出 （休業4日未満・4〜6月分） →124ページ参照	**10日** ・健康保険・厚生年金の算定基礎届提出期限→218ページ参照 **15日** ・高年齢者・障害者雇用状況報告書提出 **夏季賞与期** ・被保険者賞与支払届提出 （支給日から5日以内） →230ページ ・昇給時の社会保険＝月額変更届の要否チェック→222ページ参照
8月		
9月		・定時決定（算定）後の社会保険料の反映対象月→212ページ参照 （控除対象月＝当月控除9月、翌月控除10月）
10月	**末日** ・労働者死傷病報告書の提出 （休業4日未満・7〜9月分） →124ページ参照 ・労働保険料第2期納期限	
11月		
12月		**冬季賞与期** ・被保険者賞与支払届提出 （支給日から5日以内） →230ページ

●その都度発生する手続き等

内容	区分	時期	手続き
社員入社	社会保険	5日以内	健康保険・厚生年金被保険者資格取得手続き →52ページ参照
	雇用保険	翌月10日まで	雇用保険被保険者資格取得手続き →56ページ参照
社員退社	社会保険	5日以内	健康保険・厚生年金被保険者資格喪失手続き →66ページ参照
	雇用保険	10日以内	雇用保険被保険者資格喪失手続き →76ページ参照
賞与支給	社会保険	5日以内	被保険者賞与支払届 →230ページ参照

図解 即 戦力

はじめて実務する人にも
カラーで見やすく親切！

社会保険・
労働保険の

これ
1冊で

届け出と手続きが
しっかりわかる本

特定社会保険労務士
小岩和男
監修

技術評論社

はじめに

　ビジネス社会の現状は正に多様化時代。現在の企業環境を見てみると、年代は若年層から高年齢者まで、雇用形態も正規型・非正規型が混在しています。そんな環境下のキーワードは、ワークライフバランスです。本書を読み進めていくと、そのキーワードの通り、順調に仕事を進めるための支援制度の充実に気がつくことでしょう。入社してから退職に至るまで（退職後も一部含む）、社会保険・労働保険は非常に身近な制度です。健康保険証は入社後即発行されますから、まず思い浮かぶのは健康保険でしょうか。

　本書を手に取られた方は、企業の経営者・実務担当者の方が多いことでしょう。社会保険・労働保険は非常に多岐に渡るため、今後も雇用環境の変動によりその都度法改正があります。これからはじめて実務をされる方はもちろんのこと、実務をある程度こなされているベテランの方も、本書で全体像（基礎知識）を整理することができます。社会保険・労働保険は、年間・月次のルーチン業務がある程度決まっているため、基礎ができていれば今後の法改正にスムーズな対応ができます。

　各制度は行政窓口がそれぞれ異なることから、一箇所ですべてが完結できないのが特徴です。その都度、疑問点を各窓口等に照会して実務をこなすことになりますが、それを一冊で解決支援してくれるのが本書籍です。本書は、解説文を理解するための図表や実務に必要な書式（記載例）をふんだんに載せておりますので、非常に実践的なものとなりました。付録の事例別チェックシートもフル活用し実務の合理化・簡素化を進めて参りましょう。
　ボリュームの関係で制度内容をすべて網羅できているわけではありませんが、実務担当の皆様のパートナーとして本書籍を辞書的にフル活用頂ければ幸いです。

2024年1月

特定社会保険労務士　小岩　和男

CONTENTS

<u>Chapter</u> 1

社会保険・労働保険の基本をおさえる

従業員の入社時・退職時の手続き

Chapter 3

妊娠・出産・育児・介護に伴う手続き

Chapter 4
病気・ケガ・死亡に伴う手続き

Chapter 5

従業員の各種変更手続き

Chapter 6

定年再雇用・高齢者など年齢で発生する手続き

Chapter 7

社会保険料・労働保険料の決め方・納め方

Chapter 8

会社に変更があった際の手続き

Chapter 9

電子申請と届け出状況の確認・訂正手続き

本書の使い方

本書の構成

　本書は、基本的に見開き２ページ単位の解説と、関連する書式の記入例で１つの節を構成しています。まず左ページの解説を読み、その後に、右ページの図解や表を確認すると理解が深まります。その後、記入例を参考にして自らの事情に合わせて書類を作成していってください。

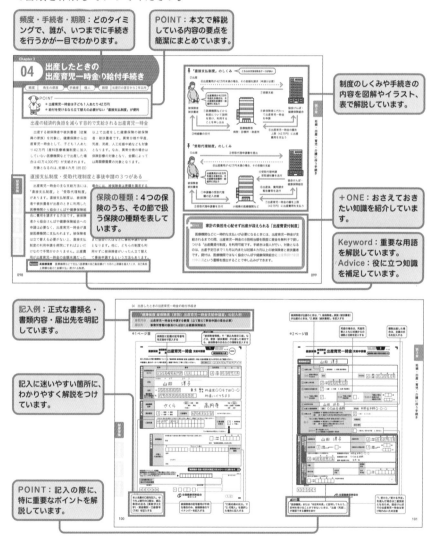

頻度・手続者・期限：どのタイミングで、誰が、いつまでに手続きを行うかが一目でわかります。

POINT：本文で解説している内容の要点を簡潔にまとめています。

制度のしくみや手続きの内容を図解やイラスト、表で解説しています。

保険の種類：4つの保険のうち、その節で扱う保険の種類を表しています。

＋ONE：おさえておきたい知識を紹介しています。

Keyword：重要な用語を解説しています。
Advice：役に立つ知識を補足しています。

記入例：正式な書類名・書類内容・届出先を明記しています。

記入に迷いやすい箇所に、わかりやすく解説をつけています。

POINT：記入の際に、特に重要なポイントを解説しています。

ダウンロードできるチェックシート

　本書中で用意しておくといいといっているチェックシート（あるいは手続きに役立つ書類）は、本書のサポートページからダウンロードできます。

- ●ダウンロードURL
  https://gihyo.jp/book/2021/978-4-297-12506-6/support

●ダウンロードできる書類一覧

解説ページ	ファイル名	概要
1章P43	マイナンバー社内体制チェックシート（docx）	従業員のマイナンバーを取得・利用・提供・保存する際の要点の一覧です。
2章P46	入社時諸事項届出書（docx）	従業員の入社の前に渡し、社会保険・労働保険の加入に必要な情報をあらかじめ入手するための書類です。
2章P46	入社手続きチェックシート（docx）	従業員の入社の際に必要な手続きの一覧です。
2章P64	退職手続きチェックシート（docx）	従業員の退社の際に必要な情報と手続きの一覧です。
3章P88	産前・育児関連手続きチェックシート（docx）	従業員（または被扶養者）の出産・育児の際に必要な情報と手続きの一覧です。
5章P156	氏名・住所変更手続きチェックシート（docx）	従業員の氏名・住所変更の際に必要な情報と手続きの一覧です。
6章P176	従業員名簿（年齢確認シート）（xlsx）	従業員の年齢を管理するシートです。40歳・60歳・65歳・70歳・75歳の節目となる年の従業員がいないか、一目でわかるようになっています。
7章P236	兼務役員雇用実態証明書（docx）	雇用保険の加入申請の際に、兼務役員の雇用状況を証明するために添付する書類です[※]。
7章P236	同居の親族雇用実態証明書（docx）	雇用保険の加入申請の際に、同居の親族の雇用状況を証明するために添付する書類です[※]。
7章P246	労働保険料申告書の提出前チェックシート（docx）	労働保険料申告書の作成の際に確認が必要な項目の一覧です。提出前に、最終チェックをしましょう。
8章P262	代表者変更チェックシート（docx）	代表者の変更の際に必要な情報と手続きの一覧です。

※東京労働局東京ハローワークのホームページでもダウンロード可能

参考　東京労働局東京ハローワークのホームページ：https://jsite.mhlw.go.jp/tokyo-hellowork/kakushu_jouhou/sinsei_todokede/koyounushi/koyou_hoken.html

ダウンロード書類の使い方

　ダウンロードファイルはZIP形式で圧縮されていますので、展開してご利用ください。展開するにはWindowsの場合、ファイルを右クリックして「すべて展開」を選択します。展開されたフォルダーに前ページの複数のファイルが現れます。

　書類は、用途に応じてWord形式またはExcel形式で作成されています。ファイルを開いて記入内容を編集するには、お使いのパソコンにMicrosoft Officeアプリケーションが別途必要です。

　同じ書類のPDF形式を用意していますので、印刷して手書きで記入する場合はご利用ください。PDFファイルはAdobe Acrobat Reader（無料）で開くことができます。

●ダウンロードできる書類例

入社手続きチェックシート

> シートに直接入力したり、印刷して書き込んだりして使用してください。

> 生年月日を打ち込めば従業員の年齢を確認することができます。

従業員名簿（年齢確認シート）

> これらの書類を利用すれば、スムーズに手続きを進めることができます。

014

第1章

社会保険・労働保険の基本をおさえる

社会保険・労働保険は、被保険者の立場ではただ保険料を払うだけかもしれません。事業主の立場になると、複数ある保険制度を理解して、適正な時期に届け出や手続きをする必要が生じます。第1章では、各保険のしくみや目的、対象者について理解し、その違いを整理しておきしょう。

01 社会保険と労働保険を 知ろう

| 頻度 | − | 手続者 | − | 期限 | − |

POINT

- 社会保険は、人々が生活する上で生じるリスクに備えるための保険
- 一定条件を満たす国民には、社会保険への加入義務がある

広義の社会保険、狭義の社会保険

会社が加入している保険のことを総じて「社会保険」と呼びますが、社会保険は広い意味で使われる場合と狭い意味で使われる場合があります。「広義の社会保険」は、病気やケガ、障害、老齢、死亡などに対して必要な給付を行う、国や自治体が運営する公的な保険のことです。それには、「狭義の社会保険」と「労働保険」の2つがあります。狭義の社会保険は「健康保険」「介護保険」「厚生年金保険」の3つに

分けられ、労働保険は「労災保険」「雇用保険」の2つに分けられます。一口に社会保険といっても、さまざまな意味があることを知っておきましょう。

5つの保険は、特徴も手続きも、手続きを行う窓口も異なります。そのため、総務担当者が従業員から社会保険について質問を受けたときには、従業員がどの保険の話をしているかを特定しましょう。

社会保険の加入について

従業員が社会保険に加入するときには、**事業主**である会社が手続きを行います。保険料を誰が負担するかは、保険の種類によって異なります。労災保険は事業主のみが負担しますが、その他の保険は、事業主と**被保険者**が分担して負担します。被保険者が負担する保険料は、給与や役員報酬から天引きする形で事業主が徴収して、保険の引

き受け主体に払い込みます。総務担当者は、給与計算業務の一環として、社会保険料の計算を行わなければなりません。毎月行う事務手続きもあれば、従業員の被扶養者の変更や出産のときに発生する給付手続きなど、頻繁に生じない手続きもあります。年間スケジュールを一覧表にしておくと便利です（本書の巻頭見開きを参考）。

健康保険

厚生年金

労災保険

雇用保険

Keyword **事業主** 事業を経営する人や団体。法人の場合はその法人を、そうでない場合は代表者を指す。
被保険者 保険料を支払って保険に加入している人のこと。

📌 社会保険の種類

保険の種類		保険の内容	加入対象者
「健康保険」、「介護保険」、「厚生年金保険」の3つを合わせたもの → （狭義の）社会保険	健康保険	業務外で病気やケガをしたとき、出産したときなどに給付される	・すべての法人事業所（被保険者1人以上） ・個人事業所（常時従業員を5人以上雇用している）
	介護保険※	介護が必要になった際に、介護サービスなどが受けられる	40歳から64歳までの健康保険の加入者
	厚生年金保険	老齢、障害、死亡時などに給付される	・すべての法人事業所（被保険者1人以上） ・個人事業所（常時従業員を5人以上雇用している）
国民の生活を保障するために設けられた公的な保険のこと → 労働保険	労災保険（労働者災害補償保険）	業務上・通勤途上に発生した、病気やケガで療養するときなどに給付される	雇用形態に関わらず、すべての労働者
「労災保険」、「雇用保険」の2つを合わせたもの	雇用保険	失業したときや育児休業を取るときなどに給付される	1週間の所定労働時間が20時間以上、31日以上の雇用見込みがある労働者

（広義の）社会保険

※会社（事業主）は、介護保険料を健康保険料に上乗せして納付します。

ONE

日本の社会保険制度を支える「国民皆保険・皆年金」とは

　日本では、国民は何らかの公的医療・年金保険制度に加入しなければならないとされています。国民全員が保険料を負担することによって、病気やケガなどで医療行為を受けるときの医療負担を軽くすることができ、老後生活などの収入が保障されます。これを「国民皆保険・皆年金」といいます。

　国民皆保険制度が実現する直前の1960年に比べ日本人の平均寿命は、大幅に伸びました。高い健康水準を実現していることや費用負担の公正さなどから、日本の医療は世界でも高く評価されています。

Advice　社会保険を構成する5つの保険は、制度趣旨や目的が異なるため、補償する内容にも違いがある。制度趣旨や目的をおさえておくと、それぞれの保険の違いを理解しやすい。

02 医療保険の種類と給付対象を知ろう

| 頻度 | － | 手続者 | － | 期限 | － |

POINT
- 会社員は「協会けんぽ」か「健康保険組合」のどちらかに加入する
- パートタイマーや自営業者などは国民健康保険に加入する

協会けんぽと健康保険組合

日本の医療保険制度は、職域によって加入する保険が異なります。会社で働く社員などは、原則として「協会けんぽ」か「健康保険組合」のどちらかに加入します。

協会けんぽと健康保険組合は、保険料を事業主と被保険者で折半する点は共通ですが（健康保険組合では事業主の負担割合が高いこともある）、会社の規模によってどちらに加入するかが異なります。主に従業員の多い大企業は認可を受けて設立された健康保険組合に、その他、中小企業の従業員は協会けんぽに加入します。

保険料の設定方法も異なっており、協会けんぽは、適用事業所がある都道府県ごとに保険料率が決まっています。

一方、健康保険組合は、組合が個別に保険料率を設定することができます。協会けんぽに比べて健康保険組合の方が保険料率が安く設定されていたり、健康保険組合には協会けんぽにはない独自の付加給付が設定されていたりと、給付内容にも差があります。

協会けんぽは、毎年3月（4月納付分）に保険料率の見直しが行われますので、総務担当者は、給与計算時に漏れがないように注意しましょう。

健康保険と国民健康保険の違い

国民健康保険は、都道府県や市町村が保険者となり運営する公的な医療保険制度です。健康保険の加入要件を満たさないパートタイマーや、自営業者、無職の人などが加入します。

国民健康保険には事業主負担分がな

いため、全額被保険者が納付しなければなりません。

また、国民健康保険は加入人数によって保険料が変わる点や、傷病手当金や出産手当金がないなど、健康保険と異なる点があります。

Keyword **協会けんぽ** 公的健康保険の1つ。全国健康保険協会が運営しており、主に中小企業が加入。
健康保険組合 社員数700人以上の企業（企業共同で3000人）で認可を受けて設立できる。

健康保険

厚生年金

労災保険

雇用保険

健康保険給付一覧

		本人への給付	給付額	被扶養家族への給付	給付額
病気やけがをしたとき	保険診療を受けたとき	療養の給付	医療費の7割（70歳以上75歳未満は8割、ただし現役並み所得者は7割給付）	家族療養費	医療費の7割（義務教育就学前は8割、70歳以上75歳未満は8割、ただし現役並み所得者は7割給付）
		入院時食事療養費	1食につき、460円（住民税非課税世帯210円）を超えた額	入院時食事療養費	1食につき、460円（住民税非課税世帯210円）を超えた額
		入院時生活療養費	65歳以上で療養病床入院時の生活療養標準負担額（食費・居住費）を超えた額	入院時生活療養費	65歳以上で療養病床入院時の生活療養標準負担額（食費・居住費）を超えた額
		保険外併用療養費	先進医療など差額を負担して医療を受けたとき、健康保険の適用部分は療養の給付と同じ	保険外併用療養費	先進医療など差額を負担して医療を受けたとき、健康保険の適用部分は家族療養費と同じ
		訪問看護療養費	訪問看護サービスを受けたとき、その費用の7割（70歳以上75歳未満は8割、ただし現役並み所得者は7割給付）	家族訪問看護療養費	訪問看護サービスを受けたとき、その費用の7割（義務教育就学前は8割、70歳以上75歳未満は8割、ただし現役並み所得者は7割給付）
	立替払いのとき	療養費	医療費の7割（70歳以上75歳未満は8割、ただし現役並み所得者は7割給付）	家族療養費	医療費の7割（義務教育就学前は8割、70歳以上75歳未満は8割、ただし現役並み所得者は7割給付）
		高額療養費	1カ月の窓口の負担金が自己負担限度額を超えたとき、その超えた額	高額療養費	1カ月の窓口の負担金が自己負担限度額を超えたとき、その超えた額
		高額介護合算療養費	世帯で医療・介護両保険の自己負担額を合算し、限度額を超えたとき、その超えた額	高額介護合算療養費	世帯で医療・介護両保険の自己負担額を合算し、限度額を超えたとき、その超えた額
	緊急時などに移送されたとき	移送費	緊急の入院・転院などで移送されたとき	家族移送費	緊急の入院・転院などで移送されたとき
	療養のため休んだとき	傷病手当金	病気やケガで仕事を休み、収入がないとき、1日につき標準報酬日額の3分の2相当額を最長1年6カ月間		
出産したとき		出産育児一時金	産科医療補償制度に加入している医療機関等で出産したときは1児につき50万円を支給 ※妊娠22週以後の出産（死産を含む）の場合に限る	家族出産育児一時金	産科医療補償制度に加入している医療機関等で出産したときは1児につき50万円を支給 ※妊娠22週以後の出産（死産を含む）の場合に限る
		出産手当金	出産で休み、収入がないとき、1日につき標準報酬日額の3分の2相当額を産前42日間（双子以上は98日間）、産後56日間		
死亡したとき		埋葬料（費）	死亡者により生計維持していた者に5万円。いない場合は、埋葬を行った者に、その額の範囲内で埋葬費用相当額が支給	埋葬料	被扶養家族が死亡したとき、被保険者に5万円支給

Advice 健康保険に関する手続きの窓口は、協会けんぽと健康保険組合のとちらに加入しているかによっても変わってくる。各健康保険組合独自の給付などもあるため、違いに注意しよう。

03 年金制度の種類としくみを知ろう

| 頻度 | － | 手続者 | － | 期限 | － |

POINT
- 日本の公的年金制度には、国民年金と厚生年金がある
- 会社員は国民年金以外にも厚生年金保険に加入している

国民年金は日本に住むすべての人（国籍関係なし）が加入対象

国民年金は基礎年金とも呼ばれ、国籍に関係なく日本に住む20〜60歳未満のすべての人が加入を義務づけられています。65歳以降に年金給付（老齢年金）を受け取れるしくみになっていますが、それだけでなく、重度の障害を負ったときに受け取れる障害年金や、遺族が受け取ることができる遺族年金などもあります。

国民年金は、加入者が3種類に分かれています。第2号被保険者は、厚生年金の加入者である民間会社員や公務員などです。第3号被保険者は、厚生年金に加入している第2号被保険者に扶養されている、20歳以上60歳未満の配偶者（年収が130万円未満の人）です。また、第2号被保険者・第3号被保険者以外の人が第1号被保険者となります。

厚生年金保険は適用会社（事業所）に入社すると加入対象

厚生年金保険の適用事業所で働いている従業員が加入するのが厚生年金保険です。厚生年金保険も国民年金同様、国籍を問わず加入対象となります。また、正社員だけでなく、一定要件を満たしているパートタイマーや契約社員なども加入対象となります。

国民年金は収入に関係なく保険料が決まっていますが、厚生年金保険は給与・賞与の額によって保険料が変動します。保険料は事業主と被保険者で折半します。

年金制度は、3階建て構造（右ページ上図）になっており、1階部分は国民全員が加入する国民年金です。2階部分は職業に応じた上乗せ給付を行う厚生年金です。会社員は国民年金に加え厚生年金保険にも加入しています。さらに、企業や団体が運営する企業年金などが上乗せされたのが3階部分です。

Keyword **障害年金** 一定の障害を受けたとき、障害の程度に応じて受け取ることができる年金。
遺族年金 国民年金・厚生年金保険の被保険者により生計を維持されていた遺族への年金。

年金制度のしくみ

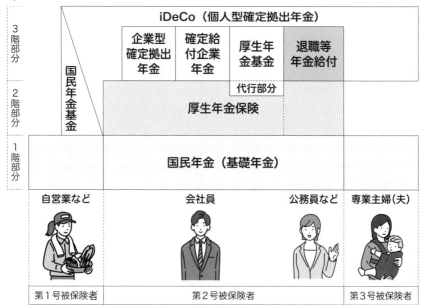

	iDeCo（個人型確定拠出年金）			
3階部分		企業型確定拠出年金	確定給付企業年金	厚生年金基金	退職等年金給付

国民年金基金

代行部分

厚生年金保険

2階部分

1階部分 国民年金（基礎年金）

自営業など	会社員	公務員など	専業主婦（夫）
第1号被保険者	第2号被保険者		第3号被保険者

1階の国民年金（基礎年金）と2階の厚生年金保険の上の3階部分に、企業や団体が任意で上乗せする企業年金などがあります。3階部分には、確定拠出年金制度のように、従業員だけでなく会社が保険料を拠出してくれるもの以外にも、iDeCo（個人型確定拠出年金）のように個人で加入して積み立てを行えるものもあります。

企業の年金の種類

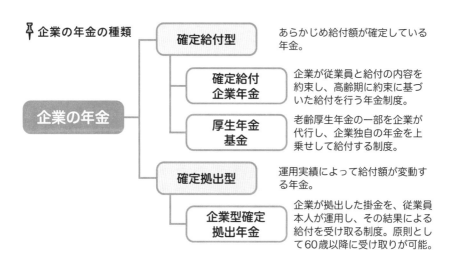

企業の年金

確定給付型
あらかじめ給付額が確定している年金。

確定給付企業年金
企業が従業員と給付の内容を約束し、高齢期に約束に基づいた給付を行う年金制度。

厚生年金基金
老齢厚生年金の一部を企業が代行し、企業独自の年金を上乗せして給付する制度。

確定拠出型
運用実績によって給付額が変動する年金。

企業型確定拠出年金
企業が拠出した掛金を、従業員本人が運用し、その結果による給付を受け取る制度。原則として60歳以降に受け取りが可能。

Advice 厚生年金保険などの窓口は年金事務所になるが、企業型確定拠出年金やiDeCoなどの私的年金は金融機関などの運営管理機関となる。私的年金に加入している従業員がいる場合は注意。

04 40歳から徴収となる介護保険料（健康保険料と併せて納付）

| 頻度 | － | 手続者 | － | 期限 | － |

POINT

- 従業員が40歳になったら、介護保険料の徴収が開始される
- 加入手続きは自動で行われるが、給与に反映させる処理が必要

公的な介護サービスを受けられる介護保険とは

介護保険制度とは、加齢に伴う病気やケガなどで要介護認定を受けた人が、公的な介護サービスを受けられるよう、2000年に創設された制度です。

介護保険の加入者は、65歳以上の人（第1号被保険者）と、40～64歳までの健康保険加入者（第2号被保険者）の2種類に分かれています。40歳以上になると介護保険の第2号被保険者として介護保険料を支払うことになります。介護保険の被保険者になるための手続きは自動で行われるため、総務担当者が改めて手続きをする必要はありません。

介護保険料の支払いは、健康保険料と合わせて給与から天引きし、事業主が従業員分をまとめて納付します。協会けんぽの健康保険に加入している事業主は、毎年3月（4月納付分）に健康保険と合わせて介護保険料率の見直しが行われますので、給与計算時に反映漏れがないように注意しましょう。

40歳になる従業員がいるとき

従業員が40歳になると、介護保険の第2号被保険者としての資格を取得します。40歳になった月から保険料の支払い義務が発生し、それ以降、生涯に渡り保険料を支払うこととなります。介護保険料は40歳の誕生日の前日が属する月から徴収されます。例えば、4月1日生まれの人の場合、3月31日が資格取得日となるため、3月分の給与から徴収開始となります。

従業員が65歳に到達すると、介護保険の第2号被保険者としての資格を喪失します。資格取得時と同じく、65歳の誕生日の前日が資格喪失日となり、その前月分まで徴収されます。喪失手続きは自動で行われますが、給与から保険料を天引きする処理の終了は総務担当者が行う必要があります。

Keyword **要介護認定** 介護サービスの必要度を判断するもの。介護保険サービスの利用を受けるのであれば、要介護認定を受け、「要介護」または「要支援」の判定をもらう必要がある。

健康保険

厚生年金

労災保険

雇用保険

📌 誕生日と介護保険徴収月の関係「当月分給与から前月分保険料控除」

40歳になる従業員の場合

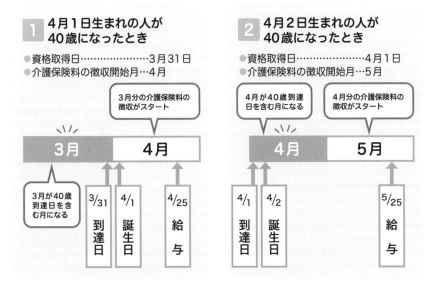

1 4月1日生まれの人が 40歳になったとき

● 資格取得日‥‥‥‥‥‥‥3月31日
● 介護保険料の徴収開始月‥‥4月

3月分の介護保険料の徴収がスタート

| 3月 | 4月 |

3月が40歳到達日を含む月になる

3/31 到達日　4/1 誕生日　4/25 給与

2 4月2日生まれの人が 40歳になったとき

● 資格取得日‥‥‥‥‥‥‥4月1日
● 介護保険料の徴収開始月‥‥5月

4月が40歳到達日を含む月になる

4月分の介護保険料の徴収がスタート

| 4月 | 5月 |

4/1 到達日　4/2 誕生日　5/25 給与

65歳になる従業員の場合

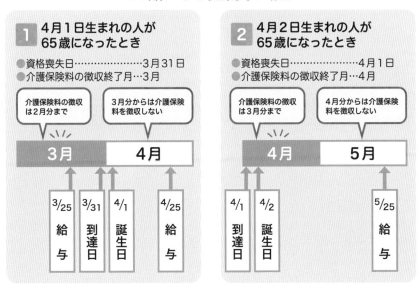

1 4月1日生まれの人が 65歳になったとき

● 資格喪失日‥‥‥‥‥‥‥3月31日
● 介護保険料の徴収終了月‥‥3月

介護保険料の徴収は2月分まで

3月分からは介護保険料を徴収しない

| 3月 | 4月 |

3/25 給与　3/31 到達日　4/1 誕生日　4/25 給与

2 4月2日生まれの人が 65歳になったとき

● 資格喪失日‥‥‥‥‥‥‥4月1日
● 介護保険料の徴収終了月‥‥4月

介護保険料の徴収は3月分まで

4月分からは介護保険料を徴収しない

| 4月 | 5月 |

4/1 到達日　4/2 誕生日　5/25 給与

Advice 資格取得や喪失のタイミングと保険料を徴収するタイミングは従業員によってバラバラなので、間違いのないように入社時からデータを登録するなどして管理をしておこう。

05 労災保険と雇用保険の しくみと役割

POINT

● 労働保険を構成するのが、労災保険と雇用保険
● 保険料は「労働保険料」として、事業主が納付する

業務災害・通勤災害に役立つ「労災保険」

事業主には、労働安全衛生法に基づく安全衛生管理責任が課されており、労働基準法にも労災事故が起きたときには、事業主が補償責任を負わなければならないことが定められています。

しかし、労災保険に加入しておけば、治療にかかる医療費や休業したときの補償を労災保険による給付でまかなうことができ、事業主は労働基準法上の補償責任を免れることができます。

労災保険では、労働基準法上の補償責任義務の対象外である通勤途中の病気やケガも補償対象としています。労災保険は事業主が加入し、保険料も全額事業主が負担します。そのため、給与からの天引きは必要ありません。

ただし、休業4日未満の業務災害については、労災保険による給付ではなく、使用者が休業補償を行う必要があります。

労働者の生活や雇用をサポートする「雇用保険」

雇用保険は、労働者の生活や雇用を安定させ、再就職を促進するための保険制度です。会社をやめたときや早期に再就職したとき、育児休業したときなど、雇用保険にはさまざまな給付を受けられる制度が設けられています。

雇用保険の目的である労働者の生活や雇用の安定のために、雇用保険は事業主に対しても働きかけを行っています。その1つが助成金で、トライアル雇用助成金やキャリアアップ助成金など、さまざまな助成金制度が設けられています。助成金制度は定期的に変更されるので、会社で助成金制度を活用する際には、必ず最新の情報を得るようにしましょう。

健康保険

厚生年金

労災保険

雇用保険

Keyword 助成金 雇用促進や人材育成など、労働環境の整備などを助成する目的で事業主に支給される支援金。

📌 労災保険のしくみ

● 仕事中にケガをしてしまった場合

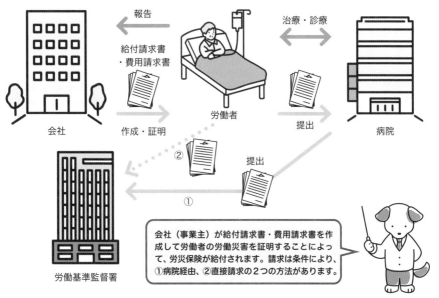

会社（事業主）が給付請求書・費用請求書を作成して労働者の労働災害を証明することによって、労災保険が給付されます。請求は条件により、①病院経由、②直接請求の２つの方法があります。

📌 雇用保険の給付金の種類

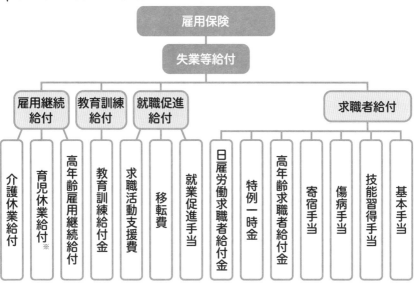

※実務上、ハローワークでは雇用継続給付として取り扱われます。

Advice 労災保険と健康保険は同時に使うことができないので注意が必要。雇用保険にはさまざまな給付金が設定されているので、従業員の状況に合わせて会社でも案内できるとよい。

06 労災保険適用外の人でも入れる特別加入制度

| 頻度 | － | 手続者 | － | 期限 | － |

POINT
- 要件を満たせば会社役員や自営業者も労災保険に加入できる
- 特別加入の保険料は「給付基礎日額」で算定する

例外的に労災保険に加入できる「特別加入制度」

労災保険は労働者が対象であるため、原則として、会社役員や自営業者などは加入することができません。しかし例外的に、労働災害のリスクが高い業務内容の場合、労働者ではなくても一定の補償が得られる場合があります。

例えば、建設業は他の業種と比べて労働災害件数が多い業種です。建設業の現場で働く人の中には、「一人親方」と呼ばれる自営業者もいます。会社などに雇用されている労働者と同じリスクを負っているのに労災保険に加入できず、労働基準法上の補償責任を負う事業主もいません。

このような状況を改善するため、労働者と同じ環境で業務を行う会社役員や自営業者に対し、一定条件の下で、任意で労災保険に加入することができる制度が設けられました。それが特別加入制度です。

特別加入制度の手続きや保険料

特別加入制度には、「中小事業主等」「一人親方等」「特定作業従事者」「海外派遣者」の4つの種類があります。

特別加入の手続きは、労災保険組合などの団体を通じて行い、保険料は【保険料算定基礎額（給付基礎日額×365日）×保険料率】で決定します。算定基礎額はあらかじめ決まっているわけではなく、給付基礎日額を3,500〜2万5,000円の範囲で、加入者が所得水準に見合った適正な額を申請することになります。

会社が個人事業主に仕事を依頼する場合は、雇用契約ではなく業務委託契約や請負契約を締結しますが、その場合でも、働き方が労働者と同じであると判断された場合には、労災保険の成立手続きが必要です。判断について迷うときには、労働基準監督署に確認しましょう。

Keyword **給付基礎日額** 保険料や休業等給付などの給付額を算定する基礎となるもの。申請に基づいて労働局長が決定するもので、給付基礎日額が低ければ、それに連動して給付額も低くなる。

📌 特別加入制度の種類

特別加入の種類	対象者	対象の具体例	保険料
第1種	中小事業主等	・事業の種類ごとに定められた人数以下の労働者を常時使用する事業主 ・労働者以外の家族従事者 ・法人・団体の代表者以外の役員　など	保険料算定基礎額（給付基礎日額×365）に保険料率を乗じたもの
第2種	一人親方等	・労働者を使用しないで一定の事業を行うことを常態とする一人親方、その他の事業者およびその従事者	保険料算定基礎額（給付基礎日額×365）にそれぞれの事業に定められた保険料率を乗じたもの
第2種	特定作業従事者	・特定農作業従事者 ・指定農業機械作業従事者 ・国または地方公共団体が実施する訓練従事者 ・家内労働者およびその補助者 ・労働組合等の常勤役員 ・介護作業従事者および家事支援従事者 ・芸能関係作業従事者 ・アニメーション制作作業従事者 ・ITフリーランス　など	保険料算定基礎額（給付基礎日額×365）にそれぞれの事業に定められた保険料率を乗じたもの
第3種	海外派遣者	・日本国内の事業主から、海外で行われる事業に労働者として派遣される人 ・日本国内の事業主から、海外にある中小規模の事業に事業主等として派遣される人 ・開発途上地域に対する技術協力の実施の事業を行う団体から派遣されて、開発途上地域で行われている事業に従事する人	保険料算定基礎額（給付基礎日額×365）に保険料率を乗じたもの

📌 特別加入の手続きフロー（第1種・第2種）

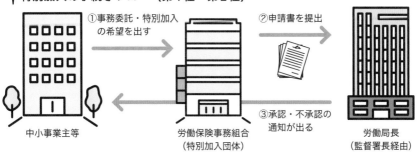

①事務委託・特別加入の希望を出す　②申請書を提出　③承認・不承認の通知が出る

中小事業主等　労働保険事務組合（特別加入団体）　労働局長（監督署長経由）

Advice 特別加入制度には事前の加入手続きが必要。労働災害に該当する事故などによって病気やケガなどをした後に加入しても、加入する前の労働災害には労災保険が適用されない。

07 社会保険に加入義務のある事業所とは

POINT
● 社会保険は強制加入と任意加入の事業に分かれる
● 強制加入でなくても一定要件を満たせば加入することができる

強制加入と任意加入

　社会保険の強制加入となるのは、法人の事業所、または一定の業種の、常時従業員を5人以上を雇用する個人事業所です。会社単位でなく事業所単位で加入します。条件により本社などで一括して加入する場合もあります。法人の場合、給与・報酬を支払っている従業員や役員が1人でもいれば、社会保険に加入しなければなりません。そのため、従業員がおらず社長だけの会社であっても、社会保険には加入しなければなりません。このような、事業所強制加入の対象となる事業所のことを、「強制適用事業所」といいます。

　従業員が5人未満の個人事業所、お

よび、従業員が5人以上であっても一定の業種に当てはまらない個人事業所は、任意加入でよいことになっています。任意加入した事業所のことを「任意適用事業所」といいます。任意適用事業所は、一定要件を満たせば社会保険に加入することができ、健康保険のみ、厚生年金保険のみなど、一部のみ加入することもできます。ただし、任意適用事業所が社会保険に加入するときは、被保険者となるべき者の半数以上の同意を得て厚生労働大臣の認可が必要です。認可されると、加入条件に該当しない者を除き、認可申請に同意しなかった者を含め加入となります。

強制加入の要件となる「常時5人以上」とは

　従業員が5人以上いれば強制加入の要件を満たしますが、従業員は国籍や性別を問いません。また、正社員である必要もありません。

　では、従業員が退職して4人以下に

なった場合にはどうすればよいのでしょうか。この場合でも、5人未満の状況が一時的なものであれば要件を欠かず、継続して強制適用事業所のままとなります。

Keyword **常時雇用** 事業所に常時使用されるすべての者。被保険者となるべき者だけでなく、ならない者も含め、常時使用される者を指す。

健康保険
厚生年金
労災保険
雇用保険

📌 健康保険・厚生年金保険の適用事業所

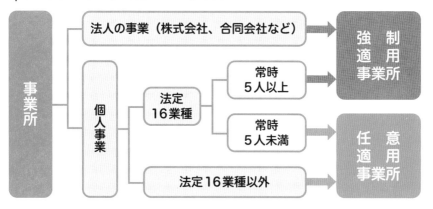

📌 社会保険の適用・非適用事業所一覧

事業所	人数	適用区分	業種
法人	常時1名以上	強制適用	すべての業種が対象
個人	常時5名以上	強制適用	●適用業種は以下の16種類 1　製造業 2　鉱業 3　電気ガス業 4　運送業 5　貨物積卸し業 6　物品販売業 7　金融保険業 8　保管賃貸業 9　媒体斡旋業 10　集金案内広告業 11　清掃業 12　土木建築業 13　教育研究調査業 14　医療事業 15　通信報道業 16　社会福祉事業
個人	常時5名未満	任意適用	
個人	常時1名以上		●非適用業種の主な業種 1　第1次産業（農業・林業・水産業など） 2　サービス・自由業（旅館・飲食業など） 3　法務（弁護士・税理士・会計士など）※ 4　宗教（神社・寺院・協会など）

非適用業種は、従業員に関わらず強制適用にならない

※3の法務は、2022年10月から個人事業であっても常時5名以上使用している場合は強制適用事業となりました。

Advice 社会保険への加入を希望しない従業員がいたとしても、社会保険に加入する要件を満たしていれば必ず加入の手続きをとらなければならない。

「健康保険・厚生年金保険 新規適用届」の記入例

書類内容　健康保険・厚生年金保険の適用事業所となるときに提出する書類
届出先　　事業所管轄の年金事務所または年金事務センター

POINT
事業内容を具体的に記入する
（「事業所業態分類票」を確認し、該当する業態分類を記入）

● 表面

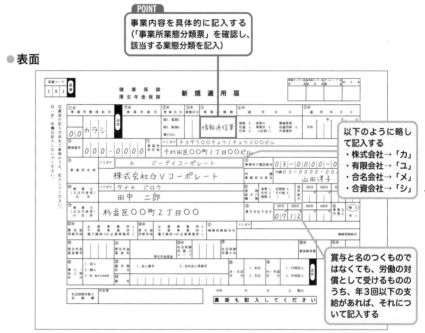

以下のように略して記入する
・株式会社→「カ」
・有限会社→「ユ」
・合名会社→「メ」
・合資会社→「シ」

賞与と名のつくものではなくても、労働の対償として受けるもののうち、年3回以下の支給があれば、それについて記入する

※添付書類として、法人（商業）登記簿謄本や法人番号指定通知書のコピーなどが必要になることがあります。

事業所所在地の地図を記入する

● 裏面

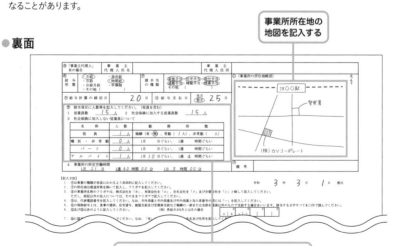

従業員数と、そのうち会社保険へ加入する者の人数を記入する。社会保険に加入しない従業員がいる場合は、雇用形態と人数を記入する

「健康保険・厚生年金保険 任意適用申請書」の記入例

書類内容 健康保険・厚生年金保険の任意適用事業所となるときに提出する書類
届出先 事業所管轄の年金事務所または年金事務センター

● 任意適用申請書

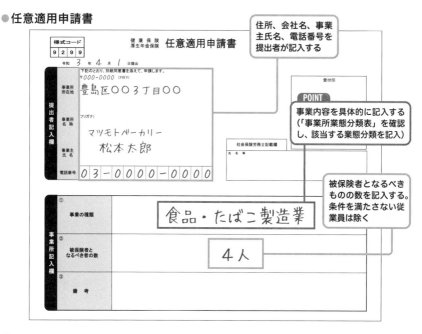

住所、会社名、事業主氏名、電話番号を提出者が記入する

POINT
事業内容を具体的に記入する（「事業所業態分類表」を確認し、該当する業態分類を記入）

被保険者となるべきものの数を記入する。条件を満たさない従業員は除く

📌 添付する同意書の例

● 任意適用申請同意書

同意するものの氏名・住所を記載する（従業員の2分の1以上の署名）。同意者の意思表示のため、できるだけ署名は自署を推奨

健康保険 厚生年金保険 任意適用申請同意書

健康保険法第31条及び厚生年金保険法第6条第3項、第4項の規定による適用事業所となることに同意します。

事業所の名称	マツモトベーカリー	事業所の所在地	豊島区○○3丁目○○
使用される者の数（被保険者となるべき者の数）	4 名	左記のうち同意する者の数	4 名

［同意欄］

番号	同意する者の氏名	同意する者の生年月日	同意する者の住所
1	佐藤 真一	昭和・平成 53年 1月 2日	杉並区○○5丁目○○─○
2	坂本 広子	昭和・平成 55年 2月 3日	世田谷区○○1丁目○○─○
3	阿部 由利子	昭和・平成 57年 3月 4日	品川区○○4丁目○○─○
4	近藤 美香	昭和・平成 2年 4月 5日	中野区○○2丁目○○─○
5		昭和・平成 年 月 日	
6		昭和・平成	
7		昭和・平成	
8		昭和・平成	
9		昭和・平成	
10		昭和・平成	

任意適用事業所として任意適用申請を行う際には、従業員の同意書を添付します。また同意書に加え、下記の添付書類が必要です。
・事業主世帯全員の住民票（コピー不可）
・公租公課の領収書（原則1年分・コピー可）

08 労働保険の成立と 保険料申告・納付手続き

POINT
- 原則として1人でも労働者を雇用したら労働保険の加入義務がある
- 労働保険料の申告・納付事業は2種類ある

労働保険の適用事業は2種類ある

労働者を1人以上雇用すると労働保険の適用事業となり、労働保険に加入する義務が生じます。適用事業になると、労災保険と雇用保険について、申告や納付を行います。申告や納付は、基本的に会社単位ではなく事業単位で行います。

労働保険には、「一元適用事業」と「二元適用事業」の2種類があります。一元適用事業とは、労災保険と雇用保険の両保険について、保険料の申告や納付をまとめて行う事業のことです。

一方、二元適用事業は、保険料の申告や納付を別々に行う事業のことを指します。ほとんどの事業が一元適用事業になりますが、建設業や農林漁業など、事業の実態によって労災保険と雇用保険の適用を区別したほうがよいと考えられる事業は二元適用事業となります。

また、農林水産事業のうち、常時使用労働者数が5人未満の個人事業は暫定任意適用事業となり、労働保険の加入は任意となります。

各適用事業は一括処理できる

労働保険の適用事業は、支店や営業所、工場などを1つの単位とします。そのため原則として、支店ごとや営業所ごとに労働保険の申告や納付を行わなければなりません。そうすると、事業が拡大して支店や営業所が増えていったときに、事務処理が煩雑になってしまいます。こうした事務の手間を軽

減させるため、一定の要件を満たしている事業では、認可を受け、労働保険料の申告や納付を、本社などの1つの事業で一括して行うことができるようになっています。これを「継続事業の一括」と呼びます。また、この場合の本社を「指定事業」、一括された各事業を「被一括事業」と呼びます。

Keyword **暫定任意適用事業** 労働保険に加入するかどうかを事業主や労働者の過半数の意思にまかされている事業のこと。

📌 労災保険と雇用保険の手続き

		届け出先	期日	一元適用事業	二元適用事業
労災保険に係る手続き	保険関係成立届	・管轄の労働基準監督署	保険関係が成立した日の翌日から起算して10日以内	●	●
労災保険に係る手続き	概算保険料申告書	下記のいずれかに提出 ・管轄の労働基準監督署 ・管轄の都道府県労働局 ・日本銀行またはその代理店（全国の銀行、信用金庫の本店または支店、郵便局）	保険関係が成立した日の翌日から起算して50日以内	●	●
雇用保険に係る手続き	保険関係成立届	・管轄のハローワーク	保険関係が成立した日の翌日から起算して10日以内		●
雇用保険に係る手続き	概算保険料申告書	下記のいずれかに提出 ・管轄の都道府県労働局 ・日本銀行またはその代理店（全国の銀行、信用金庫の本店または支店、郵便局）	保険関係が成立した日の翌日から起算して50日以内		●
雇用保険に係る手続き	雇用保険適用事業所設置届	・管轄のハローワーク	設置の日の翌日から起算して10日以内	●	●
雇用保険に係る手続き	雇用保険被保険者資格取得届	・管轄のハローワーク	資格取得の事実があった日の翌月10日まで	●	●

一般的に、農林水産業・建設業等が二元適用事業となり、それ以外の事業が一元適用事業となります。

Advice 一括申請が認可されると、指定事業に保険関係がまとめられる。その他の事業については指定した労働番号に統一され、労働保険関係（保険料申告・納付）が消滅する。

「労働保険 保険関係成立届（様式第1号）」の記入例

書類内容　労働保険の適用事業になったときに提出する書類
届出先　　事業所管轄の労働基準監督署またはハローワーク

該当する番号を記入する（継続一括の場合は0を記入）

提出先を残し、それ以外の宛先に取り消し線を引いて消す

POINT
記入せず提出。手続きが完了すると、この欄に労働保険番号が記入される

「継続事業の一括」を受けている場合は「指定事業」を記入する

事業の内容が具体的にわかるように記入する

「労災保険率適用事業細目表」を参考にして記入する

労災保険または雇用保険の適用事業となった年月日を記入する

保険関係が成立した日から、保険年度末までの期間に支払う賃金総額の見込額を記入する。1,000円未満は切り捨てる

該当保険年度において、1日に使用する平均労働者数の見込み人数を記入する

様式第1号（第4条、第64条、附則第2条関係）(2)（表面）

労働保険　0：保険関係成立届（継続）（事務処理委託届）
　　　　　1：保険関係成立届（有期）
　　　　　2：任意加入申請書（事務処理委託届）

※種別　3 1 6 0 0

中央

届出ます。（31600又は31601のとき）
（イ）
（ロ）労災保険　の加入を申請します。（31602のとき）
（ハ）雇用保険

漢字
※修正項目番号　修正項目番号　都道府県　所掌　管轄(1)　基幹番号　枝番号

事業主控

住所又は所在地　千代田区〇〇町1丁目〇〇ビル　令和　4年　4月　1日
氏名又は名称　株式会社GVコーポレート
郵便番号　000-0000
所在地　千代田区〇〇町1丁目〇〇ビル　03-0000-0000
名称　株式会社GVコーポレート

事業の概要　情報通信業
事業の種類　その他の各種事業

加入済の労働保険
（イ）労災保険
（ロ）雇用保険
保険関係成立年月日　（労災）令和　4年　4月　1日　（雇用）令和　4年　4月　1日

雇用保険被保険者数　一般・短期　15人　日雇
賃金総額の見込額　50,000千円

⑰
郵便番号　000-0000
住所（カナ）
町村名　〇〇チョウ
丁目・番地　1
ビル・マンション名等　〇〇ビル

住所（漢字）
市・区・郡名　千代田区
町村名　〇〇町
丁目・番地　1
ビル・マンション名等　〇〇ビル

⑲
名称・氏名（カナ）　カブ　シキガ　イシャ　ジーエフ　イコーポレート
電話番号（市内局番）　03-0000-0000

⑳
名称・氏名（漢字）　株式会社　GVコーポレート

⑪事業開始年月日　年　月
⑫事業廃止等年月日　年　月

立木の伐採の事業の素材見込生産量

⑳保険関係成立年月日（31600又は31601のとき）　9-03-04-01
㉑任意加入認可年月日（31602のとき）（元号　令和は9）
㉒事務処理委託年月日（31600又は31602のとき）（元号　令和は9）
事業終了予定年月日（31601のとき）（元号　令和は9）
㉓常時使用労働者数　1 5
※保険関係等区分（31600又は31602のとき）

㉔雇用保険被保険者数（31600又は31601のとき）　1 5
※保険理由コード（31602のとき）
加入済労働保険番号（31600又は31601のとき）　都道府県　所掌　管轄(1)　基幹番号　枝番号

㉕適用済労働保険番号1　都道府県　所掌　管轄(1)　基幹番号　枝番号
㉖適用済労働保険番号2　都道府県　所掌　管轄(1)　基幹番号　枝番号

※府県所掌（31600又は31602のとき）
※管轄（31600又は31602のとき）
※業種（31600のとき）
※産業分類（31600又は31602のとき）
※データ指示コード
※再入力区分

※雇用保険の事業所番号（31600のとき）
※修正項目（英数・カナ）
※修正項目（漢字）

事業主氏名（法人のときはその名称及び代表者の氏名）
株式会社GVコーポレート
代表取締役
田中　二郎

※受付年月日（元号　令和は9）
※法人番号

「労働保険 概算・増加概算・確定保険料申告書（様式第6号）」の記入例

書類内容　**労働保険の適用事業になったときに提出する書類**

届出先　　**事業所管轄の労働基準監督署またはハローワーク**

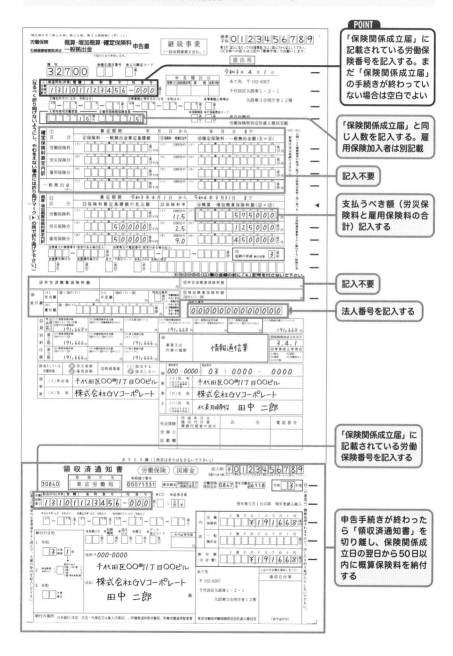

POINT

「保険関係成立届」に記載されている労働保険番号を記入する。まだ「保険関係成立届」の手続きが終わっていない場合は空白でよい

「保険関係成立届」と同じ人数を記入する。雇用保険加入者は別記載

記入不要

支払うべき額（労災保険料と雇用保険料の合計）記入する

記入不要

法人番号を記入する

「保険関係成立届」に記載されている労働保険番号を記入する

申告手続きが終わったら「領収済通知書」を切り離し、保険関係成立日の翌日から50日以内に概算保険料を納付する

09 役員と従業員の社会保険・労働保険の加入義務

POINT
- 労働時間や雇用形態などによって加入義務は異なる
- 原則として雇用契約書の内容で加入義務を判断する

社会保険の加入要件は、労働時間や雇用形態による

適用事業所で常時使用されている正社員や役員は、健康保険・厚生年金保険の加入が必要です。試用期間中であっても加入対象となる点には注意が必要です。非常勤役員については勤務の実態で判断します。

正社員ではないパートタイマーの場合は、1週間の所定労働時間および1カ月の所定労働日数が、同じ事業所で同様の業務に従事している正社員の4分の3以上であれば、加入対象となります。昼間学校に通う学生の場合は、労働時間などの要件を満たせば社会保険の加入対象となります。さらに、ダブルワークや副業を行っている正社員も、要件を満たせば複数の事業所で社会保険に加入することができます。

一方、6カ月以内の臨時的事業を行う事業所で働く人や日雇いの人、季節労働者などは、一定要件を満たして継続して使用される場合には社会保険の被保険者となりますが、基本的には社会保険の加入条件を満たさないため、加入する必要はありません。

労働者を広く対象とする労働保険

労働保険（労災保険・雇用保険）は、労働者を1人でも雇用した事業は原則として加入義務があります。労働保険のうち労災保険は、社員やパートタイマー、日雇労働者など、労働者であれば全員が加入対象です。役員は原則として加入できませんが、26ページで解説した特別加入制度があります。

一方、雇用保険は、1週間の所定労働時間が20時間以上であり、31日以上継続して雇用されることが見込まれていれば、雇用形態に関わらず加入できます。ただし、昼間学校に通う学生や季節的業務の短期雇用者、公務員などは適用除外となり、雇用保険の加入対象にはなりません。

健康保険
厚生年金
労災保険
雇用保険

Keyword **非常勤役員** 必要に応じて出勤し、役員業務を行う役員のこと。監査役など、毎日出勤する必要がない役員に多い形態。

📌 各種保険の加入義務

	健康保険・厚生年金	労災保険	雇用保険
役員	原則として加入する。ただし、役員報酬が無報酬の場合には加入できない。また、非常勤役員の場合は勤務の実態で判断される	原則加入できない。ただし、労働者として労働に従事しているなどの実態があれば、労働者としての賃金部分を対象にして加入ができる	原則加入できない。ただし、労働者として労働に従事しているなどの実態があれば、労働者としての賃金部分を対象にして加入ができる
正社員	加入する	労働者であれば全員が加入対象となる	加入する
ダブルワークなどを行っている正社員	要件を満たせば複数の事業所で加入できる	労働者であれば全員が加入対象となる	他社で加入している場合は重複して加入することはできない
正社員以外の労働者	正社員の1週間の所定労働の4分の3以上働いていれば加入対象となる	労働者であれば全員が加入対象となる	31日以上引き続き雇用されることが見込まれ、1週間の所定労働時間が20時間以上であれば加入対象となる※
学生	労働時間が週20時間以上など、要件を満たせば加入できる	労働者であれば全員が加入対象となる	昼間学生は対象外。ただし、夜間や通信制の学校に通う学生は加入対象となることがある

※2022年1月から、65歳以上で複数事業所に雇用される者は、2つの事業所を合計して、これらの条件等を満たすと本人の申出により加入することができるようになりました。

📌 ダブルワークや副業をしている正社員

	CASE1	CASE2	CASE3
A社	適用要件を満たしている	適用要件を満たしている	適用要件を満たしていない
B社	適用要件を満たしている	適用要件を満たしていない	適用要件を満たしていない
	⬇	⬇	⬇
社会保険	A社とB社の両方で加入	A社のみ加入	両社とも加入しない

> 副業を推奨する会社が増えてきています。副業先でも、本業と同程度の労働時間で働くなど、適用要件を満たす場合には、例え本業の会社の正社員であっても、副業先の会社で社会保険に加入することができます。

Advice 非常勤役員については明確な定義がないので、社会保険に加入するかどうかについても個別の判断が必要となる。勤務の実態や役員会議への出席の有無などで総合的に判断される。

10 パートタイマー・アルバイトの社会保険・労働保険の加入義務

| 頻度 | － | 手続者 | － | 期限 | － |

POINT
● 正社員以外の人も、一定の要件を満たせば加入する必要がある
● 労働時間だけでなく、会社の規模によっても加入要件が変わる

短時間労働者（パートタイム労働者）の加入条件

　同じ事業所で働いている正社員に比べて労働時間が少ない労働者のことを、短時間労働者（パートタイム労働者）といいます。このような、パートタイマーやアルバイトといった短時間労働者は、正社員の1週間の所定労働時間および1カ月間の所定労働日数の4分の3以上働いていれば社会保険の加入対象となります。

　例えば、正社員の所定労働時間が週40時間の場合、週30時間以上働いており、かつ、1カ月の所定労働日数も4分の3以上の短時間労働者であれば、社会保険の加入対象です。

　雇用保険については、31日以上引き続き雇用されることが見込まれ、1週間の所定労働時間が20時間以上の人は加入対象です。

事業所の規模で社会保険の加入要件が変わる

　短時間労働者で上記の社会保険加入条件に該当しない場合は、基本的に労働保険にのみ加入し、社会保険に加入することができません。

　しかし、社会保険の被保険者数が多い企業で働いている短時間労働者は、一定の要件を満たせば社会保険に加入することができます。この事業所のことを、特定適用事業所といいます。特定適用事業所は、1年で6カ月以上、短時間労働者を除く人数で厚生年金保

険の被保険者数が100人を超えることが見込まれる事業所が該当します。

　また、厚生年金保険の被保険者が100人以下の中小企業であっても、**労使合意**（働いている人の2分の1以上と事業主が社会保険に加入することに合意）がなされている場合は、一定要件を満たすことで社会保険の加入ができます。労使合意に基づいて事業所が申出をすることで、任意特定適用事業所となります。

Keyword　**労使**　労働者と使用者のことを「労使」といい、労使合意についても、労働者と使用者が合意することが必要。

健康保険　厚生年金　労災保険　雇用保険

📌 社会保険の被保険者にならない人と、それでも被保険者になる場合

被保険者にならない人	以下の場合は被保険者になる
● 日々雇い入れられる人	● 日々雇入れられる人であっても、1カ月を超えて引き続き使用されるようになった人
● 2カ月以内の期間を定めて使用される人	● 所定の期間を超えて引き続き使用されるようになった人（なお、2カ月を超える見込みがあると判断される場合は当初から加入）
● 季節的業務※1（4カ月以内）に使用される人	● 継続して4カ月を超える予定で使用される人（当初から加入）
● 臨時的事業※2（6カ月以内）の事業所に使用される人	● 継続して6カ月を超える予定で使用される人（当初から加入）
● 所在地が一定しない事業所に使用される人	

※1 季節的業務…酒造など、一定の季節に限られる事業
※2 臨時的事業…博覧会など、事業の経営自体が臨時的に行われる事業

> 被保険者の要件に該当していなくても、引き続き使用されるようになった場合には、被保険者の要件を満たします。

> 法改正によって、短時間労働者に対する社会保険の加入要件はさらに拡大することが決まっている

📌 社会保険の加入要件に関する法改正

2016年10月から	2022年10月から	2024年10月から
従業員数500人超（501人以上）規模	従業員数100人超（101人以上）規模	従業員数50人超（51人以上）規模
週の所定労働時間20時間以上	週の所定労働時間20時間以上	週の所定労働時間20時間以上
雇用期間が1年以上見込まれる	雇用期間2カ月超が見込まれる	雇用期間2カ月超が見込まれる
賃金月額が8.8万円以上（年収106万円以上）	賃金月額が8.8万円以上（年収106万円以上）	賃金月額が8.8万円以上（年収106万円以上）
学生でないこと	学生でないこと	学生でないこと

Advice 法改正によって社会保険への加入対象は拡大する予定になっている。それに伴い、資格取得手続きや給与からの天引きなどの作業が増えるため、準備できることは早めにしておこう。

11 社会保険・労働保険での マイナンバーの取り扱い

| 頻度 | － | 手続者 | － | 期限 | － |

POINT

- マイナンバーは、法律や条例で取り扱いのルールが決まっている
- マイナンバーの取り扱いは厳重に行う必要がある

マイナンバーの目的は迅速に個人を特定すること

マイナンバー制度が導入される以前、福祉サービスや社会保険、税に関する減免措置などは、それぞれの機関で設定した番号（**基礎年金番号**や被保険者番号など）を用いて個人を特定・管理していました。しかし、機関がまたがる処理が必要な際に、情報のやりとりが必要となり、個人の特定に時間を要することがありました。そこで、社会保障・税・災害対策の3つの分野において、個人の特定を早め、迅速な処理を行うことを目的として2016年にマイナンバー制度が施行されました。

マイナンバーは12桁からなり、日本に住民票があるすべての人に付番されています。また、利用時のルールについては法律や条例によって定められています。

情報漏洩を防ぐためマイナンバーの管理は厳重に

マイナンバーは、さまざまな行政サービスと紐づいています。マイナンバーが漏洩してしまうと、そこに紐づけされている広範囲の情報が流出してしまいます。そのため、会社はマイナンバーを厳重に管理することが義務づけられています。

基本的に、マイナンバーは決められた範囲でしか利用・提供できません。また、会社が従業員にマイナンバーの提供を求めるときには必ず利用目的なども明示し、さらに、保管の必要がなくなったら破棄しなければならないと定められています。

これらのマイナンバーの取り扱いについては、特定個人情報保護委員会事務局が提供する「はじめてのマイナンバーガイドライン（事業主編）」に詳しく記載されていますので確認しましょう（https://www.ppc.go.jp/files/pdf/270414firstguideline.pdf）。

健康保険
厚生年金
労災保険
雇用保険

Keyword **基礎年金番号**　10桁の数字で表され、国民年金・厚生年金保険・共済組合のすべての公的年金制度で共通して使用する番号のこと。

📌 マイナンバーカード

● 表面

● 裏面

> マイナンバーカードは、本人が申請して取得するものです。マイナンバーカードには本人の顔写真が掲載されるため、運転免許証などと同様に、公的書類を取得する際の本人確認書類としても利用することができます。

📌 マイナンバーはさまざまな場面で使用される

児童手当の認定請求

児童手当の認定請求の際に、市区町村にマイナンバーの提示が必要

厚生年金の裁定請求

厚生年金の請求の際に、年金事務所にマイナンバーの提示が必要

法定調書の提出

証券会社や保険会社などが税務署に法定調書を提出する際、顧客の個人番号を記載するため、マイナンバーの確認が必要

源泉徴収票などに記載

会社が税務署や市区町村に源泉徴収票などを提出する際、従業員やその扶養家族の個人番号を記載するため、マイナンバーの確認が必要

Advice 従業員からマイナンバーの提供を拒否されたときは、法律上の義務であることを伝える。それでも拒否された場合は、経過や拒否の理由などを記録・保存しておく。

📌 従業員からマイナンバーを取得するとき

番号を確認する

マイナンバーカード　裏面

◀

1234 5678 9012
氏名 山田 洋子
○○年7月15日生

または
- ●通知カード
- ●住民票（番号つき）　など

※上記が困難な場合は、過去に本人確認の上で作成したファイルを確認する

身元を確認する

マイナンバーカード　表面

氏名　**山田 洋子**
住所 □□区△△町○番地▽▽号

個人番号カード

○○年7月15日生　○○年7月15日まで有効
○○市長 年 月 日

または
- ●運転免許証
- ●パスポート　など

※上記が困難な場合は、健康保険の被保険者証と年金手帳などの2つ以上の書類を提示する
※雇用関係にあるなど、人違いでないことが明らかだと個人番号利用事務実施者が認める場合は、身元確認書類は必要ない

📌 マイナンバーを取得するときの確認方法

	提供義務者	本人確認と番号確認
従業員のマイナンバーを取得する	従業員	会社が従業員に対して本人確認・番号確認を行う
従業員の扶養親族のマイナンバーを取得する	従業員	従業員が扶養親族の本人確認を行う（会社では扶養親族の本人確認は不要）。会社は番号確認のみ行う
国民年金第3号被保険者のマイナンバーを取得する	第3号被保険者〈従業員が代理人になるときは、委任状が必要〉	会社が第3号被保険者に対して本人確認を行うのが原則だが、実務上は従業員が代理人となり、従業員が第3号被保険者の本人確認を行い、会社は番号確認を行うことが多い

参考　内閣府マイナンバー制度ホームページ　https://www.cao.go.jp/bangouseido/

健康保険

厚生年金

労災保険

雇用保険

📎 マイナンバー社内体制チェックリスト

項目	確認内容	備考	チェック
事務範囲の明確化	マイナンバーを取り扱う事務の範囲は明確か？	源泉徴収、支払調書、健康保険や厚生年金保険の資格取得手続きなど確認する	☐
	マイナンバーを取り扱う事務における特定個人情報等の範囲は明確か？	特定個人情報は、社会保障、税および災害対策に関する特定の事務に限定される	☐
	事務担当者、責任者は決まっているか？		☐
取得の取り扱い	特定個人情報の範囲内で個人情報を取得しているか？		☐
	マイナンバーを取得する際の本人確認方法は明確か？	本人確認を行う際の書類の種類や確認の手順などをしっかりと決める	☐
	執務記録に取得状況を記録しているか？		☐
	マイナンバーを記載した書類を事務担当者に受け渡しするときのルールは決まっているか？	事務担当者が不在のときには机に置かず、他の担当者や責任者に手渡しする、またはマイナンバーが見えないように目隠しをする	☐
利用の取り扱い	取り扱う特定個人情報ファイルの範囲を明確にしているか？	Excelファイルや特定の管理ソフト、会計システムや給与計算システム、台帳などを確認する	☐
	執務記録に利用状況を記録しているか？	責任者、取扱部署、利用目的、削除・廃棄状況、アクセス権を有する者などを確認する	☐
提供の取り扱い	マイナンバー記載の書類を公的機関に提出する方法について定めているか？		☐
	第三者に個人情報を提供するときのルールが決まっているか？	個人データを第三者に提供したときは、記録を作成し保存しなければならない。特定個人情報は、第三者に提供できる場合が限定されているので、記録の作成等は不要	☐
保存の取り扱い	特定個人情報の保存方法は決まっているか？	施錠できるキャビネット等に書類・電子記録媒体等（USB等）を保管するなど、保管場所や手順を決める	☐
	特定個人情報の保存期間は決まっているか？	不要となった特定個人情報は、法令で決められた保存期間を経過すれば、廃棄または削除しなければならない	☐

各種手続きに必要な用紙の入手方法

申請書には主に3つの入手方法がある

　社会保険や労働保険、雇用保険などの各種手続きでは、決められた書類のフォーマットを使い提出する必要があります。それぞれの手続きに必要な書式は、①受付窓口に行って入手する、②インターネットのホームページからダウンロードする、③郵送で申請するなどの方法があります。

　ここでは、主なフォーマットの入手先について紹介します。

● **健康保険・厚生年金保険の資格取得・喪失、各種変更など**
　・日本年金機構ホームページ（申請・届出様式）
　　https://www.nenkin.go.jp/shinsei/index.html

● **健康保険の給付（傷病手当金や療養費請求など）や健康保険被保険者証の再交付申請など**
　・全国健康保険協会（協会けんぽ）ホームページ
　　（給付関係）https://www.kyoukaikenpo.or.jp/g2/cat230/
　　（再交付関係）https://www.kyoukaikenpo.or.jp/g2/cat290/
　・申請書ネットプリント※
　　https://www.kyoukaikenpo.or.jp/g2/cat270/
　　※協会けんぽの各種申請書を全国のコンビニエンスストアに設置してあるマルチコピー機で即時に印刷できるサービス

● **雇用保険に関する申請・手続き全般**
　・ハローワークインターネットサービス（雇用保険の各種届け出について）
　　https://www.hellowork.mhlw.go.jp/info/app_guide.html

● **労災保険の給付など、労災保険の各種手続きに関すること**
　・厚生労働省ホームページ（労災保険給付関係請求書等ダウンロード）
　　https://www.mhlw.go.jp/bunya/roudoukijun/rousaihoken06/03.html

● **各種申請を電子申請にて行う場合**
　・e-Gov電子申請
　　https://shinsei.e-gov.go.jp/

第2章

従業員の入社時・退職時の手続き

第2章では、従業員の入社時・退社に伴う社会保険・労働保険の手続きについて説明します。「資格取得届」「資格喪失届」の提出などは確認すべき情報が多く、担当者にとっては、負担の大きい作業になります。そのため、どんな手続きが必要なのか、何の書類を用意すればよいのかなど事前に確認し、スムーズに手続きが行えるようにしましょう。

01 従業員入社のときの手続きの流れを知ろう

| 頻度 | 入社の都度 | 手続者 | 事業主 | 期限 | ― |

POINT

- 従業員が入社する場合、社会保険や雇用保険などの加入手続きが必要
- 従業員の入社が決まった時点ですぐに準備を行おう

入社のときに必要となる手続き

従業員が新しく入社するときは、社会保険（健康保険と厚生年金保険）や雇用保険の加入手続きが必要です。必要な手続きの種類や内容は、「独身なのか」「扶養する家族がいるのか」といった家族構成や、「正社員なのか」「アルバイトやパートなのか」といった雇用形態によっても変わってきます。

そのため、社会保険や雇用保険の加入手続きを行う際は、まず従業員が加入基準を満たしているか、満たしているとしたら、手続きの際にはどのような情報や書類が必要となるかを確認しましょう。従業員の情報を確認するために役立つのが、雇用契約書や入社時の**諸事項届出書**（13ページ）です。すぐに手続きの準備をはじめられるよう、これらの書類は採用が決定したら郵送などで渡しておき、入社と同時に従業員から回収できるようにしましょう。

なお、新規に事業所の加入を行う場合、28〜35ページの手続きも必要です。

入社手続きで担当者が注意すること

新入社員の保険加入を円滑に進めるには、手続きに必要な情報を必要な時点で入手しておくことが大切です。

このときに重要なのが、従業員本人から提出してもらう書類です。例えば、従業員に扶養する家族がいる場合、扶養する家族のマイナンバーや住民票が必要になることもあります。手続きをスムーズに進めるためにも、あらかじめチェックリストをつくって全体像を把握しておきましょう（本書のチェックシートデータを参考）。また、入社手続きで最も急ぎたいのが、従業員の健康保険被保険者証の交付です。入社手続きが遅れて健康保険被保険者証の交付も遅くなってしまうと、健康保険適用で診療できなくなる期間が長くなります（右ページ＋ONE）。

Keyword **諸事項届出書**　新入社員の住所や連絡先、給与振込口座や家族構成など、さまざまな情報を記録するために会社独自で定める届出書。

健康保険

厚生年金

労災保険

雇用保険

⚑ 従業員が入社したときに必要となる書類など

必要書類	内容	提出先
マイナンバー	社会保険・雇用保険への加入手続きに必要（扶養家族のマイナンバーも必要）	–
年金手帳・基礎年金番号通知書※	厚生年金の加入手続きに必要	
雇用保険被保険者証	前職ですでに発行されている場合に必要	
源泉徴収票	前職がある社員の場合、前職の本年分の源泉徴収票が年末調整時に必要	
給与所得者の扶養控除等（異動）申告書	給与計算や年末調整などの計算に必要	
健康保険・厚生年金保険被保険者資格取得届	健康保険・厚生年金保険の手続きに必要	事業所管轄の年金事務所
健康保険被扶養者（異動）届	配偶者や子どもなど、扶養家族がいる社員の場合に必要	
国民年金第3号被保険者関係届	扶養している20歳以上60歳未満の配偶者がいる社員の場合に必要	
雇用保険被保険者資格取得届	雇用保険手続きに必要	事業所管轄のハローワーク

※2022年4月からは、年金手帳に代わり、基礎年金番号通知書が発行されています。

ONE　入社後すぐに健康保険被保険者証が必要な場合

　新しく社員が入社した際、健康保険被保険者資格取得届を提出することで健康保険被保険者証が新たに交付されます。しかし、資格取得届の提出は入社後でなければできない上、健康保険被保険者証が従業員の手元に届くまでには一定の時間がかかります。そのため、医療機関で治療を受けているなど、すぐに必要な従業員がいる場合には「健康保険被保険者資格証明書」という書面を発行しましょう。これは健康保険被保険者証の代わりとして使うことができます。

　この証明書の発行には、健康保険被保険者資格取得届と一緒に健康保険被保険者資格証明書交付申請書という書面を年金事務所に提出する必要があります。事務担当者など事業主または被保険者以外の人が手続きをする場合は「委任状」の提出が必要になるので注意しましょう。

Advice　従業員に扶養家族がいるときは、扶養家族についても健康保険や国民年金の加入手続きが必要となる。

02 社会保険・雇用保険の手続きに必要な情報を取得する

| 頻度 | 入社の都度 | 手続者 | 事業主 | 期限 | ― |

POINT
- 保険の加入手続き以外にも、住民税の特別徴収の手続きなどが発生する
- 被扶養者がいる際は、従業員本人だけでなく被扶養者の個人情報も必要

入社手続きのために必要な情報は多岐にわたる

従業員の入社手続きには、社会保険や雇用保険の加入手続き以外に、住民税を給与から天引きするための特別徴収の手続きなどがあります。これらの手続きを行うために、担当者は従業員の住所や家族構成、基礎年金番号やマイナンバーなどの個人情報の他、会社との雇用契約内容を知る必要があります。

また、扶養する家族がいる場合は、被扶養者として健康保険などに加入するため、その家族の個人情報も必要です。その他、社内で設定している住宅手当や通勤手当の支給がある場合は、住んでいる住居が持ち家なのかといった情報や、通勤経路などの情報も必要です。新入社員が外国人の場合には必要な情報が異なる（58ページ）ので、入社時の手続き内容を整理しておきましょう。

取得した個人情報は厳重に管理しよう

入社手続き時には、従業員だけでなく、その家族の個人情報も会社に提出してもらうことになります。中には基礎年金番号や生年月日などの重要な情報も含まれるため、第三者に情報が漏洩してしまわないように、担当者は厳重に管理しておく必要があります。重要なポイントとして、「本人から直接情報を提出してもらい、本人と担当者の間にできるだけ人を介在させないこと」「収集する目的や利用範囲について、あらかじめ本人に伝えておくこと」「目的の範囲外での利用は行わないこと」などが挙げられます。

また、個人情報は鍵つきのキャビネットに保管するなどし、担当者以外の人が容易に情報を閲覧することができないようにしておくことも大切です。

健康保険

厚生年金

労災保険

雇用保険

Keyword **特別徴収** 住民税の納付方法には、普通徴収と特別徴収の2種類がある。従業員の給料から天引きし、会社がとりまとめて住民税を納付する方法を特別徴収という。

📌 社会保険や雇用保険の手続きに必要な本人・家族の情報など

	必要な情報	使用目的	確認書類
従業員の情報	氏名	すべての手続き	・履歴書
	生年月日		
	性別		
	住所		
	マイナンバー		・マイナンバーカードまたは通知カードなど ・身元確認書類
	入社日		－
	所定労働時間		－
	基本給および各種手当の額		－
	基礎年金番号	厚生年金保険加入手続き	・年金手帳あるいは基礎年金番号通知書など、基礎年金番号の記載された書類
	雇用保険被保険者番号	雇用保険加入手続き	・雇用保険被保険者証
	残業手当見込額	厚生年金保険・健康保険加入手続き	－
扶養する家族の情報	氏名	健康保険・国民年金3号被保険者の加入手続き	・扶養届などの社内書式
	生年月日		
	性別		
	住所		
	続柄		・被保険者との続柄がわかる被扶養者の戸籍謄本 ・世帯全員の住民票　など
	収入額		・課税（非課税）証明書 ・年金支払い通知書 ・雇用保険受給資格者証の写し　など
	同居の有無		・被保険者世帯全員の住民票　など
	別居の場合仕送りの送金額		・振込証明書　など
	マイナンバー		・番号確認書類の写し ・身元確認書類の写し　など
	基礎年金番号	国民年金第3号被保険者の加入手続き	・年金手帳あるいは基礎年金番号通知書など、基礎年金番号の記載された書類

> これらの情報以外にも、手続きによって必要な添付書類なども入社時に回収できるよう早めに従業員に伝えておきましょう。

Advice　扶養家族のマイナンバーについて、手続き内容によっては被扶養者の本人確認を従業員本人が行う義務があることも。国民年金は事業主に本人確認の義務があるので注意（42ページ）。

03 加入する必要がある 保険の種類と加入要件

頻度	入社の都度	手続者	事業主	期限	―

POINT
- 保険の種類によって加入要件が異なるので注意しよう
- 雇用保険は複数の会社で働いていても1つの事業所でしか加入できない

社会保険の加入対象は正社員だけではない

社会保険は、正社員だけでなく加入要件を満たしたパートタイマーやアルバイトも加入対象となります。原則として「1週間の所定労働時間および1カ月の所定労働時間が正社員の4分の3以上」であることが加入要件です。

また、厚生年金保険の被保険者総数が100人を超える特定適用事業所や、100人以下で労使合意が得られている事業所（任意特定適用事業所）については、週の所定労働時間が20時間以上であり、雇用期間が2カ月超見込まれること、さらに賃金が月額8万8,000円以上で学生ではないことという要件を満たせば、社会保険に加入することができます（38ページ）。

労働条件を満たした人は雇用保険の加入対象

事業所において、「1週間の所定労働時間が20時間以上であること」「継続31日以上の雇用見込みがあること」という労働条件を満たす労働者は、すべて雇用保険の被保険者として加入対象となります。

また契約期間が31日未満であっても、雇用契約書に更新規定があり雇止め（企業が労働契約の更新を拒否し、雇用が終了すること）の明示がない場合や更新規定がなくても同じ契約の労働者が31日以上雇用された実績がある場合にも、雇用保険の加入対象となります。複数の会社で働いている場合は、雇用保険には1つの事業所でしか加入できません（65歳以上の複数事業雇用者の例外あり→37ページ）。

ちなみに、加入要件を満たさない日雇労働者も、31日以上継続して同じ会社で働いている、または2カ月連続して18日以上働いている場合には、雇用保険に加入することができます。

健康保険

厚生年金

労災保険

雇用保険

Keyword **日雇労働者** 雇用保険法において、日々雇用される、または30日以内の期間を定めて雇用される人のこと。

📌 各保険の加入要件

社会保険（健康保険・厚生年金保険）

1　1週間の所定労働時間および1カ月の所定労働日数が正社員の4分の3以上であること

2　厚生年金保険は70歳未満・健康保険は75歳未満

特定適用事業所または労使合意がなされている任意特定適用事業所の場合、下記条件を満たすこと

- ●週の所定労働時間が20時間以上ある
- ●雇用期間が2カ月超見込まれる
- ●賃金の月額が8万8,000円以上である
- ●学生でない

雇用保険

1　31日以上引き続き雇用されることが見込まれる者であること。具体的には、下記要件に該当すること

- ●雇用契約において、期間の定めがない
- ●雇用期間が31日以上
- ●雇用契約に更新規定があり、31日未満での雇止めの明示がない
- ●雇用契約に更新規定はないが、同様の雇用契約によって雇用された人が31日以上雇用された実績がある

2　1週間の所定労働時間が20時間以上であること

- ●学生の場合は夜間や通信制であれば加入対象となるが、昼間の学生は対象外

ONE 雇用保険に加入しているかどうか、従業員が確認することができる

　会社によっては、雇用保険の加入要件を満たすパートタイマーやアルバイトを雇用保険に加入させず、問題になることがあります。

　雇用保険に加入しない場合、労働者が退職した後で失業給付を受けられないなどの不利益を受けることがあるため、ハローワークでは、自分が雇用保険に加入しているかどうかを照会することができるようになっています。

Advice　社会保険の加入手続きに漏れがあった場合、さかのぼって保険料を請求されることがある。延滞金が課せられることもあるので注意しよう。

入社時の健康保険・厚生年金保険の加入手続き

| 頻度 | 入社の都度 | 手続者 | 事業主 | 期限 | 入社日から5日以内 |

POINT

- 中小企業が協会けんぽ、大企業が健康保険組合に加入することが多い
- 健康保険と厚生年金保険は、同時に加入手続きを行う

協会けんぽに加入している事業所の手続き

協会けんぽは、中小企業を中心に比較的小さな事業所が加入しています。従業員が入社した際は、健康保険・厚生年金保険の両方とも、年金事務所に対して加入手続きを行いましょう。厚生年金保険は70歳未満までしか加入できないため、70歳以上の従業員が入社したときは、健康保険のみ手続きを行います。

被扶養者がいる場合も、年金事務所に健康保険の扶養手続きと国民年金第3号被保険者の加入手続きを行います。

この場合、従業員が被扶養者に代わって被扶養者（異動）届を会社に提出します。被保険者の加入手続きは、基本的に添付書類は必要ありませんが、被扶養者の手続きには、被保険者の戸籍謄本や住民票（被扶養者のマイナンバーの記載と続柄欄にチェックをつけた場合は不要）、被扶養者の収入が確認できる書類が必要です。なお、控除対象配偶者または扶養親族となっている人については、事業主の証明があれば収入の確認書類の添付は不要です。

健康保険組合に加入している事業所の手続き

健康保険組合は、健康保険事業を行う公法人で、主に大企業が加入しています。従業員が入社した際は、厚生年金保険は年金事務所に、健康保険は健康保険組合に対して加入の手続きを行いましょう。年金事務所に提出する被保険者資格取得届には、マイナンバーや基礎年金番号の記載が必要です。

被扶養者の加入手続きについても、健康保険は健康保険組合に、国民年金第3号被保険者加入手続きは年金事務所に対して行います。

なお、被扶養者に当てはまるかどうかは、被保険者と同居しているか・別居しているかなどによって異なります。

健康保険

厚生年金

労災保険

雇用保険

Keyword **控除対象配偶者** 所得税法に定められた4つの要件をすべて満たした人が対象。控除対象配偶者がいる場合は、納税者の所得に応じて所得税の配偶者控除を受けることができる。

健康保険の加入先

協会けんぽ（全国健康保険協会）

- 全国健康保険協会という団体が運営している。健康保険組合に加入していない企業が加入する健康保険。中小企業を中心に比較的小さな事業所が加入している
- 日本国内の一般企業の多くが加入している社会保険制度の健康保険

健康保険組合

- 常時700人以上の被保険者を使用する企業が、自ら設立した健康保険。大企業または、そのグループ会社や子会社が中心に加入している
- 健康保険組合には独自で行っている「付加給付」という制度がある

健康保険と厚生年金保険において必要な手続きと届出書

健康保険	届出書類	書類内容	届出先	期限
協会けんぽ	健康保険・厚生年金保険被保険者資格取得届	健康保険と厚生年金保険に加入するための書類	年金事務所	入社日から5日以内
協会けんぽ	健康保険被扶養者（異動）届	扶養する家族を健康保険の被扶養者にするための書類	年金事務所	入社日から5日以内
協会けんぽ	国民年金第3号被保険者関係届	扶養する配偶者を国民年金第3号被保険者にするための書類	年金事務所	入社日から5日以内
健康保険組合	厚生年金保険被保険者資格取得届	厚生年金保険に加入するための書類	年金事務所	入社日から5日以内
健康保険組合	国民年金第3号被保険者関係届	扶養する配偶者を国民年金第3号被保険者にするための書類	年金事務所	入社日から5日以内
健康保険組合	健康保険被保険者資格取得届	健康保険に加入するための書類	健康保険組合	入社日から5日以内
健康保険組合	健康保険被扶養者（異動）届	扶養する家族を健康保険の被扶養者にするための書類	健康保険組合	入社日から5日以内

健康保険と厚生年金保険の加入手続きは、入社日から5日以内が期限となっています。提出期限を越えてしまっても、加入手続きは可能ですが、60日以上遅れてしまうと遅延理由書などの書類の添付が必要になることがあるので注意しましょう。

Keyword **付加給付**　例えば、1カ月間に高額の医療費がかかった場合、健康保険が定める限度額に達していれば、限度額を超過した費用を払い戻す制度など。

05 入社時の健康保険・厚生年金保険の被保険者資格取得届の作成

頻度	入社の都度	手続者	事業主	期限	入社日から5日以内

POINT

- 健康保険・厚生年金保険は「被保険者資格取得届」の提出が必要
- 資格取得届は70歳以上の被用者該当届も兼ねている

健康保険・厚生年金保険の被保険者資格取得届

健康保険と厚生年金保険の加入手続きには健康保険・厚生年金保険被保険者資格取得届という書類が必要です。この用紙に必要事項を記入して、年金事務所または健康保険組合に提出しましょう。資格取得届は、日本年金機構などのホームページからダウンロードできる他、年金事務所でもらうこともできます。必要事項を記入した用紙は年金事務所の窓口に提出するか、書類を郵送する、あるいはe-Gov電子申請などインターネットでの提出も可能です。

資格取得届は70歳以上被用者該当届も兼ねています。70歳に到達した日時点の標準報酬月額相当額が70歳到達日の前日における標準報酬月額と異なる場合には、この用紙で届け出を行うことができます。

資格取得届の提出に必要な添付書類

従業員本人の保険加入手続きを行うために資格取得届を提出する場合は、添付書類は原則として必要ありません。

しかし、60歳以上の人が退職後1日も経たずに再雇用される場合には、就業規則、退職辞令の写し、雇用契約書の写し、もしくは「退職日」および「再雇用された日」に関する事業主の証明書が必要です。またこの場合は、同時に同日付の被保険者資格喪失届の提出が必要です。

従来は被保険者が氏名や住所を変更したときには氏名変更届や住所変更届を提出する必要がありましたが、マイナンバー制度が導入されたことによって、これらの手続きは不要になりました。ただし、被扶養者については従来通り、氏名変更届や住所変更届の提出が必要ですので注意しましょう。

健康保険

厚生年金

労災保険

雇用保険

Keyword e-Gov電子申請　e-Govと呼ばれるプラットフォームが受付窓口となり、インターネットを通じて行政手続きを行うことができる（270ページ）。

「健康保険・厚生年金保険 被保険者資格取得届」の記入例

書類内容	入社時の健康保険・厚生年金保険加入の書類
届出先	事業所管轄の年金事務所・年金事務センターまたは健康保険組合

POINT

残業手当など、労働の対価として支払われる金銭の見込額も含め記入する（一時的に支払われるものなどは除く）

基礎年金番号またはマイナンバーを記入する。マイナンバーを記入するときは、本人確認を行った上で記入

「有」の場合は、「被扶養者（異動）届」の提出が必要

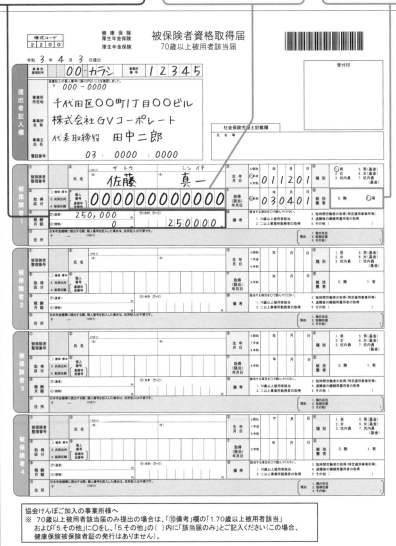

協会けんぽご加入の事業所様へ
※ 70歳以上被用者該当届のみ提出の場合は、「⑩備考」欄の「1.70歳以上被用者該当」および「5.その他」に〇をし、「5.その他」の（　）内に「該当届のみ」とご記入ください（この場合、健康保険被保険者証の発行はありません）。

参考 日本年金機構ホームページ（資格取得届入手画面）

https://www.nenkin.go.jp/service/kounen/todokesho/hihokensha/20140718.html

06 入社時の労災保険・雇用保険の加入手続き

| 頻度 | 入社の都度 | 手続者 | 事業主 | 期限 | 雇用した月の翌月10日 |

POINT

- 雇用保険の資格取得手続きは雇用した月の翌月10日までに行う
- 従業員ごとに加入手続きが必要なのは雇用保険だけ（労災保険は不要）

雇用保険の資格取得届は翌月10日までに提出

　雇用保険の資格取得届は、労働者を雇用した翌月の10日が提出期限です。雇用保険の加入手続きの窓口である、事業所管轄のハローワークに提出しましょう。雇用保険被保険者資格取得届を作成してハローワークに提出すると、資格取得等確認通知書が交付されます。資格取得等確認通知書の右側は「雇用保険被保険者証」となっていますので、

従業員に渡しましょう。

　原則として添付書類は不要ですが、提出期限を過ぎてしまった場合には、賃金台帳や労働者名簿、タイムカードなど、その労働者を雇用したことおよびその年月日が証明できる書類が必要です。なお、労災保険は従業員ごとの手続きは不要です。

雇用保険被保険者番号とマイナンバーが必要

　雇用保険被保険者資格取得届には、雇用保険の被保険者番号とマイナンバーの記載が必要です。前職などですでに雇用保険に加入したことがある人は、付与された被保険者番号があるのでその番号を用います。雇用保険被保険者証や離職票に記載されているので従業員に確認しましょう。

　もしこれらの書類を紛失したなどの理由で被保険者番号がわからない場合

は、資格取得届の備考欄に【前職の会社名や勤務期間】を記入すれば、ハローワークで被保険者番号を照会してくれます。

　マイナンバーを記入する際は、必ず本人確認を行います。もしも、従業員からマイナンバーの開示を拒否された場合は【開示を求めたが拒否されたため記載なし】と、記載できない理由を備考欄に明記しておきましょう。

Keyword **雇用保険被保険者証**　雇用保険の被保険者であることを証明するもので、雇用保険の被保険者番号が記載されている。退職した後に失業手当を受給するときなどに必要。

「雇用保険被保険者資格取得届（様式第2号）」の記入例

書類内容	入社時の雇用保険加入の書類
届出先	事業所管轄のハローワーク

POINT
採用時に定められた賃金（通勤手当等を含む）の月額と支払方法を記入する

雇用保険被保険者証や離職票を元に記入する。わからないときは空白

マイナンバーを記入

過去に被保険者になったことがない、または被保険者でなくなってから7年以上経過している場合は「1新規」を、それ以外は「2再取得」の番号を記入する

■ 様式第2号

雇用保険被保険者資格取得届

標準字体 0 1 2 3 4 5 6 7 8 9
（必ず第2面の注意事項を読んでから記入してください。）

帳票種別 1 9 1 0 1

1. 個人番号 0 0 0 0 0 0 0 0 0 0 0 0

2. 被保険者番号 1 2 3 4 - 5 6 7 8 9 1 - 0

3. 取得区分 2 （1新規 2再取得）

結婚などによって氏名が変わった場合は、現在の氏名を記入する

4. 被保険者氏名 山田 洋子　フリガナ（カタカナ）ヤマダ ヨウコ

5. 変更後の氏名　フリガナ（カタカナ）

6. 性別 2 （1男 2女）
7. 生年月日 4 - 0 1 1 2 0 1 （1大正 3昭和 4平成 5令和）

8. 事業所番号 1 3 0 1 - 0 0 0 0 0 0 - 0

9. 被保険者となったことの原因 2
10. 賃金（支払の態様・賃金月額：単位千円） 1 - 0 2 8 5 （1月給 3日給 4時間給 5その他）
11. 資格取得年月日 5 - 0 3 0 4 0 1 （4平成 5令和）

雇い入れた日を記入する。試用期間や研修期間も含む

一般従業員の場合「7その他」を選択する

12. 雇用形態 7 （1日雇 2派遣 3パートタイム 4有期契約労働者 5季節的雇用 6船員 7その他）
13. 職種 0 5 （01〜11）第2面参照
14. 就職経路 （1安定所紹介 2自己就職 3民間紹介 4把握していない）
15. 1週間の所定労働時間 4 0 0 0 時間 分

POINT
雇用契約で定める1週間の労働時間を記入（1週間の所定労働時間が変わる場合は、平均した1週間の所定労働時間を記入する）

16. 契約期間の定め 2 （1有 契約期間 ― から ― 契約更新条項の有無 1有 2無 ／ 2無）

事業所名 株式会社GVコーポレート　備考

17. 被保険者氏名（ローマ字）（アルファベット大文字で記入してください。）

被保険者氏名［続き（ローマ字）］

18. 在留カード番号（在留カードの右上に記載されている12桁の英数字）

19. 在留期間 西暦　まで
20. 資格外活動許可の有無 （1有 2無）
21. 派遣・請負就労区分 （1派遣・請負労働者として主として当該事業所以外で就労する場合 2に該当しない場合）

22. 国籍・地域
23. 在留資格

外国人を雇い入れたときは、雇用状況を記入する

※公共職業安定所記載欄
24. 取得時被保険者種類 （1一般 2短期雇用 3季節 11高年齢被保険者（65歳以上））
25. 番号複数取得チェック不要（チェック・リストが出力された時、調査の結果、同一人でなかった場合に「1」を記入）
26. 国籍・地域コード（22欄に対応するコードを記入）
27. 在留資格コード（23欄に対応するコードを記入）

雇用保険法施行規則第6条第1項の規定により上記のとおり届けます。

令和 3 年 4 月 2 日

住所 千代田区〇〇町1丁目〇〇ビル
事業主 氏名 株式会社GVコーポレート
代表取締役 田中二郎
記名押印又は署名印
電話番号 03-0000-0000

公共職業安定所長 殿

社会保険労務士記載欄	作成年月日・提出代行者・事務代理者の表示	氏 名	電話番号
		印	

備考

確認通知 令和 年 月 日

※	所長	次長	課長	係長	係	操作者

2020.11

07 外国人を雇い入れるときに確認すること

| 頻度 | － | 手続者 | 事業主 | 期限 | － |

POINT

- 外国人も要件を満たせば社会保険や雇用保険に加入できる
- 日本で就労できるかは、在留資格や在留期間を確認しよう

外国人を雇う際は在留資格と在留期限を確認

社会保険や雇用保険は、外国人も加入することができますが、日本で就労できる要件を満たしていることが大前提です。基本的には「就労が可能な**在留資格**を有していること」そして「日本に在留することができる在留期限を越えていないこと」が必要です。

そのため外国人を雇い入れる場合は、はじめに在留資格と在留期限を必ず確認しましょう。在留資格と在留期限は、パスポートまたは在留カードで確認できます。

在留カードは、在留資格の申請が許可された、日本に中長期間在留する外国人に交付されます。氏名、生年月日、性別、国籍・地域、住居地、在留資格、在留期間、就労の可否などが記載されていますので、必ず確認してください。

留学生をアルバイトとして雇い入れるとき

留学などで、「永住者」や「定住者」以外の在留資格を持つ外国人は、原則として在留資格に属さない収入を伴う活動をすることができません。そのため、在留資格に属さない活動で収入を伴う活動をする場合には、あらかじめ入国管理局で「資格外活動許可」という許可を受ける必要があります。

資格外活動許可には、週28時間以内の収入を伴う活動を行える「包括許可」と、具体的な活動について許可を受ける「個別許可」の2種類があります。短期滞在の在留資格を持つ外国人は、資格外活動許可を受けることができないため、留学生をアルバイトとして雇い入れるときは、資格外活動許可を受けているかを確認しましょう。

健康保険

厚生年金

労災保険

雇用保険

Keyword **在留資格**　外国人が日本に入国・滞在するために必要とされる資格で、外国人は必ず何らかの在留資格を持っていなければ日本に在留することができない。

在留カードの見方

●表面

出典：出入国在留管理庁 法務省「在留カードとは？」

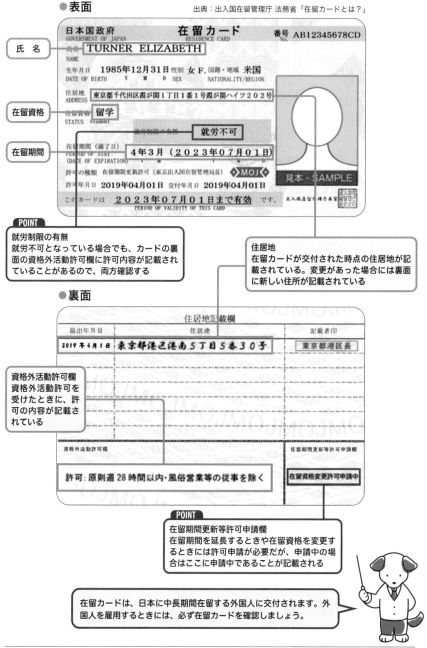

氏名

在留資格

在留期間

POINT
就労制限の有無
就労不可となっている場合でも、カードの裏面の資格外活動許可欄に許可内容が記載されていることがあるので、両方確認する

住居地
在留カードが交付された時点の住居地が記載されている。変更があった場合には裏面に新しい住所が記載されている

●裏面

資格外活動許可欄
資格外活動許可を受けたときに、許可の内容が記載されている

POINT
在留期間更新等許可申請欄
在留期間を延長するときや在留資格を変更するときには許可申請が必要だが、申請中の場合はここに申請中であることが記載される

在留カードは、日本に中長期間在留する外国人に交付されます。外国人を雇用するときには、必ず在留カードを確認しましょう。

Advice 在留カードには、偽変造防止のためにホログラムが施されている。カードを上下左右に傾けると「MOJ」の文字の色が変わったり立体的に動いたりするので、この点もチェックしよう。

2

第2章

従業員の入社時・退職時の手続き

2

059

08 外国人の社会保険の手続きとは

| 頻度 | － | 手続者 | 事業主 | 期限 | － |

POINT

● 各種公的保険は外国人も日本人と同じ要件で加入する
● 公的年金制度に「脱退一時金制度」があることを説明しよう

社会保険の加入基準

　健康保険などの社会保険は、外国人も適用対象となりますので、外国人が入社した場合にも保険の加入手続きは必要です。ここで注意が必要なのが、雇用保険と厚生年金保険です。昼間学生としての留学や**ワーキングホリデー**で来日している外国人は、原則として雇用保険の対象外です。また、外国人公務員および外国の失業補償制度の適用を受けていることが明らかである外国人も対象外となります。

　厚生年金保険については、入社する外国人が持つマイナンバーと基礎年金番号が結びついていない場合には、ローマ字氏名届という届出書が必要です。

年金保険の支払いを拒むケースの対応方法

　公的年金制度は、保険料を納付する期間に応じて受け取れる年金額が変動します。そのため、日本に在留する期間が短い外国人は「年金保険を負担しても掛け捨てになる」という考えから加入することを拒むケースもあります。

　この場合「脱退一時金制度」という一定要件を満たせば支払った保険料の一部が払い戻される制度があるので、制度のことをきちんと説明するようにしましょう。

　また、母国に社会保険制度がある場合、二重払いを防止するために「社会保障協定」という協定が結ばれています。これは協定を締結している2国間で加入制度を調整するもので、相手国への派遣期間が5年を超えるかどうかによって、どちらの国で社会保険に加入するのかが決まります。現在協定が発効されている国は、アメリカやドイツ、韓国など計20カ国です。

健康保険

厚生年金

労災保険

雇用保険

Keyword **ワーキングホリデー**　18〜30歳（国によって異なる）に対し、休暇目的の入国や滞在期間中における旅行・滞在資金を補うための就労を認める制度。

📌 就労が認められる在留資格（活動制限あり）

在留資格	該当例
外交	外国政府の大使、公使等およびその家族
公用	外国政府等の公務に従事する者およびその家族
教授	大学教授 等
芸術	作曲家、画家、作家 等
宗教	外国の宗教団体から派遣される宣教師 等
報道	外国の報道機関の記者、カメラマン 等
高度専門職	ポイント制による高度人材
経営・管理	企業等の経営者、管理者 等
法律・会計業務	弁護士、公認会計士 等
医療	医師、歯科医師、看護師 等
研究	政府関係機関や企業等の研究者 等
教育	高等学校、中学校等の語学教師 等
技術・人文知識・国際業務	機械工学等の技術者、通訳、デザイナー、語学講師 等
企業内勤務	外国の事務所からの転勤者
介護	介護福祉士
興行	俳優、歌手、プロスポーツ選手 等
技能	外国料理の調理師、スポーツ指導者 等
特定技能	特産分野の各業務従事者
技能実習	技能実習生

📌 身分・地位に基づく在留資格（活動制限なし）

在留資格	該当例
永住者	永住許可を受けた者
日本の配偶者 等	日本の配偶者・実子・特別養子
永住権の配偶者 等	永住者・特別永住者の配偶者、日本で出生して引き続き在留している実子
定住者	日系3世、外国人配偶者の連れ子 等

出典：出入国在留管理庁「新たな外国人材の受入れ及び共生社会実現に向けた取組」

> 在留資格には、就労が認められるものと、就労の範囲が限定されるもの、そもそも就労が認められないものなどがあります。採用する外国人がどの在留資格を有しているか、資格外活動許可の有無も併せて確認しましょう。

Advice 以前は海外に住んでいる外国人労働者の親族も要件を満たせば被扶養者として社会保険に加入できたが、2020年からは原則として「国内居住者」に限定された。

09 外国人を雇用した際の届け出

| 頻度 | 入社の都度 | 手続者 | 事業主 | 期限 | 雇用した月の翌月10日 |

POINT
- 外国人を雇い入れたときは外国人雇用状況届出書の提出が必要
- 提出先が同じため、雇用保険被保険者資格取得届と一緒に提出する

外国人雇用状況届出制度とは

外国人雇用状況届出制度は2007年からはじまった制度で、事業主が外国人を雇用したとき、雇用した外国人の氏名や在留資格などの情報をハローワークに届け出ることを義務づけたものです。これは、雇用する外国人が雇用保険に加入するかしないかに関わらず、日本国籍を有しない外国人のうち「外交」「公用」の在留資格を持たないすべての外国人が対象です。なお、在日韓国人や朝鮮人、台湾人などの特別永住者については、外国人雇用状況届出制度の対象外です。

届け出のための外国人の情報については、本人の在留カードやパスポートなどを元に確認しましょう。確認が必要な事項は、氏名、在留資格、在留期間、生年月日、性別、国籍・地域、資格外活動許可の有無、在留カード番号です。

雇用保険の被保険者かどうかで届け出方法が異なる

外国人雇用状況届出書は、雇用する外国人が雇用保険に入っていなくても必要です。ただし、雇用保険の被保険者かどうかによって、届け出期限や必要書類などが異なります。

雇用保険の被保険者となる外国人については、雇用した月の翌月10日までに届け出を行わなければなりません。提出先と提出期限が雇用保険被保険者資格取得届と同じなので、提出先であるハローワークの窓口で同時に手続きを済ませておくとよいでしょう。被保険者資格取得届に雇用状況記載欄があります（57ページ）。

雇用保険の被保険者の要件を満たさない外国人については、雇い入れた月の翌月末日が提出期限となります。こちらも提出窓口はハローワークとなっています。

Keyword 特別永住者 在留資格の1つで、第二次世界大戦前から日本に移り住み、戦後も日本に居住している在日韓国人、朝鮮人、台湾人、およびその子孫が有する在留資格。

「外国人雇用状況届出書（様式第3号）」の記入例

書類内容	外国人を雇い入れるとき、または外国人が離職するときに作成する書類
届出先	事業所管轄のハローワーク

● 雇用保険被保険者とならない場合の書式

POINT

在留資格が「留学」などで就労できないものであるときに、資格外活動許可の有無を記入する

該当しない項目を横線で消す

在留カードなどに記載されたものと同じ氏名を記入する

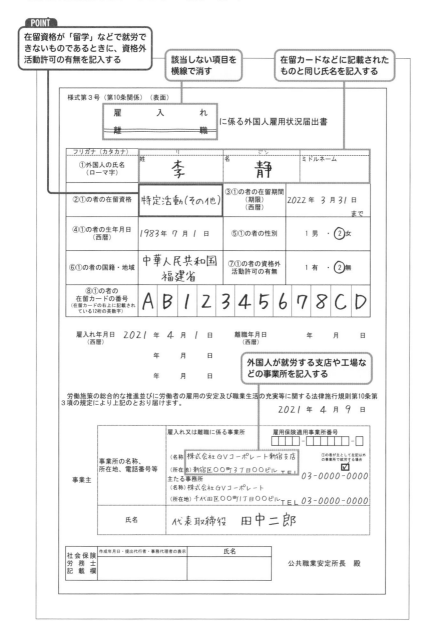

様式第3号（第10条関係）（表面）

雇　入　れ
~~離　　　職~~　に係る外国人雇用状況届出書

フリガナ（カタカナ）	姓　リ	名　ジン	ミドルネーム
①外国人の氏名（ローマ字）	李	静	

②①の者の在留資格	特定活動（その他）	③①の者の在留期間（期限）（西暦）	2022年 3月 31日まで
④①の者の生年月日（西暦）	1983年 7月 1日	⑤①の者の性別	1 男 ・ ②女
⑥①の者の国籍・地域	中華人民共和国 福建省	⑦①の者の資格外活動許可の有無	1 有 ・ ②無
⑧①の者の在留カードの番号（在留カードの右上に記載されている12桁の英数字）	A B 1 2 3 4 5 6 7 8 C D		

雇入れ年月日（西暦） 2021年 4月 1日　　離職年月日（西暦）　　年　月　日

年　月　日

年　月　日

外国人が就労する支店や工場などの事業所を記入する

労働施策の総合的な推進並びに労働者の雇用の安定及び職業生活の充実等に関する法律施行規則第10条第3項の規定により上記のとおり届けます。

2021年 4月 9日

事業主	雇入れ又は離職に係る事業所　　雇用保険適用事業所番号　□□□□-□□□□□□-□	
	事業所の名称、所在地、電話番号等	（名称）株式会社 GVコーポレート新宿支店 （所在地）新宿区○○町3丁目○○ビル TEL 主たる事務所 （名称）株式会社 GVコーポレート （所在地）千代田区○○町1丁目○○ビル TEL 03-0000-0000
		①の者が主として左記以外の事業所で就労する場合 ☑ 03-0000-0000
	氏名	代表取締役　田中二郎

社会保険労務士記載欄	作成年月日・提出代行者・事務代理者の表示	氏名	公共職業安定所長　殿

10 従業員が退職するときの手続きの流れを知ろう

頻度	退職の都度	手続者	事業主	期限	－

POINT

● 退職するときは保険の「資格喪失」手続きが必要
● 雇用保険の被保険者は、会社を退職後に失業等給付を受給できる

従業員が退職するときに必要な手続き

従業員が退職するときは、入社時とは反対に、社会保険の脱退の手続きが必要です。これを「資格喪失」と呼びます。

健康保険と厚生年金保険の資格喪失手続きでは、従業員の健康保険被保険者証も年金事務所に返却する必要があります。また、雇用保険の資格喪失の際に離職票を発行する場合は、従業員のタイムカード、賃金台帳、退職願（写し）などの添付書類も必要です。

従業員に被扶養者がいる場合には、被扶養者の資格喪失手続きも行う必要があります。それに伴って、被扶養者の健康保険被保険者証も年金事務所に返却しなければなりません。

退職手続きで担当者が注意したいこと

従業員が退職してしまうと、健康保険被保険者証の回収や必要な情報の聞き取りなどの退職手続きが難しくなってしまいます。従業員が退職することが決まったら、退職日までに手続きに必要なすべての書類や情報がそろうように準備を進めておきましょう。

そのためには、従業員の退職日や最終出社日、退職理由などの必要な情報を一覧表にまとめたものを作成し、退職するまでに従業員に記入してもらう

などの工夫が必要です（本書のチェックシートデータを参考）。

また、注意したいのが雇用保険の資格喪失手続きです。雇用保険に加入している被保険者は、会社を退職した後**失業等給付**を受給することができます。雇用保険の資格喪失手続きは退職日の翌々日から起算して10日以内が期限ですが、できるだけ早く失業給付の手続きに入れるようにするためにも、手続きは早急に行いましょう。

健康保険

厚生年金

労災保険

雇用保険

Keyword **失業等給付** 雇用保険の被保険者が失業したとき、および雇用の継続が難しいと判断されるときなどに、生活や雇用の安定のために雇用保険から支給される給付金のこと。

📌 退職時に従業員から受け取るもの・渡すもの

● 退職時に従業員から受け取るもの

書類名	注意点
退職願（退職届）	資格喪失手続きに必要な情報をすべて記載してもらい、できるだけ早く回収する
健康保険被保険者証	被扶養者がいる場合は、被扶養者の健康保険被保険者証も回収する

● 退職時に従業員に渡すもの

書類名	注意点
雇用保険被保険者離職票 ※79ページ	退職日の翌々日から10日以内に資格喪失手続きを行うため、退職後に郵送等で送ることになる。離職票不要の申出がない限り作成（59歳以上の退職者は、要不要を問わず必ず作成）
雇用保険被保険者証	会社で保管している場合は従業員に渡す
健康保険被保険者資格喪失確認通知書	従業員が退職後に国民健康保険に加入する場合には「健康保険被保険者資格喪失確認証明書」等が必要（請求により、年金事務所から発行）。

📌 離職票を発行するときに必要な書類

退職理由	必要書類
すべての人が対象	・記載した期間すべての離職証明書支給の内訳と交通費がわかる賃金台帳または給与明細書 ・記載した期間すべての出勤簿またはタイムカード ・労働者名簿
自己都合の場合	退職願・出勤簿など、離職理由の確認できる書類のコピー
解雇の場合	解雇通知書など、離職理由の確認できる書類のコピー
退職勧奨の場合	退職願など、離職理由の確認できる書類のコピー
定年の場合	就業規則・再雇用に係る雇用契約書など、離職理由の確認できる書類のコピー
契約期間満了の場合	契約書など、離職理由の確認できる書類のコピー

Advice　離職票は従業員が退職した後、失業給付を受けるときに必要となる。退職理由によって失業給付の受給開始日が異なるので、退職理由は正確に記入しよう。

11 退職時の健康保険・厚生年金保険の喪失手続き

| 頻度 | 退職の都度 | 手続者 | 事業主・個人 | 期限 | 退職日の翌日から5日以内 |

POINT
- 従業員の喪失手続きは退職日の翌日から5日以内が期限
- 70歳以上75歳未満の場合は、高齢受給者証の返却も忘れずに

健康保険と厚生年金保険の喪失手続き

退職時の健康保険と厚生年金保険の喪失手続きは、従業員が退職した日から5日以内（退職日の翌日起算）に行います。このときの手続きとして健康保険・厚生年金保険被保険者資格喪失届を事業所を管轄している年金事務所に提出する必要があります。協会けんぽに加入している事業所の場合は、健康保険と厚生年金保険の喪失手続きを同時に行えますが、健康保険組合に加入している事業所は、厚生年金保険の

喪失手続きを年金事務所に、健康保険の喪失手続きを健康保険組合に対して行います。

添付書類は必要ありませんが、従業員と被扶養者の健康保険被保険者証を返却しなければなりません。70歳以上75歳未満の場合は、加えて高齢受給者証の返却も必要なので、忘れずに回収しましょう。回収できない場合は、被保険者証回収不能届（68ページ）を添付します。

退職後、すぐに勤めない場合の健康保険

退職者は会社を退職した後、すぐに次の会社に勤めない場合、①国民健康保険に加入する、②今まで加入していた保険制度に任意加入する（70ページ）、③自分が被扶養者になって家族の健康保険に加入する（72ページ）といった方法から選ぶことができます。これらの手続きは、退職者本人が行う手続きです。

国民健康保険に加入する場合、手続きの際に、退職した事実を証明する資格喪失証明書（69ページ）などが必要です。会社に雇用されていたときは、保険料は会社と折半でしたが、国民健康保険に加入する場合は全額自己負担となるため、保険料が上がる場合があります。保険料は、市区町村によって異なります。

Keyword **高齢受給者証** 75歳からの後期高齢者医療制度が利用できるまでの間、70〜74歳の被保険者および被扶養者に交付されるもの。

健康保険

厚生年金

労災保険

雇用保険

「健康保険・厚生年金保険 被保険者資格喪失届」の記入例

書類内容　健康保険と厚生年金保険の喪失手続きを行う書類
届出先　　事業所管轄の年金事務所または年金事務センター

POINT
喪失年月日（下記参照）

退職による喪失→退職日を記入する
死亡による喪失→死亡日を記入する

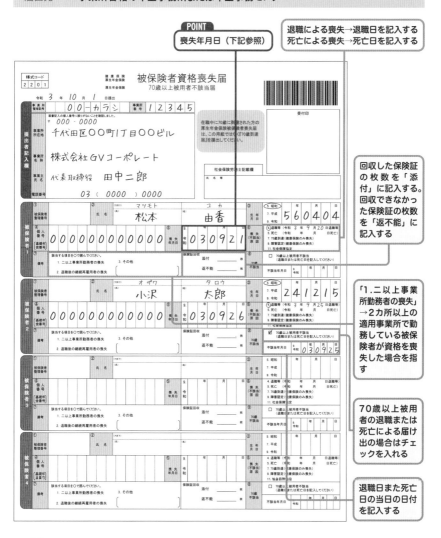

回収した保険証の枚数を「添付」に記入する。回収できなかった保険証の枚数を「返不能」に記入する

「1.二以上事業所勤務者の喪失」→2カ所以上の適用事業所で勤務している被保険者が資格を喪失した場合を指す

70歳以上被用者の退職または死亡による届け出の場合はチェックを入れる

退職日また死亡日の当日の日付を記入する

● 「⑤喪失年月日」の記入方法

ケース	記入日付
退職、死亡による資格喪失日	該当日の翌日
転勤による資格喪失日	転勤の当日
75歳到達による健康保険の資格喪失日	誕生日の当日
障害認定による健康保険の資格喪失日	認定日の当日

「健康保険 被保険者証回収不能届」の記入例

書類内容	被保険者や被扶養者から健康保険被保険者証を回収できないときに作成する書類
届出先	事業所管轄の年金事務所または年金事務センター

POINT
被保険者・被扶養者のうち保険証を回収できない人を記載する

POINT
高齢受給者証の交付の有無と返納の有無を記入する

POINT
できるだけ具体的に理由を記入する

健康保険　被保険者証回収不能届

被保険者証の（左づめ）	記号	番号	生年月日 年　月　日
	0 0 0 0 0 0 0 0	0 0	☑昭和 □平成 □令和　56 04 04

被保険者情報

氏名・印	(フリガナ) マツモト　ユカ　　松本　由香
住所	(〒 000 - 0000)　神奈川県 横浜市○○３丁目○-○
電話番号（日中の連絡先）	TEL 000 (000) 0000　携帯電話　- -

回収不能等の対象者

氏名	生年月日	性別	高齢受給者証 交付	高齢受給者証 返納	被保険者証を返納できない理由
松本　由香	☑昭和 □平成 □令和 56年 4月 4日	□男 ☑女	□有 ☑無	□有 ☑無	被保険者証を入れていたカバンを置き忘れ、行方不明になってしまったため
	□昭和 □平成 □令和 年 月 日	□男 □女	□有 □無	□有 □無	
	□昭和 □平成 □令和 年 月 日	□男 □女	□有 □無	□有 □無	
	□昭和 □平成 □令和 年 月 日	□男 □女	□有 □無	□有 □無	
備考					

上記の者について、被保険者証（高齢受給者証）が回収不能であるため届出します。
なお、被保険者証を回収したときは、ただちに返納します。　　令和 3 年 10 月 1 日

事業主欄

事業所所在地	(〒 000 - 0000)　千代田区○○町1丁目○○ビル
事業所名称	株式会社GVコーポレート
事業主氏名	代表取締役　田中二郎
電話	03 (000) 0000

※事業主の自署の場合は押印を省略できます。

社会保険労務士の提出代行者名記載欄	印	受付日付印

※この届は被保険者証を返納できない場合に提出します。
※回収不能対象者には、後日、被保険者あてに「健康保険被保険者証の無効のお知らせ」を送付します。

健康保険　厚生年金　労災保険　雇用保険

「健康保険・厚生年金保険 資格喪失証明書」の会社作成例

書類内容　退職者が国民健康保険・国民年金に加入するときに必要な書類
届出先　　退職者の市区町村

POINT
被扶養者がいる場合は
その情報を記入する

POINT
資格喪失日と退職日の両方
の日付を記入する

POINT
証明書を発行した
日付を記入する

健　康　保　険
厚生年金保険　**資格喪失 証明書**

1. 被保険者であった者について記入する欄

フリガナ	マツモト　ユカ		生年月日	昭和・平成 56 年 4 月 4 日
氏名	松本　由香			
現住所	〒000-0000　神奈川県横浜市○○3丁目○-○			
基礎年金番号	1234-0567890			
保険者番号	87654321	被保険者証記号番号	記号：00000000　番号：00	
取得年月日（入社日）	昭和・平成 20 年 7 月 1 日	喪失年月日（退職日）	令和 3 年 9 月 22 日　令和 3 年 9 月 21 日	

※被保険者証記号番号は保険証の「氏名」の上に記載されている数字となります。
※喪失年月日は、退職日の翌日となります。

2. 被扶養者であった者について記入する欄

氏名	生年月日	続柄	認定年月日	喪失（解除）年月日
	昭和・平成　年　月　日		昭和・平成　年　月　日	昭和・平成　年　月　日
	昭和・平成　年　月　日		昭和・平成　年　月　日	昭和・平成　年　月　日
	昭和・平成　年　月　日		昭和・平成　年　月　日	昭和・平成　年　月　日
	昭和・平成　年　月　日		昭和・平成　年　月　日	昭和・平成　年　月　日

上記のとおり相違ないことを証明します。

令和 3 年 10 月 1 日

事業所名称　株式会社GVコーポレート
所　在　地　千代田区○○町1丁目○○ビル
代表者名　　田中二郎　　　　㊞
電話番号　　03-0000-0000

◆この証明書は、お住まいの市町村にて国民年金または国民健康保険の資格取得の届出の際にご利用ください。
◆国民年金または国民健康保険の資格取得手続きに必要な書類について、詳細はお住まいの市町村にご確認ください。

決まった様式はありませんが、健康保険証に記載されている被保険者番号や記号・番号、退職日や資格喪失日など、資格を喪失したことが証明できる内容を記載します。

第2章　従業員の入社時・退職時の手続き

12 退職者の健康保険の 任意継続(最大2年)の手続き

| 頻度 | ― | 手続者 | 個人 | 期限 | 退職日の翌日から20日以内 |

POINT

● 退職後も最長2年間は継続して同じ健康保険に加入し続けることが可能
● 任意継続の手続きは退職者本人が行う

退職後も継続して健康保険に加入できる「任意継続」

退職してからも勤務していた会社の健康保険に加入し続けることを希望する人もいます。そのときに使える制度が「任意継続」という制度です。退職者が希望すれば、退職した後も最長2年間は継続して健康保険に加入し続けることができます。

任意継続には一点注意が必要です。

退職者は、これまでは事業主と折半で支払っていた保険料について、退社後は全額自己負担しなければならなくなります。そのため国民健康保険と任意継続のどちらの方が保険料の負担が低くなるかを事前に確認しておくことがポイントです。

任意継続の要件や手続きについて

任意継続を選択できるのは、資格喪失日の前日までに継続して2カ月以上の被保険者期間があることが要件です。

また、任意継続の手続きには期限があり、資格喪失日（退職日の翌日）から20日以内に健康保険任意継続被保険者資格取得申出書を協会けんぽまたは健康保険組合に提出しなければなりません（20日目が営業日ではない場合には、翌営業日までが期限）。任意継続は、事業主ではなく退職者本人が手続きを行います。

任意継続を行う際に被扶養者がいる

場合には、添付書類が必要です。被保険者と同居しており、在職時から被扶養者だった場合には、収入を証明する書類を添付します。被保険者と別居しているときには、加えて仕送りの事実と金額が確認できる書類が必要です。

新たに被扶養者となる人がいるときには、続柄を証明する書類と、収入を証明する書類などが必要です。任意継続の手続きが済めば、新たに任意継続用の健康保険被保険者証が発行されます。

「健康保険 任意継続被保険者資格取得申出書」の記入例

書類内容	任意継続の手続きを行うための書類
届出先	事業所管轄の協会けんぽ支部

POINT
被扶養者がいる場合、裏面の被扶養者届に記入し、同時に申請する

健康保険 任意継続被保険者 **資格取得** 申出書　1　2

取　申出者記入用

記入方法および添付書類等については、「健康保険 任意継続被保険者 資格取得 申出書 記入の手引き」をご確認ください。
申出書は、黒のボールペン等を使用し、楷書で枠内に丁寧にご記入ください。　記入見本 0 1 2 3 4 5 6 7 8 9 アイウ

申出者情報

勤務していた時に使用していた被保険者証の発行都道府県		支部	

勤務していた時に使用していた被保険者証の（左づめ）	記号 0 0 0 0 0 0 0 0	番号 0 0	生年月日　年　月　日 ☑昭和 □平成　5 6 0 4 0 4

氏名	（フリガナ）マツモト　ユカ 松本　由香	性別 □男 ☑女

住所	（〒 000 - 0000 ）　神奈川 都道府県　横浜市○○3丁目○-○

電話番号（日中の連絡先）	TEL 080（0000）0000

勤務していた事業所	名称 株式会社GVコーポレート　所在地 千代田区○○町1丁目○○ビル

資格喪失年月日（退職日の翌日）	令和 3 年 9 月 21 日

保険料の納付方法	保険料の納付方法について、希望する番号をご記入ください。 1　1.口座振替（毎月納付のみ）　2.毎月納付　3.6か月前納　4.12か月前納	「口座振替」を希望される方は、別途「口座振替依頼書」の提出が必要です。

▌健康保険資格喪失証明欄【事業主記入用】※任意

在籍時に使用していた被保険者証の記号・番号	記号	番号

（フリガナ） 被保険者氏名	

資格喪失年月日 ※退職日の翌日	年　　月　　日	備考欄

上記の記載内容に誤りのないことを証明します。　　　　　　　　年　　月　　日
　　　　　　　　　　　　　事業所所在地
　　　　　　　　　　　　　事業所名称
　　　　　　　　　　　　　事業主氏名
　　　　　　　　　　　　　電話番号　　　（　　　）

※健康保険資格喪失証明欄（事業主記入用）の記載は任意です。
※任意継続資格取得申出書の提出は、退職日の翌日から20日以内です。証明の準備に時間がかかる場合は、証明欄の記載がなくてもお手続きできます。（被保険者証は、日本年金機構での資格喪失処理が完了してからの交付となります。）

被扶養者となられる方がいる場合は裏面の被扶養者届の記載をお願いします。

被扶養者のマイナンバー記載欄
被保険者証の記号番号がご不明の場合にご記入ください。
記入した場合は、本人確認書類の添付が必要となります。
（詳細は「記入の手引き」をご覧ください。）▶ □□□□□□□□□□□□

受付日付印　(2021.6)

社会保険労務士の提出代行者名記載欄	

様式番号 2 0 0 1 1 0	協会使用欄 1 □□□□

全国健康保険協会 協会けんぽ　（1/1）

マイナンバーは、被保険者の記号番号がわからないときに記入する。被保険者のマイナンバーを記入した場合は、被保険者の運転免許証やパスポートのコピーなど、身元確認を行うための書類および、被保険者の個人番号が記載された住民票か住民票記載事項証明書など、番号確認を行うための書類が必要。
個人番号カードの場合、両者の確認は表・裏のコピーでよい

13 退職後すぐに就職しない人の医療保険・年金保険の手続き

頻度	－	手続者	個人	期限	－

POINT

● 退職後も公的医療保険・年金保険に加入しなければならない
● 国民健康保険に加入する際には、退職証明書等が必要

退職後家族の被扶養者として健康保険に加入する場合

会社を退職した後も、何らかの公的医療保険・年金保険に加入しなければなりません。このとき66ページで紹介した3つの選択肢のうち、③の家族の被扶養者として健康保険に加入するという方法があります。配偶者や両親など、家族が勤め先の会社で健康保険に加入しており、退職者が被扶養者の要件を満たす場合には、被扶養者として家族の健康保険に加入することができます。この場合は、保険料の負担はありません。

被扶養者の要件を満たす場合は、期日までに手続きを行いましょう。協会けんぽの期日は「事実発生から5日以内」となっているので、早めの準備が肝心です。扶養される家族（被保険者）に、被扶養者にしてもらうように依頼します。扶養する家族は、健康保険被扶養者（異動）届と必要な書類を添付して、被保険者の勤務先に提出します。

国民健康保険に加入するとき

被扶養者や任意継続（70ページ）の要件を満たさないときには、国民健康保険に加入することになります。国民健康保険に加入する際には、資格喪失証明書（69ページ）や「退職証明書」等が必要となります。

退職証明書は基本的に、退職した会社に請求して発行してもらうものなので、退職前に人事担当者などに請求しておきましょう。

国民健康保険の加入手続きの窓口は、退職者が住んでいる市区町村役場です。保険料は市区町村で個別に決定されます。手続きには、身分証明書と印鑑、退職証明書などの書類が必要です。国民健康保険に加入すると、保険料は全額自己負担になります。

Keyword **退職証明書** 会社を退職したことを証明する書類で、国民健康保険に加入するときに必要となる他、新たに就職する会社でも提出を求められることがある。

健康保険

厚生年金

労災保険

雇用保険

「退職証明書」の会社作成例

書類内容	会社を退職したことを証明する書類
届出先	（国民健康保険の加入手続きの場合）住所地の市区町村役場

退職証明書

POINT
退職証明書には決まった書式はないため、必要な情報を取りまとめたフォーマットを作成しておく

松本　由香　殿

以下の通り、あなたは当社を退職したことを証明します。

退職年月日	令和 3 年 9 月 20 日
使用期間	平成20年7月1日～令和3年9月20日
業務の種類	営業職
その業務における地位	営業部第一課課長
離職以前の賃金	月額350,000円
退職の事由	①離職者の自己都合による 2. 定年、労働契約期間満了等による 3. 専業主からの働きかけによる 4. その他 （具体的に　　　　　　　　　　　による） 5. 解雇 （具体的に　　　　　　　　　　　による）

使用期間、業務の種類、その業務における地位、賃金、退職理由の5つの項目は必ず記入する必要がある

尚、本人が証明を求めた項目に限って記載しています。

2021年 10 月 1 日

事業主氏名又は名称	
使用者職氏名	印

ONE

退職後も何らかの医療保険には加入しよう

　退職後、「次の仕事に就いたときに健康保険に加入しよう」と考える人がいますが、健康保険に未加入の期間は医療費が全額自己負担です。また、その時点で健康保険に加入するには、未納の保険料を全額納めなければなりません。罰則が科されるおそれもありますので、退職者には一言伝えておくと親切です。

14 退職時の雇用保険の 失業給付について知ろう

頻度	退職の都度	手続者	事業主・個人	期限	―

POINT
- 雇用保険では失業給付を支給する制度を設けている
- 失業給付はハローワークでの手続きが必要

失業給付（雇用保険の基本手当）とは

　退職日以前2年間において雇用保険の被保険者であった期間が通算して12カ月以上ある人は、退職後に一定の手続きを行うことで、失業給付を受けることができます。失業給付を受けるには「いつでも就職できる状態」と「積極的に就職しようとする意思」があることが必要です。

　そのため、病気やケガ、出産や育児などの何らかの事情によってすぐに就職することが難しい場合は、失業給付の対象外となります。

　また、失業給付の受給期間は、90～360日の間で、雇用保険の被保険者だった期間および離職した理由によって異なります。普通解雇などの会社都合での離職の方が、自己都合による離職の場合に比べて受給期間が長くなる他、給付制限期間の有無も変わってきます。

失業給付を受け取るまでの流れ

　まず事業主がハローワークに雇用保険の資格喪失手続きを行います。退職者が失業給付を受ける場合、喪失手続きと同時に離職証明書も提出します。その後、離職票を退職者に郵送するなどの事務作業が終われば、事業主側の手続きはここまでとなり、この後の手続きは退職者自身が行います。

　退職者は、住所地管轄のハローワークで手続きを済ませ、受給資格が決定すれば、そこから1週間程度で雇用保険説明会が行われ、雇用保険受給資格者証が交付されます。その後は、**失業の認定、基本手当支給**と進みます。

　自己都合で退職した場合、求職の申込日以降7日の待期期間と2カ月の給付制限期間（5年間で2回まで）がありますが、会社都合で退職した人は給付制限期間がなく、失業の認定後、基本手当が支給されます。

Keyword **失業の認定**　求職者が失業状態にあることを確認するためのもので、基本的に4週間に1度「認定日」が設定され、その日にハローワークに来所して認定を受ける必要がある。

健康保険　厚生年金　労災保険　**雇用保険**

📌 雇用保険の失業給付の所定給付日数

①自己都合・定年・懲戒解雇など

離職時の年齢 ＼ 被保険者であった期間	10年未満	10年以上 20年未満	20年以上
65歳未満	90日	120日	150日

> 自己都合で退職した場合、求職の申込日以後、7日の待期期間と2カ月の給付制限期間（5年間で2回まで）がある

> 失業給付の所定給付日数は、離職理由や離職時の年齢などによって異なる

②倒産や解雇など、会社都合による離職

離職時の年齢 ＼ 被保険者であった期間	1年未満	1年以上 5年未満	5年以上 10年未満	10年以上 20年未満	20年以上
30歳未満	90日	90日	120日	180日	—
30歳以上35歳未満	90日	120日	180日	210日	240日
35歳以上45歳未満	90日	150日	180日	240日	270日
45歳以上60歳未満	90日	180日	240日	270日	330日
60歳以上65歳未満	90日	150日	180日	210日	240日

ONE　離職理由を偽ると、重いペナルティが課されることも

　自己都合よりも会社都合による離職の方が、退職者が失業給付を早く受け取れます。だからといって会社都合の離職ではないのに、会社都合だと離職理由を偽ってはいけません。この場合、不正受給に当たります。

　不正受給と判断されると、失業給付の返還を命じられるだけでなく、不正行為によって支給を受けた額の2倍以下の金額の納付を命ぜられることもあるので、絶対にやめましょう。

Advice　失業給付は65歳未満が受給対象。65歳以上の失業者には「高年齢求職者給付金」という給付制度があるので知っておこう。

15 退職時の雇用保険の喪失手続き

| 頻度 | 退職の都度 | 手続者 | 事業主 | 期限 | 退職日の翌々日から10日以内 |

POINT

● 従業員の退職時には雇用保険の資格を喪失するための手続きを行う
● 喪失手続きの前に離職票が必要か退職者に確認する

資格喪失手続きについて

雇用保険の資格喪失手続きは、雇用保険被保険者資格喪失届を作成し、従業員が退職した日の翌々日から10日以内に手続きを行う必要があります。正確には、被保険者でなくなった事実があった日（退職日の翌日）の翌日から起算して10日以内に手続きを行います（例えば、4月30日退職の場合の期限は5月11日）。

資格喪失届には、離職の日や資格喪失の原因、離職票交付の希望有無などを記入しますので、あらかじめ退職届や解雇予告通知などの書面で確認しましょう。

退職や労働条件が変更になったことなどを、書面に残さずに口頭で合意することもありますが、書面が残っていないと後にトラブルになったときに困るので、必ず書面に残して保管しておきましょう。

資格を喪失した理由は明確にしておこう

資格喪失手続きでは、従業員の退職以外にもさまざまな資格喪失の理由があります。例えば、従業員が死亡した場合や、取締役など役員になった場合、他事業所に出向して出向先で雇用関係が発生する場合などでも、雇用保険の資格喪失理由となります。

また、労働条件が変わり週の所定労働時間が20時間未満になった場合も

雇用保険の資格を喪失します。

ハローワークで資格喪失手続きを行った後、**資格喪失確認通知書**が交付されます。退職者が離職票を請求しないときは、事業主通知用と被保険者通知用が交付されますので、事業主通知用は会社で保管し、被保険者通知用の資格喪失確認通知書は退職者に渡しましょう。

Keyword **資格喪失確認通知書** 雇用保険の被保険者である資格を喪失したことを証明する書類。離職票がない場合は被保険者通知用の資格喪失確認通知書が交付される。

「雇用保険被保険者資格喪失届（様式第4号）」の記入例

書類内容	雇用保険の資格喪失手続きを行うときに必要な書類
届出先	事業所管轄のハローワーク

POINT

「1. 離職以外の理由」…被保険者の死亡、在籍出向など

「2. 3以外の理由」…自己都合、契約期間満了、60歳以上定年退職（継続雇用制度あり）、労働時間が短くなり雇用保険の加入条件に該当しなくなったとき、取締役への就任など

「3. 事業主の都合による離職」…解雇、継続雇用制度がない65歳未満の定年退職、退職勧奨など

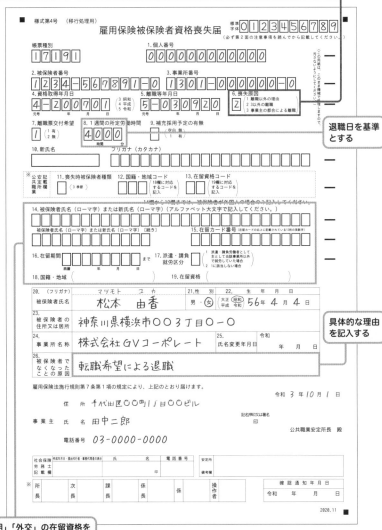

退職日を基準とする

具体的な理由を記入する

「公用」「外交」の在留資格を持つ外国人以外の外国人労働者が退職するときには、外国人雇用状況の届け出も必要

16 退職時に作成する 雇用保険の離職証明書

| 頻度 | 退職の都度 | 手続者 | 事業主 | 期限 | 退職日の翌々日から10日以内 |

POINT

- 退職者が失業給付を受給するためには、求職の申し込みが必要
- 59歳以上の退職者には必ず離職票を交付する

雇用保険被保険者離職証明書と離職票

退職者が滞りなく失業給付を受けられるよう、資格喪失手続きに合わせて離職票の発行手続きが必要です。退職者が希望した場合、事業主は離職票を発行する義務があります。手続きを行う際には、雇用保険被保険者資格喪失届と一緒に「離職証明書」も作成してハローワークに提出します。このとき、添付書類として労働者名簿、出勤簿、賃金台帳、退職願（写し）などが必要

となります。必要な書類は事前にハローワークに確認しておきましょう。

離職票はその他にも、国民健康保険に加入するときに提出が求められることもあるため、基本的には手続きが必要なものと認識しておきましょう。

退職者が離職票を不要とする場合でも、退職者が59歳以上のときは、本人が希望するしないに関わらず必ず離職票の交付が必要です。

離職票（1および2）を交付されたら、退職者に送付する

離職証明書は3枚つづりになっており、1枚目が「事業主控」、2枚目が「安定所提出用」、3枚目が「退職者交付用」で構成されています。

離職証明書をハローワークに提出すると離職票-1が交付されます。交付を受けたら、離職証明書3枚目の離職票-2と合わせて退職者に送付しましょう。

資格喪失手続きのときに退職者が離職票を必要としていなくても、手続きが終わった後で離職票を請求してくることがあります。この場合、事業主は雇用保険被保険者資格喪失確認通知書と賃金台帳や出勤簿、退職届などの退職理由がわかる書類を合わせてハローワークに提出すれば、離職票の交付を受けることができます。

Keyword **離職証明書** 社員から退職の申出があった場合に、会社が退職手続きを行うにあたって必要となる書類の1つ。離職票を求められたら離職証明書の手続きを行う義務がある。

健康保険

厚生年金

労災保険

雇用保険

「雇用保険被保険者離職票」の記入例

書類内容	退職者に送付する書類
入手先	事業所管轄のハローワーク

●「離職票－1」（退職者交付用）

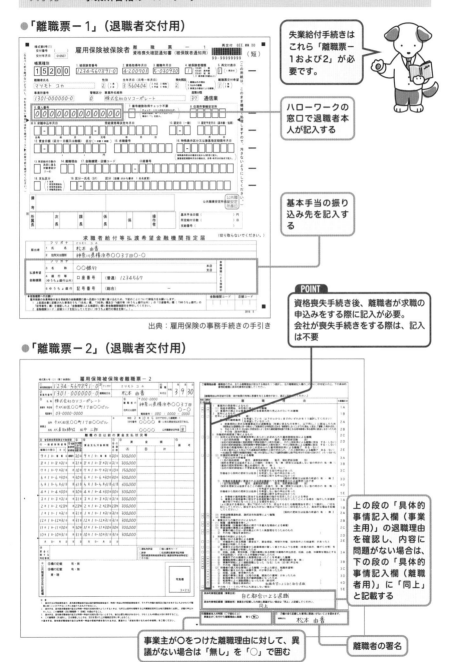

失業給付手続きは
これら「離職票－
1および2」が必
要です。

ハローワークの
窓口で退職者本
人が記入する

基本手当の振り
込み先を記入す
る

出典：雇用保険の事務手続きの手引き

POINT

資格喪失手続き後、離職者が求職の
申込みをする際に記入が必要。
会社が喪失手続きをする際は、記入
は不要

●「離職票－2」（退職者交付用）

上の段の「具体的
事情記入欄（事業
主用）」の退職理由
を確認し、内容に
問題がない場合は、
下の段の「具体的
事情記入欄（離職
者用）」に「同上」
と記載する

事業主が〇をつけた離職理由に対して、異
議がない場合は「無し」を「〇」で囲む

離職者の署名

079

● 「離職票-2」（安定所提出用）

左ページ

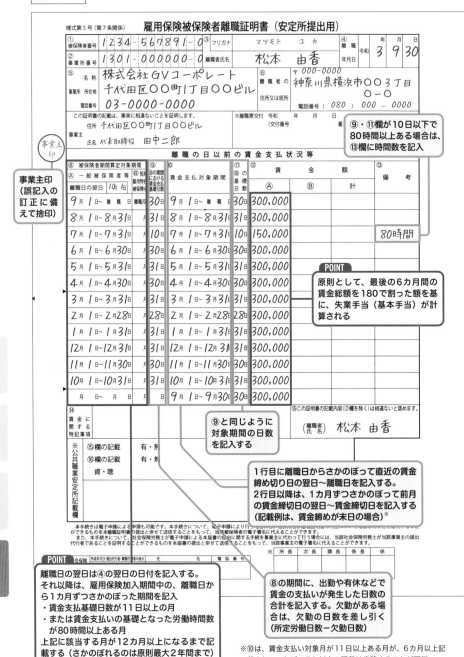

様式第5号（第7条関係） 雇用保険被保険者離職証明書（安定所提出用）

① 被保険者番号 1234-567891-0
② 事業所番号 1301-000000-0
③ フリガナ マツモト ユカ
離職者氏名 松本 由香
④ 離職年月日 令和 3 9 30

⑤ 名称 株式会社GVコーポレート
事業所 所在地 千代田区○○町1丁目○○ビル
電話番号 03-0000-0000

⑥ 離職者の住所又は居所 〒000-0000 神奈川県横浜市○○3丁目○-○
電話番号 (080) 000-0000

この証明書の記載は、事実に相違ないことを証明します。
※離職票交付 令和 年 月 日 （交付番号 番）
事業主 住所 千代田区○○町1丁目○○ビル
氏名 代表取締役 田中二郎

事業主印（印）

事業主印（誤記入の訂正に備えて捨印）

⑨・⑪欄が10日以下で80時間以上ある場合は、⑬欄に時間数を記入

離職の日以前の賃金支払状況等

⑧ 被保険者期間算定対象期間	⑨ ⑧の期間における賃金支払基礎日数	⑩ 賃金支払対象期間	⑪ ⑩の基礎日数	⑫ 賃金額			⑬ 備考
⑦ 一般被保険者等 離職日の翌日 10月				Ⓐ	Ⓑ	計	
9月 1日～ 離職日	30日	9月 1日～ 離職日	30日	300,000			
8月 1日～ 8月31日	31日	8月 1日～ 8月31日	31日	300,000			
7月 1日～ 7月31日	10日	7月 1日～ 7月31日	10日	150,000			80時間
6月 1日～ 6月30日	30日	6月 1日～ 6月30日	30日	300,000			
5月 1日～ 5月31日	31日	5月 1日～ 5月31日	31日	300,000			
4月 1日～ 4月30日	30日	4月 1日～ 4月30日	30日	300,000			
3月 1日～ 3月31日	31日	3月 1日～ 3月31日	31日	300,000			
2月 1日～ 2月28日	28日	2月 1日～ 2月28日	28日	300,000			
1月 1日～ 1月31日	31日	1月 1日～ 1月31日	31日	300,000			
12月 1日～12月31日	31日	12月 1日～12月31日	31日	300,000			
11月 1日～11月30日	30日	11月 1日～11月30日	30日	300,000			
10月 1日～10月31日	31日	10月 1日～10月31日	31日	300,000			
月 日～ 月 日		9月 1日～ 9月30日	30日	300,000			

POINT
原則として、最後の6カ月間の賃金総額を180で割った額を基に、失業手当（基本手当）が計算される

⑭ 賃金に関する特記事項

※公共職業安定所記載欄
⑮欄の記載 有・無
⑯欄の記載 有・無
資・聴

⑮この証明書の記載内容（⑦欄を除く）は相違ないと認めます。
（離職者氏名） 松本 由香

⑨と同じように対象期間の日数を記入する

1行目に離職日からさかのぼって直近の賃金締め切り日の翌日～離職日を記入する。2行目以降は、1カ月ずつさかのぼって前月の賃金締切日の翌日～賃金締切日を記入する（記載例は、賃金締めが末日の場合）※

本手続きは電子申請による申請も可能です。本手続きについて、電子申請により行う場合には、被保険者が当該労働者であることを証明することができるものを本離職証明書の提出と併せて送信することをもって、当該被保険者の電子署名に代えることができます。
また、本手続きについて、社会保険労務士が電子申請による事務代理の提出に関する手続を事業主に代わって行う場合には、当該社会保険労務士が当該事業主の提出代行者であることを証明することができるものを本離職証明書の提出と併せて送信することをもって、当該事業主の電子署名に代えることができます。

所長	次長	課長	係長	係

POINT
離職日の翌日は④の翌日の日付を記入する。それ以降は、雇用保険加入期間中の、離職日から1カ月ずつさかのぼった期間を記入
・賃金支払基礎日数が11日以上の月
・または賃金支払いの基礎となった労働時間数が80時間以上ある月
上記に該当する月が12カ月以上になるまで記載する（さかのぼれるのは原則最大2年間まで）

⑧の期間に、出勤や有休などで賃金の支払いが発生した日数の合計を記入する。欠勤がある場合は、欠勤の日数を差し引く（所定労働日数－欠勤日数）

※⑩は、賃金支払い対象月が11日以上ある月が、6カ月以上記載されていれば、それ以上の記載は省略することが可能。

（縦書きタブ）離職保険／厚生年金／労災保険／雇用保険

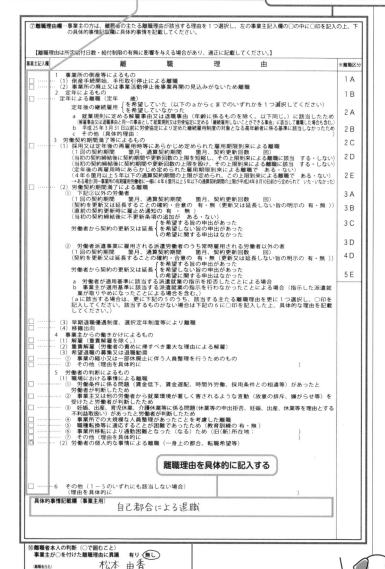

該当する離職理由に「O」をつける

POINT

⑦の各項目内容は、事業主が主張する離職理由を把握するために分類されたもの。離職理由の最終判決は、ハローワークで行われる

⑦離職理由欄…事業主の方は、離職者の主たる離職理由が該当する理由を1つ選択し、左の事業主記入欄の□の中に○印を記入の上、下の具体的事情記載欄に具体的事情を記載してください。

【離職理由は所定給付日数・給付制限の有無に影響を与える場合があり、適正に記載してください。】

事業主記入欄	離　職　理　由	※離職区分
□	1　事業所の倒産等によるもの □　(1) 倒産手続開始、手形取引停止による離職 □　(2) 事業所の廃止又は事業活動停止後事業再開の見込みがないため離職	1 A
	2　定年によるもの 　　定年による離職（定年　　歳）	1 B
□	定年後の継続雇用 {を希望していた（以下のaからcまでのいずれかを1つ選択してください） 　　　　　　　　　　 {を希望していなかった 　　a　就業規則に定める解雇事由又は退職事由（年齢に係るものを除く。以下同じ。）に該当したため 　　　（解雇事由又は退職事由と同一の事由として就業規則又は労使協定に定める「継続雇用しないことができる事由」に該当して離職した場合も含む。） 　　b　平成25年3月31日以前に労使協定により定めた継続雇用制度の対象となる高年齢者に係る基準に該当しなかったため 　　c　その他（具体的理由　　　　）	2 A
		2 B
□	3　労働契約期間満了等によるもの 　(1) 採用又は定年後の再雇用時等にあらかじめ定められた雇用期限到来による離職 　　　（1回の契約期間　　箇月、通算契約期間　　箇月、契約更新回数　　回） 　　　（当初の契約締結後に契約期間や更新回数の上限を短縮し、その上限到来による離職に該当　する・しない） 　　　（当初の契約締結後に契約期間や更新回数の上限を設け、その上限到来による離職に該当　する・しない） 　　　（定年後の再雇用時にあらかじめ定められた雇用期限到来による離職で　ある・ない） 　　　（4年6箇月以上5年以下の通算契約期間の上限が定められ、この上限到来による離職で　ある・ない） 　　　（その上限がある場合(同一事業所の有期雇用労働者に一様に4年6箇月以上5年以下の通算契約期間の上限が平成24年8月10日前から定められて　いた・いなかった）	2 C
		2 D
		2 E
□	(2) 労働契約期間満了による離職 　　① 下記②以外の労働者 　　　（1回の契約期間　　箇月、通算契約期間　　箇月、契約更新回数　　回） 　　　（契約を更新又は延長することの確約・合意の　有・無（更新又は延長しない旨の明示の　有・無 ）） 　　　（直前の契約更新時に雇止め通知の　有・無 ） 　　　（当初の契約締結後に不更新条項の追加が　ある・ない） 　　　　　　　　　　　　　　　　　　　 {を希望する旨の申出があった 　　　労働者から契約の更新又は延長 {を希望しない旨の申出があった 　　　　　　　　　　　　　　　　　　　 {の希望に関する申出はなかった	3 A
		3 B
		3 C
	② 労働者派遣事業に雇用される派遣労働者のうち常時雇用される労働者以外の者 　　（1回の契約期間　　箇月、通算契約期間　　箇月、契約更新回数　　回） 　　（契約を更新又は延長することの確約・合意の　有・無（更新又は延長しない旨の明示の　有・無 ）） 　　　　　　　　　　　　　　　　　　 {を希望する旨の申出があった 　　労働者から契約の更新又は延長 {を希望しない旨の申出があった 　　　　　　　　　　　　　　　　　　 {の希望に関する申出はなかった 　　a　労働者が適用基準に該当する派遣就業の指示を拒否したことによる場合 　　b　事業主が適用基準に該当する派遣就業の指示を行わなかったことによる場合（指示した派遣就業が取りやめになったことによる場合を含む。） 　　（aに該当する場合は、更に下記の5のうち、該当する主たる離職理由を更に1つ選択し、○印を記入してください。該当するものがない場合は下記の6に○印を記入した上、具体的な理由を記載してください。）	3 D
		4 D
		5 E
□	(3) 早期退職優遇制度、選択定年制度等により離職	
□	(4) 移籍出向	
	4　事業主からの働きかけによるもの	
□	(1) 解雇（重責解雇を除く。）	
□	(2) 重責解雇（労働者の責めに帰すべき重大な理由による解雇）	
	(3) 希望退職の募集又は退職勧奨	
□	① 事業の縮小又は一部休廃止に伴う人員整理を行うためのもの	
□	② その他（理由を具体的に　　　　　）	
	5　労働者の判断によるもの	
	(1) 職場における事情による離職	
□	① 労働条件に係る問題（賃金低下、賃金遅配、時間外労働、採用条件との相違等）があったと 　　　労働者が判断したため	
□	② 事業主又は他の労働者から就業環境が著しく害されるような言動（故意の排斥、嫌がらせ等）を 　　　受けたと労働者が判断したため	
□	③ 妊娠、出産、育児休業、介護休業等に係る問題（休業等の申出拒否、妊娠、出産、休業等を理由とする 　　　不利益取扱い）があったと労働者が判断したため	
□	④ 事業所での大規模な人員整理があったことを考慮した離職	
□	⑤ 職種転換等に適応することが困難であったため（教育訓練の　有・無）	
□	⑥ 事業所移転により通勤困難となった（なる）ため（旧(新)所在地：　　　）	
□	⑦ その他（理由を具体的に　　　　　）	
○	(2) 労働者の個人的な事情による離職（一身上の都合、転職希望等）	

離職理由を具体的に記入する

□	6　その他（1〜5のいずれにも該当しない場合） 　（理由を具体的に　　　　　）

具体的事情記載欄（事業主用）　　自己都合による退職

⑯離職者本人の判断（○で囲むこと）
　事業主が○を付けた離職理由に異議　有り・無し

（離職者氏名）　松本　由香

離職証明書の2枚目は、離職証明書の手続き後、ハローワークが回収します。

081

17 退職後も傷病手当金の給付を受けるには

| 頻度 | ー | 手続者 | 個人 | 期限 | 支給開始から1年6カ月以内 |

POINT
- 被保険者は退職した後も傷病手当金の給付を受けられる場合がある
- 傷病手当金の手続きは退職者本人が行う

傷病手当金は業務に関係ない病気やケガが対象

業務外での病気やケガによって仕事ができず、収入が減ってしまうこともあります。業務時や通勤時に被災した場合は労災保険の対象となりますが、対象とならない場合にも、健康保険には、「傷病手当金」という給付があります。

傷病手当金は、①業務外の病気やケガで療養中である、②療養のための労務不能である、③連続する3日間を含み4日以上仕事を休んでいる、という3つの要件を満たせば受給が可能です。傷病手当金は、被保険者のみが対象で、被扶養者は対象外です。労災保険が適用された場合は傷病手当金は受給できません（140ページ）。

退職後に傷病手当金の給付を受けるための手続き

在職中に傷病手当金の給付を受けていた人が、退職後も傷病手当金の給付を受け続けるときには、本人が手続きを行う必要があります。

傷病手当金の給付は在職中と同一の保険者から支給されるため、手続きは在職中に加入していた協会けんぽ、または健康保険組合です。

手続きに必要な書類は健康保険傷病手当金支給申請書です。前職の事業主の証明は必要ありませんが、療養のために休んだ期間について医師の証明が必要です。

退職後に失業給付を受けている場合や、資格喪失後に老齢厚生年金等の老齢退職年金を受けているときは、傷病手当金の給付を受けることはできません。ただし老齢厚生年金などにおいて、年金額の360分の1が傷病手当金の日額より低いときは、その差額が支給されます。

健康保険
厚生年金
労災保険
雇用保険

Keyword **老齢厚生年金**　厚生年金保険に加入している人が原則として65歳に達すると支払われる老齢給付の1つで、老齢基礎年金に上乗せされて支給される。

「健康保険 傷病手当金支給申請書」の記入例

書類内容　傷病手当金の給付を受けるときに使用する申請書
届出先　　事業所管轄の協会けんぽまたは健康保険組合

●1枚目

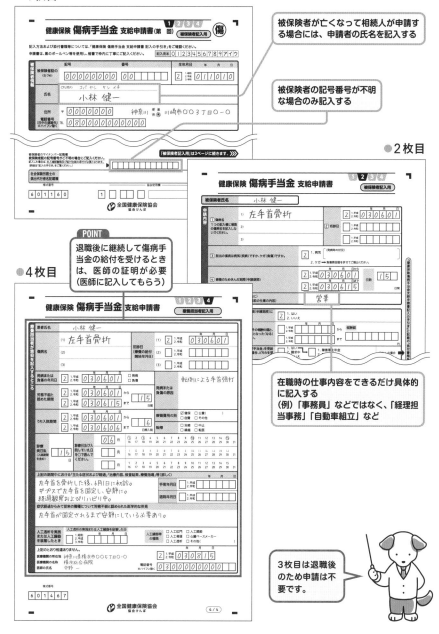

被保険者が亡くなって相続人が申請する場合には、申請者の氏名を記入する

被保険者の記号番号が不明な場合のみ記入する

●2枚目

POINT
退職後に継続して傷病手当金の給付を受けるときは、医師の証明が必要（医師に記入してもらう）

●4枚目

在職時の仕事内容をできるだけ具体的に記入する
（例）「事務員」などではなく、「経理担当事務」「自動車組立」など

3枚目は退職後のため申請は不要です。

18 退職後も労災保険からの給付を受けるには

POINT

● 退職後も労災事故による労災保険給付を受けられる
● 退職後でも、給付内容も給付額も変更はない

退職後も休業（補償）給付を受け続けることができる

労災事故によって休業し、休業（補償）給付を受けている途中で従業員が退職した場合でも、休業（補償）給付を受け続けることができます。これは休業（補償）給付以外の労災保険給付も同様です。労災保険法にも「保険給付を受ける権利は、労働者の退職によって変更されることはない」と明記されています。

また、有期雇用契約を結んでいる従業員などは、労働災害による病気やケガによって休業を余儀なくされ、休業中に契約期間が満了してしまうこともあります。このような場合においても、雇用期間中かどうかにかかわらず休業給付を受けることができます。

休業（補償）給付の内容も、在職中と退職後で変わることはありません。また、事業主は労災で休業している従業員を、その期間およびその後30日間は解雇することができませんので、この点もおさえておきましょう。

退職後に休業（補償）給付を受けるための手続き

労働災害は、業務上の事故などによる病気やケガなどを指す「業務災害」と、通勤中の事故などによる病気やケガなどを指す「通勤災害」の2種類があります。

休業補償を受ける原因が業務災害であれば休業補償給付支給請求書、通勤災害であれば休業給付支給請求書を作成し、管轄の労働基準監督署で手続きを行います。すでに退職しているため、手続きは基本的に退職者本人が行います。

退職後の期間について休業補償を請求する場合は事業主の証明は不要ですが、退職する前の期間も含まれている場合は事業主の証明が必要です。

Keyword **休業（補償）給付** 業務災害または通勤災害が原因で働くことができず休業することになった際に支給される給付金。業務災害は「休業補償給付」、通勤災害は「休業給付」。

健康保険
厚生年金
労災保険
雇用保険

「労働者災害補償保険 休業補償給付支給請求書（様式第8号）」の記入例

書類内容 労災保険給付（休業補償給付）を受けるときに作成する書類

届出先 事業所管轄の労働基準監督署

●表面

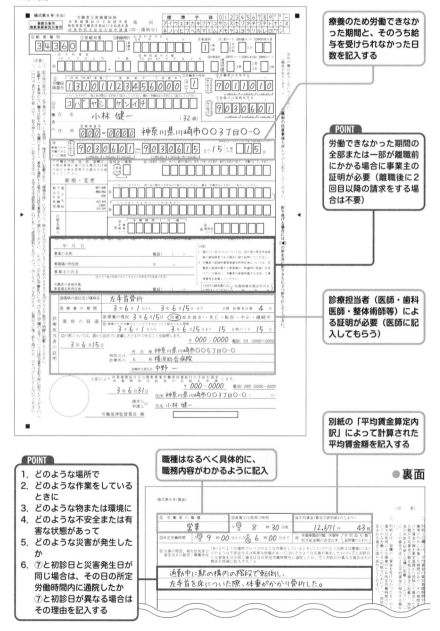

POINT

療養のため労働できなかった期間と、そのうち給与を受けられなかった日数を記入する

POINT

労働できなかった期間の全部または一部が離職前にかかる場合に事業主の証明が必要（離職後に2回目以降の請求をする場合は不要）

診療担当者（医師・歯科医師・整体術師等）による証明が必要（医師に記入してもらう）

別紙の「平均賃金算定内訳」によって計算された平均賃金額を記入する

職種はなるべく具体的に、職務内容がわかるように記入

●裏面

POINT

1. どのような場所で
2. どのような作業をしているときに
3. どのような物または環境に
4. どのような不安全または有害な状態があって
5. どのような災害が発生したか
6. ⑦と初診日と災害発生日が同じ場合は、その日の所定労働時間内に通院したか
⑦と初診日が異なる場合はその理由を記入する

外国人雇用の際の在留カード番号

在留カード番号の記載が必要な場合も

　外国人を雇用する事業主は、外国人労働者の雇い入れと離職の際に、外国人雇用状況届出書の提出が必要です（63ページ）。届出書には以下の情報の記載が必要です。

- 外国人の氏名・在留資格・在留期間・国籍・地域などの情報
- 在留カード番号（①「外交」「公用」の在留資格を持つ外国人、②特別永住者の外国人については不要）
  ※在留カード番号は、2020年3月1日以降から記載が義務づけられた

　これは、不法就労外国人を雇用しないための対策の1つです。もしも提出を怠ったり、事実とは異なる内容で届け出した場合には、30万円以下の罰金が科せられることもあるので注意しましょう。

　雇用保険被保険者となる外国人の場合は、雇用保険被保険者資格取得届、資格喪失届に在留カード番号を記載して、適用事業所の所在地を管轄するハローワークに提出します。

雇用保険の被保険者かどうかで届出書が異なる

　雇用保険被保険者以外の外国人の場合は、外国人雇用状況届出書（様式第3号）に在留カードの番号を記載し、外国人が勤務する施設の所在地を管轄するハローワークに提出します。雇用保険の被保険者かどうかで使用する届出書が異なるので注意しましょう。

　届出様式のダウンロードは、厚生労働省のホームページ※から行うことができます。また、ハローワークインターネットサービスを利用してオンライン申請することができます（44ページ）。

※https://www.mhlw.go.jp/stf/seisakunitsuite/bunya/koyou_roudou/koyou/
　gaikokujin/gaikokujin-koyou/07.html

第3章

妊娠・出産・育児・
介護に伴う手続き

第3章では、従業員とその家族の出産・育児に伴う手続きなどについて解説します。出産育児一時金が支給される他、産前産後休業・育児休業を取得している間は、保険料が免除されたり、給付金が受けられる制度もありますので、必ず漏れがないように把握しておきましょう。

01 従業員の出産・育児に伴う給付や手続きの流れを知ろう

頻度	―		手続者	事業主・個人		期限	―

POINT

● 出産・育児の際には、さまざまな公的保険から給付金等が受けられる
● 種類も多く手続きも異なるので、全体像を把握して漏れのないように

出産・育児に関する給付金・免除制度

従業員が出産や育児を行う場合、まず妊娠後に任意で産前産後休業（産休）を取得し、産休後に育児休業（育休）を取得するのが一般的です。

産前休業は従業員の任意ですが、産後6週間は強制休業となります。なお6週間経過後は、本人が請求し、医師が支障がないと認めた業務であれば働くことは可能です。正常分娩の場合、病気ではないため健康保険が適用とはならず、妊婦の定期健診や出産費用は全額自己負担になります。そこで、出産費用を補うものとして、原則として一児につき50万円の出産育児一時金を受けることができます。また社会保険では、申し出ることで産前産後休業および育児休業期間中などの保険料が免除となる制度が設けられています。

なお厚生年金保険は、免除期間は年金を納めた期間として扱われ、年金額には影響しません。産休・育休中に会社から給与が支給されない場合は、所得補償をしてくれる「出産手当金」「育児休業給付金」などもあります。

産休や育休に関する手続きにおける注意点

産休・育休に関する給付金等は、健康保険や厚生年金、雇用保険など、各種公的保険から行われます。ただし、産休や育休を取得すれば自動的に適用になるわけではなく、すべてにおいて書類を作成して手続きを行わなければなりません。予定より早く休業から復帰する際も終了届を提出しなければならず、開始だけでなく終了のときも手続きが必要な場合があるので注意しましょう。

これらの手続きで漏れが生じると、従業員が不利益を被る場合があるため、いつどのような手続きが必要になるか、まとめておきましょう（13ページの本書チェックシートデータを参考）。

健康保険
厚生年金
労災保険
雇用保険

Keyword **産前産後休業** 産前（出産日（遅れた場合は予定日）以前42日）、産後（出産日の翌日から56日）で休業した期間。
育児休業 子どもが1歳に達するまで申出により休業できる。事情によっては延長することも可能。

産休・育休の各種給付金のスケジュール

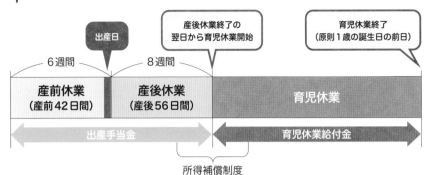

出産・育児に関する手続き一覧

時期	作成する書類	支給内容・手続き内容	公的保険の種類	届出先
産前	出産費貸付金貸付申込書	出産育児一時金の8割相当額を限度に1万円単位で、無利子で借りられる	健康保険	協会けんぽ・健康保険組合
産前・産後	産前産後休業取得者申出書	産前産後休業期間に社会保険料免除が受けられる	健康保険（介護保険含む）・厚生年金保険	年金事務所・健康保険組合
	産前産後休業取得者変更（終了）届	出産予定日と出産日にズレが生じた場合の申請	健康保険（介護保険含む）・厚生年金保険	年金事務所・健康保険組合
産後・育児	出産育児一時金支給申請書	一児につき50万円（または48万8,000円）が支給される※	健康保険	協会けんぽ・健康保険組合
	出産手当金支給申請書	原則として（標準報酬月額÷30）×2/3が支給される	健康保険	協会けんぽ・健康保険組合
	育児休業給付金支給申請書	賃金日額の67%が支給される（開始から181日目からは50%）	雇用保険	ハローワーク
	育児休業等取得者申請書	子どもが1歳に達するまでの育児休業期間中、社会保険料免除が受けられる	健康保険（介護保険含む）・厚生年金保険	年金事務所
	被扶養者（異動）届	生まれた子どもを扶養に入れる申請	健康保険	年金事務所・健康保険組合
	育児休業終了届	予定よりも早く復帰したときの申請	健康保険（介護保険含む）・厚生年金保険	年金事務所・健康保険組合
	養育期間標準報酬月額特例申出書	子どもが3歳までの間、勤務時間短縮等の措置を受けたことによって標準報酬月額が低下した場合、子どもが生まれる前の標準報酬月額に基づく年金額を受け取ることができる	厚生年金保険	年金事務所

※2023年4月1日以降の出産から記載額に増額されました。

Chapter 3

02 産前産後休業中の 社会保険料免除の手続き

| 頻度 | — | 手続者 | 事業主 | 期限 | 産前産後休業期間中 |

POINT

● 産前産後休業は申請すれば雇用保険を除く社会保険の負担が免除される
● 保険料免除の手続きは、事業主が産前産後休業中に行う

産前産後休業は雇用保険以外の保険料が免除になる

産前産後休業期間に従業員が妊娠・出産により休業をしたときには、産前42日（多胎妊娠の場合は98日）から産後56日の範囲内において、厚生年金保険・健康保険・介護保険の保険料負担が、従業員・事業主ともに免除になります。雇用保険については保険料負担が免除にならないので注意しましょう。

社会保険料免除の対象となるのは、社会保険の被保険者です。会社役員であっても、被保険者であれば対象となります。この点は育児休業とは異なるところです。

免除期間は、産前産後休業開始月から終了日の翌日の属する月の前月までとなっています。なお、育児休業と重複する期間があるときは、産前産後休業期間中の保険料免除が優先的に適用されます。

申出は産前産後休業期間中に行う

産前産後休業の取得について被保険者から申出があった場合、事業主は年金事務所・健康保険組合へ手続きを行います。免除の申出時期は、産前産後休業期間中です。

出産日より前に申出した場合、出産予定日と実際の出産日にズレがあれば、出産後に 産前産後休業取得者変更（終了）届を提出する必要があります。

出産が予定日よりも遅れた場合は、その遅れた期間分についても保険料は免除されます。

出産後に申出した場合は、変更届は不要ですが、申出までの保険料は一時的に事業主が立て替えて支払うことになります。立て替えた保険料は後からさかのぼって免除となり、事業主へ還付されます。

健康保険 / 厚生年金 / 労災保険 / 雇用保険

Keyword **多胎妊娠** 2人以上の胎児を同時に妊娠している状態のこと。単胎妊娠に比べ、産前産後休業の保険料免除期間が長いなど、特例措置の内容が異なることがある。

📌 産前産後休業期間中の社会保険料免除の手続き例

●出産前に保険料免除を申出した場合

1 産前休業期間中に「産前産後休業取得者申出書」を事業主が提出

2 出産後に「産前産後休業取得者変更（終了）届」を事業主が提出

①出産予定日よりも**前**に出産した

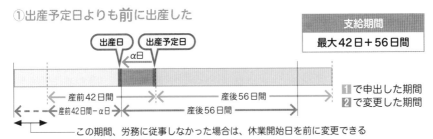

②出産予定日よりも**後**に出産した

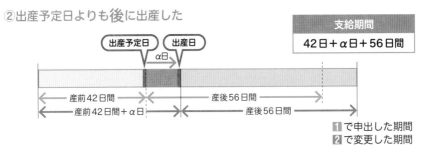

●出産後に保険料免除を申出した場合

出産後に「産前産後休業取得者申出書」を事業主が提出（出産予定日と出産日の両方を申出）

①出産予定日よりも**前**に出産した

②出産予定日よりも**後**に出産した

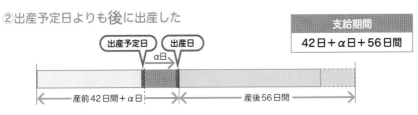

Advice 産休終了予定日通りに終了した場合は、「産前産後休業取得者変更（終了）届」の提出は不要。

「健康保険・厚生年金保険 産前産後休業取得者申出書／変更（終了）届」の記入例

書類内容	産前産後休業を取得し、保険料の免除を受けるための書類
届出先	事業所管轄の年金事務所または健康保険組合

●出産前の申出の場合

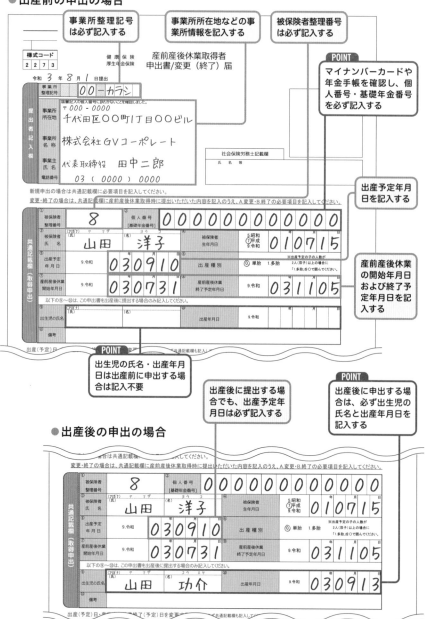

事業所整理記号は必ず記入する

事業所所在地などの事業所情報を記入する

被保険者整理番号は必ず記入する

POINT
マイナンバーカードや年金手帳を確認し、個人番号・基礎年金番号を必ず記入する

出産予定年月日を記入する

産前産後休業の開始年月日および終了予定年月日を記入する

POINT
出生児の氏名・出産年月日は出産前に申出する場合は記入不要

出産後に提出する場合でも、出産予定年月日は必ず記入する

POINT
出産後に申出する場合は、必ず出生児の氏名と出産年月日を記入する

●出産後の申出の場合

健康保険

厚生年金

労災保険

雇用保険

●出産前に申出し、出産予定日よりも前に出産した場合の変更届

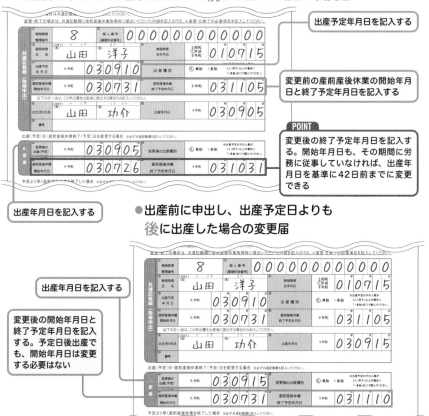

出産予定年月日を記入する

変更前の産前産後休業の開始年月日と終了予定年月日を記入する

POINT

変更後の終了予定年月日を記入する。開始年月日も、その期間に労務に従事していなければ、出産年月日を基準に42日前までに変更できる

出産年月日を記入する

●出産前に申出し、出産予定日よりも後に出産した場合の変更届

出産年月日を記入する

変更後の開始年月日と終了予定年月日を記入する。予定日後出産でも、開始年月日は変更する必要はない

●産休終了予定日よりも前に産休を終了した場合の変更届

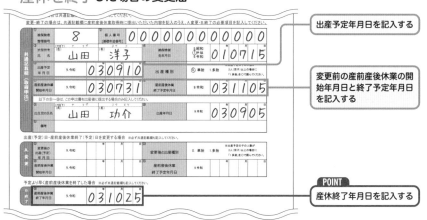

出産予定年月日を記入する

変更前の産前産後休業の開始年月日と終了予定年月日を記入する

POINT

産休終了年月日を記入する

03 育児休業中の社会保険料免除の手続き

| 頻度 | － | 手続者 | 事業主 | 期限 | 育児休業の期間中 |

POINT

● 育児休業中も手続きをすることで社会保険料が免除になる
● 産前産後休業と異なり役員には適用されないなどの違いがある

最大で子どもが3歳になるまで社会保険料が免除になる

産前産後休業中と同様に、育児休業中も社会保険料が免除されます。従業員からの申出を受けた事業主が年金事務所・健康保険組合に手続きを行います。ただし、会社役員など労働者に該当しない人は、育児休業中の社会保険料は免除になりません。産前産後休業とは異なるので注意しましょう。

90ページで述べた通り、被保険者・事業主ともに、健康保険と厚生年金保険、介護保険の保険料が免除となります。ただし、雇用保険料は免除されませんので、継続して徴収します。

免除期間は、育児休業を開始した月から、終了日の翌日が属する月の前月までです。

育児休業の期間は原則として子どもの1歳の誕生日の前日までですが、保育所に入れないなどの特別な事情がある場合は、1歳6カ月、さらに2歳まで育児休業を延長することができます。また、会社によっては、3歳まで育児休業に準じる措置を講じているところもあります。その場合は3歳まで免除が可能です。

社会保険料免除の申出期間と手続き方法

社会保険料免除の手続きの申出は、「子どもが1歳になるまで」「1歳6カ月になるまで」「2歳になるまで」の各休業中に行う必要があります。3歳まで育児休業を取得できる会社であれば、合計4回、その都度申出を行うことになります（右ページ上図）。

申出の際に設定した終了予定日よりも早く会社に復帰するときは、育児休業等取得者終了届を事業主が年金事務所・健康保険組合に提出します。免除手続き・終了手続きともに、添付書類は特に必要ありません。

📌 **社会保険免除期間と申出時期**

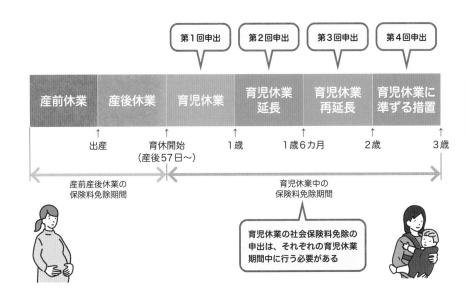

ONE **産前産後休業終了後・育児休業終了後の社会保険料の特例とは**

　産前産後休業や育児休業後に会社に復帰したとき、フルタイムで復帰する人もいれば、時短勤務で復帰する人もいますが、働き方が変わることで復帰前よりも給料の額が下がることがあります。

　この場合、通常であれば、社会保険料は休業前のものが維持されます。給料が同額であれば問題ありませんが、時短勤務によって低くなる場合は、高い割合の社会保険料が天引きされてしまうのです。

　この場合、被保険者である従業員の申出があれば、事業主が年金事務所・健康保険組合に手続きをし、「標準報酬月額」の改定をすることができます。これによって、実際の報酬額に応じた保険料負担になります。標準報酬月額は、産前産後休業（または育児休業）終了日の翌日が含まれる月以降の3カ月間に受けた報酬の平均額を基に決定され、その翌月から改定されます。

Keyword **標準報酬月額**　健康保険や介護保険、厚生年金保険などの毎月の保険料を計算する際に基準となる平均報酬額のこと。

「健康保険・厚生年金保険 育児休業等取得者申出書（新規・延長）／終了届」の記入例

書類内容　**育児休業等を取得し、保険料の免除を受けるための書類**

届出先　　**事業所管轄の年金事務所または健康保険組合**

●1歳の誕生日の前日までの休業の申出の場合

POINT
養育のために休業する期間を記入する
（例）被保険者が女性で子どもが実子の場合は、育休の開始年月日は最短で子どもの誕生日の翌日から起算して57日目となる

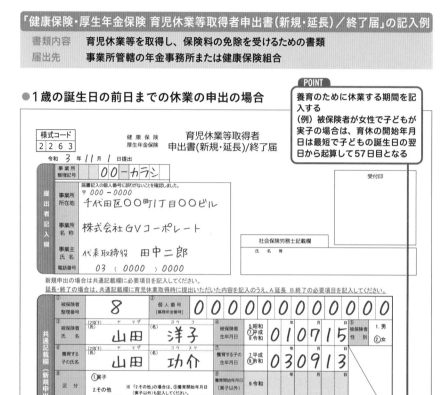

●1歳6カ月までの休業の申出の場合

POINT
1歳、1歳6カ月、2歳までの育児休業、1〜3歳までの育児休業に準ずる措置の期間の4つの区分ごとの休業の終了予定日を記入する

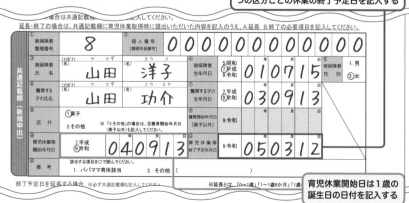

育児休業開始日は1歳の誕生日の日付を記入する

健康保険

厚生年金

労災保険

雇用保険

●予定よりも早く復職した場合の終了届

延長・終了の場合は、共通記載欄に育児休業取得時に提出いただいた内容を記入のうえ、A.延長 B.終了の必要項目を記入してください。

被保険者 整理番号	8	②個人番号 [基礎年金番号]	0 0 0 0 0 0 0 0 0 0 0 0 0 0 0		

共通記載欄（新規申出）

③被保険者 氏名	(フリガナ) ヤマ (氏) 山田	(名) ヨウ コ 洋子	④被保険者 生年月日	5.昭和 ⑦.平成 9.令和 0 1 0 7 1 5	⑤被保険者 性別 1.男 ②.女
⑥養育する 子の氏名	(フリガナ) ヤマ (氏) 山田	(名) コウ スケ 功介	⑦養育する子の 生年月日	7.平成 9.令和 0 3 0 9 1 3	
⑧区分	①.実子 2.その他	※「2.その他」の場合は、⑤養育開始年月日(実子以外)も記入してください。	⑨養育開始年月日 (実子以外)	9.令和	
⑩育児休業等 開始年月日	7.平成 ⑨.令和 0 3 1 1 0 9		⑪育児休業等 終了予定年月日	9.令和 0 4 0 9 1 2	
⑫備考	該当する項目を○で囲んでください。 1.パパママ育児該当 2.その他 ( )				

A.延長

終了予定日を延長する場合 ※必ず共通記載欄も記入してください。

⑬育児休業等 終了予定 年月日 (変更後)	9.令和	年	月	日

※延長とは、「0～1歳」「1～1歳6か月」「1歳6か月～2歳」「1歳～3歳」の4つの区分のそれぞれの期間内で終了予定日を延長する場合をいいます。

例：子が「0歳～1歳」の区分における育児休業として、当初「産後57日目から8か月まで」の期間を申出していたが、「産後57日目から1歳（誕生日の前日）まで」の期間に変更する場合
⇒「延長」となりますので、「共通記載」欄及び「A.延長」欄を記入してください。

B.終了

予定より早く育児休業を終了した場合 ※必ず共通記載欄も記入してください。

⑭育児休業等 終了年月日	9.令和 0 4 0 8 0 1	年	月	日

例：①1歳誕生日前日までの育休申出をされていた方が、続けて、②1歳6か月前日までの育休申出をされる場合
⇒延長ではなく新規申出となりますので上段の「共通記載」欄にあらためて記入してください。

○ 役員・経営担当者等の使用者の方は、原則、保険料免除には該当しませんので注意してください。

POINT
申出期間よりも早く復職した場合は、育児休業終了年月日を記入して提出する

| ONE

第1子育児休業中に
第2子を出産した場合は育児休業を終了する

　第1子育児休業期間中に、第2子を出産する場合（第1子の育児休業期間と第2子の産前産後休業期間が重なる場合）は、第2子産前産後休業期間の社会保険料免除が優先されます。そのため、第2子の産前産後休業を申出すると、第1子育児休業期間の社会保険料免除が終了とみなされます。

04 出産したときの出産育児一時金の給付手続き

| 頻度 | 発生の都度 | 手続者 | 個人 | 期限 | 出産日の翌日から2年以内 |

POINT

- 出産育児一時金は子ども1人あたり50万円
- 給付を受けるなら立て替えの必要がない「直接支払制度」が便利

出産の経済的負担を減らす目的で支給される出産育児一時金

出産する被保険者や被扶養者（従業員の家族）を対象に、健康保険から出産育児一時金として、子ども1人あたり50万円（産科医療補償制度に加入していない医療機関などで出産した場合は48万8,000円）が支給されます。

対象となるのは、妊娠4カ月（85日）以上で出産をした健康保険の被保険者・被扶養者です。異常分娩や早産、死産、流産、人工妊娠中絶なども対象となります。

なお、異常分娩の場合は保険診療の対象となり、金額によっては高額療養費の対象となります。

直接支払制度・受取代理制度と事後申請の3つがある

出産育児一時金の主な支給方法には、「直接支払制度」と「受取代理制度」があります。直接支払制度は、被保険者や被扶養者が出産のときに利用した医療機関から協会けんぽや健康保険組合に費用を請求する方法です。被保険者から協会けんぽや健康保険組合への申請は必要なく、出産育児一時金が直接医療機関に支払われます。被保険者は立て替える必要がない上、直接支払制度の利用申請を病院にすればよいだけなので手間がかかりません。出産費用が出産育児一時金の金額未満だった場合には、被保険者は差額を請求することができます。

受取代理制度は、被保険者が受け取るべき出産育児一時金を医療機関等が被保険者に代わって受け取る制度です。直接支払制度に対応していない小規模の医療機関などで利用することができます。申請が可能なのが出産予定日まで2カ月以内の被保険者のみとなり、また協会けんぽなどに事前申請が必要となります。他に、どちらの制度も利用せずに被保険者がいったん立て替えて事後申請するという方法もあります。

健康保険

厚生年金

労災保険

雇用保険

Keyword **高額療養費** 医療機関などで支払う医療費の自己負担額が1カ月の上限額を超えたとき、自己負担上限額を超えた金額が払い戻される制度。

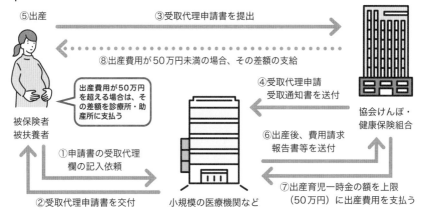

📌 「直接支払制度」のしくみ ← こちらの方法を取るケースが多い

②出産

⑥出産費用が50万円未満の場合、その差額を請求（申請が必要）

⑦差額支給

出産費用が50万円
を超える場合は、そ
の差額を診療所・助
産所に支払う

被保険者
被扶養者

①医療機関などから
制度について説明
を受け、利用する
ことを申し出る

医療機関等
病院・診療所・助産所

④被保険者に代わっ
て出産育児一時金
を申請

⑤出産育児一時金の額を
上限（50万円）に出産
費用を支払う

③明細書の交付

協会けんぽ・
健康保険組合

📌 「受取代理制度」のしくみ

⑤出産

③受取代理申請書を提出

⑧出産費用が50万円未満の場合、その差額の支給

出産費用が50万円
を超える場合は、そ
の差額を診療所・助
産所に支払う

被保険者
被扶養者

①申請書の受取代理
欄の記入依頼

②受取代理申請書を交付

小規模の医療機関など

④受取代理申請
受取通知書を送付

協会けんぽ・
健康保険組合

⑥出産後、費用請求
報告書等を送付

⑦出産育児一時金の額を上限
（50万円）に出産費用を支払う

ONE

家計の負担を心配せず出産が迎えられる「出産費貸付制度」

　医療機関などに一時的な支払いが必要になるときには、出産育児一時金が支給されるまでの間、出産育児一時金の8割相当額を限度に資金を無利子で貸しつける「出産費貸付制度」を利用可能です。手続きは個人が行い、対象となるのは、出産予定日まで1カ月以内または妊娠4カ月以上の被保険者と被扶養者です。貸付は、医療機関ではなく協会けんぽや健康保険組合に出産費貸付金貸付申込書という書類を提出することで申し込みができます。

「健康保険 被保険者（家族）出産育児一時金支給申請書」の記入例

書類内容	出産育児一時金を申請する書類（立て替えて事後申請の場合必要）
届出先	事業所管轄の協会けんぽまたは健康保険組合

● 1ページ目

保険証に記載の記号番号を左詰めで記入する

POINT
「被保険者情報」や「振込先指定口座」などは、家族（被扶養者）が出産した場合でも、被保険者の氏名などの情報を記入する

健康保険 被保険者 家族 **出産育児一時金** 支給申請書 　1　2　ページ　（一）

被保険者記入用

記入方法および添付書類等については、「健康保険 被保険者 家族 出産育児一時金 支給申請書 記入の手引き」をご確認ください。
申請書は、黒のボールペン等を使用し、楷書で枠内に丁寧にご記入ください。　記入見本 0123456789アイウ

被保険者情報

被保険者証の（左づめ）
記号 12345678　番号 12
生年月日 年 月 日　2（1.昭和 2.平成 3.令和）010715

氏名（フリガナ）ヤマダ ヨウコ
山田　洋子

住所 〒0000000　東京（都道府県）杉並区○○5丁目○-○　杉並ハイツ503
電話番号（日中の連絡先 ※ハイフン除く）TEL 09000000000

振込先指定口座

金融機関名称 さくら （銀行 金庫 信組 農協 漁協 その他（　）） 高円寺 （本店 支店 代理店 出張所 本店営業部 本所 支所）

預金種別 1（1.普通 3.別段 2.当座 4.通知） 口座番号 6543210 左づめでご記入ください。

▼カタカナ（姓と名の間は1マス空けてご記入ください。濁点（"）、半濁点（°）は1字としてご記入ください。）
口座名義 ヤマタ゛ ヨウコ
口座名義の区分 1（1.被保険者 2.代理人）

「2」の場合は必ず記入してください。↓

受取代理人の欄

本申請に基づく給付金に関する受領を下記の代理人に委任します。　年 月 日（1.平成 2.令和）
被保険者 氏名　　住所 「被保険者情報」の住所と同じ

代理人（口座名義人）
〒　TEL（ハイフン除く）
住所
（フリガナ）
氏名
被保険者との関係

被保険者のマイナンバー記載欄
被保険者証の記号番号がご不明の場合にご記入ください。
記入した場合は、本人確認書類及び添付台紙の添付が必要となります。
（詳細は「記入の手引き」をご確認ください。）▶

「被保険者・医師・市区町村長記入用」は2ページに続きます。≫≫

受付日付印

（2021.6）

社会保険労務士の提出代行者名記載欄

様式番号 621168 ［　］1 協会使用欄

Ⓨ 全国健康保険協会 協会けんぽ

（1/2）

本人名義の口座を記入。ゆうちょ銀行の口座は、振込専用の店名（漢数字3文字）・預金種別・口座番号（7桁）を記入する

被保険者の記号番号が不明な場合のみ、被保険者のマイナンバーを記入する

「口座名義の区分」で「2.代理人」を選択した場合に記入する

健康保険
厚生年金
労災保険
雇用保険

被保険者が出産のときは、「1.被保険者」、家族（被扶養者）が出産のときは、「2.家族（被扶養者）」を記入する

死産の場合は、死産児数とともに妊娠からの週数と日数を記入する

複数出産した場合は、全員の氏名を記入する

● 2ページ目

健康保険 被保険者 家族 **出産育児一時金** 支給申請書　　1　**2** ページ
　　　　　　　　　　　　　　　　　　　　　　被保険者・医師・市区町村長記入用

被保険者氏名　　山田　洋子

申請内容

① 出産した者　　| 1 |　1.被保険者　2.家族(被扶養者)

①-① 家族の場合はその方の　氏名　　　　生年月日　| 2 | 1.昭和 2.平成 3.令和　| 0 | 1 | 0 | 7 | 1 | 5 |

② 出産した年月日　| 2 | 1.平成 2.令和　| 0 | 3 | 0 | 9 | 1 | 3 |

③ 生産または死産の別　| 1 |　1.生産　2.死産　3.生産・死産混在

③-① 「生産」の場合出生児数　| 1 |人　　③-② 「死産」の場合死産児数　| |人　　③-②-⑴ 「死産」の場合妊娠からの週数及び日数　(| |)週 (| |)日

④ 出生児の氏名　　山田　功介

⑤ 出産した医療機関等　名称　○○総合病院　　所在地　中野区中野○-○-○

⑥ 出産した方　● 被保険者 ➡ 退職後6か月以内の出産ですか。
　　　　　　　● 家　族 ➡ 協会けんぽに加入後6か月以内の出産ですか。　| 2 |　1.はい　2.いいえ

⑥-① 「はい」の場合、『保険者名』と『記号・番号』をご記入ください。
　　● 被保険者 ➡ 現在加入している保険者について　　保険者名
　　● 家　族 ➡ 協会けんぽ加入前に加入していた保険者について　　記号・番号

⑥-①-⑴ 同一の出産について、⑥-①の保険者より出産育児一時金を　| |　1.受けた／受ける予定　2.受けない

証明欄（いずれかにご記入ください）

証明の場合 医師・助産師による

出産者氏名　　山田　洋子　　出産年月日　| 2 | 1.平成 2.令和　| 0 | 3 | 0 | 9 | 1 | 3 |

出生児の数　| 1 | 1.単胎 2.多胎 ➡ (|)児　　生産または死産の別　| 1 | 1.生産 2.死産 ➡ (| |)週 (| |)日

上記のとおり相違ないことを証明する。　| 2 | 1.平成 2.令和　| 0 | 3 | 0 | 9 | 1 | 6 |
医療施設の所在地　中野区中野○-○-○
医療施設の名称　○○総合病院
医師・助産師の氏名　白井　始

証明の場合 市区町村長による（生産のみ）

本籍　　　　　筆頭者氏名
母の氏名　　　出生児氏名　　出生年月日　| | 1.平成 2.令和 | | | | | |

上記のとおり相違ないことを証明する。　| | 1.平成 2.令和 | | | | | |　市区町村長名　　　㊞

様式番号　| 6 | 2 | 1 | 2 | 6 | 7 |

Ⓨ 全国健康保険協会
協会けんぽ

POINT
「医療機関」または「市区町村長」に証明してもらう。証明を受けることができないときは、「出産（死産）」が確認できる書類を添付

「1.受けた／受ける予定」を選んだ場合は二重受給となるため、協会けんぽでの出産育児一時金は受け取れないため注意

05 産休中に賃金が出ない場合の 出産手当金の支給手続き

| 頻度 | — | 手続者 | 個人 | 期限 | 休業の日ごとにその翌日から2年以内 |

POINT

● 産休中に給与が支給されなくても、健康保険から出産手当金が支給される
● 一定の要件を満たしている場合、退職者も申請できる場合がある

出産手当金を受け取れる対象者について

出産のために会社を休み、給料が支給されない場合、その間の収入を補償してくれるのが「出産手当金」の制度です。出産手当金は、出産日または出産予定日以前の42日（多胎妊娠は98日）から、出産の翌日から56日目までの範囲内で会社を休んだ日数が支給対象です。支給手当額は被保険者の標準報酬月額によって異なります。

出産手当金の対象となるのは健康保険の被保険者のみで、被扶養者は対象となりません。出産日が予定よりも遅れた場合は、遅れた日数分の出産手当金を受け取ることができます。

予定日よりも早まった場合は、その分早くから支給が受けられますが、期間中に出勤して給料が支払われている日は出産手当金の対象外となります。

原則として会社をやめた人は、出産手当金を受給することはできません。ただし、資格喪失時に受給中または受給の条件を満たしていれば、退職後も受給できます（106ページ）。

出産手当金の申請方法

被保険者が出産手当金を受け取るためには、協会けんぽまたは健康保険組合に申請が必要です。申請の際は、出産手当金支給申請書に必要事項を記載し、出産のための休業開始の翌日から2年以内に申請が必要です。申請は、産前産後休業の終了後に一括で請求もできますし、産前分、産後分など複数回に分けて申請することも可能です。

申請書には、医師または助産師の証明が必要となります（申請書2ページ目）。1回目の申請が産後で、証明により出産日が確認できたときは、2回目以降の申請時には省略できます。申請書3ページ目の事業主の証明は毎回必要です。

健康保険

厚生年金

労災保険

雇用保険

📌 出産手当金と、その基となる標準報酬月額の計算方法

● 出産手当金の日額

> 出産手当金の金額を出すためには、標準報酬月額と、そこから算出される1日あたりの金額を算出する

$$\text{支給開始日以前の継続した12カ月間の各月の標準報酬月額を平均した額} \div 30\text{日} \times \frac{2}{3} = \text{出産手当金（日額）}$$

● 支給される出産手当金

例：標準報酬月額の12カ月の平均額が30万円で、出産前・出産後を合わせて90日会社を休んだ場合

$$30\text{万円} \div 30\text{日} \times \frac{2}{3} = 6{,}667\text{円（日額）}$$

※小数点第1位は四捨五入

$$6{,}667\text{円（日額）} \times 90\text{日} = 600{,}030\text{円}$$

の出産手当金が支給される

📌 出産日が予定日とずれたときの支給例

● 出産日が予定日より6日遅れた場合

> 出産予定日より実際の出産日が遅れたときは、出産手当金を受け取れる日数が増えることになる

出産予定日　出産日
　　+6日

| 産前休業42日 | 産後休業56日 |

出産手当金：42日＋6日＋56日＝104日支給

● 出産が予定日より6日早くなった場合

> 出産予定日より実際の出産日が早まったときは、当初予定していた開始日より、早まった日数分開始日が前倒しになる※

出産日　出産予定日
　　−6日

| 産前休業36日 | 産後休業56日 |

出産手当金：36日＋56日＝92日支給

※開始日が前倒しとなる6日間については、出勤して給料が支払われている日は対象とならない

Advice 出産前に申請する場合は、出産予定年月日の記載で申請できるが、その場合は出産後の申請時に出産年月日の証明が必要となる。

「健康保険 出産手当金支給申請書」の記入例

書類内容	出産手当金の支給を申請する書類
届出先	事業所管轄の協会けんぽまたは健康保険組合

●1ページ目（被保険者記入用）

POINT
すべて被保険者本人が記入する

健康保険 出産手当金 支給申請書 1 2 3 （被保険者記入用）（手）

記入方法および添付書類等については、「健康保険 出産手当金 支給申請書 記入の手引き」をご確認ください。
申請書は、黒のボールペン等を使用し、楷書で枠内に丁寧にご記入ください。 記入見本 0123456789アイウ

被保険者証の情報
- 記号 12345678 番号 12 生年月日 2.令和 010715
- 氏名（フリガナ ヤマダ ヨウコ） 山田 洋子
- 住所 〒0000000 東京都 杉並区○○5丁目○-○ 杉並ハイツ503
- 電話番号 TEL 09000000000

振込先指定口座
- 金融機関名称 さくら（銀行） 高円寺（支店）
- 預金種別 1 1.普通 口座番号 6543210
- 口座名義 ヤマダ゛ヨウコ 口座名義の区分 1 1.被保険者 2.代理人

受取代理人の欄
本申請に基づく給付金に関する受領を下記の代理人に委任します。
被保険者 氏名
代理人（口座名義人）〒 TEL 住所 （フリガナ）氏名 被保険者との関係

「被保険者・医師・助産師記入用」は2ページに続きます。

被保険者のマイナンバー記載欄

様式番号 611169

全国健康保険協会 協会けんぽ 1/3

振込先指定口座は、本人名義の口座を記入する

「口座名義の区分」で「2.代理人」を選んだ場合に記入する

被保険者証の記号番号が不明の場合、記入する。マイナンバーを記入した場合は、以下の書類を、貼付台紙に貼付し申請書に添付する
■身元確認を行うための書類（いずれか1点）
・被保険者の個人番号カード（表面）のコピー、運転免許証のコピー、パスポートのコピー、その他官公署が発行する写真付き身分証明書のコピー
■番号確認を行うための書類（いずれか1点）
・被保険者の個人番号カード（裏面）のコピー、個人番号の通知カードのコピー（記載情報と現況に相違のないもの）、被保険者の個人番号が記載された住民票か住民票記載事項証明書

健康保険 厚生年金 労災保険 雇用保険

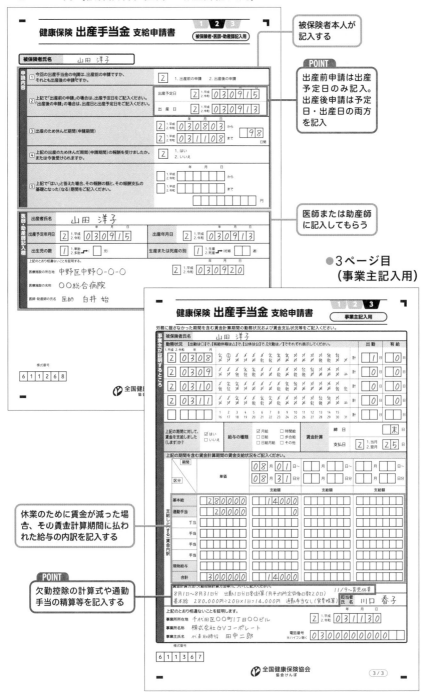

被保険者本人が
記入する

POINT
出産前申請は出産
予定日のみ記入。
出産後申請は予定
日・出産日の両方
を記入

医師または助産師
に記入してもらう

● 3ページ目
（事業主記入用）

休業のために賃金が減った場
合、その賃金計算期間に払わ
れた給与の内訳を記入する

POINT
欠勤控除の計算式や通勤
手当の精算等を記入する

第3章

妊娠・出産・育児・介護に伴う手続き

105

06 退職後にも受けられる 出産・育児に伴う給付の要件

| 頻度 | 一 | 手続者 | 個人 | 期限 | 出産の翌日(休業の日ごとにその翌日)から2年以内 |

POINT
- 退職後でも出産手当金と出産育児一時金を受け取ることはできる
- それぞれ要件が異なるので、混同しないようにおさえよう

出産手当金は退職時に対象者なら継続受給できる

原則として、会社を退職した人は、出産手当金を受け取ることができません。しかし、例外として、退職日の時点で出産手当金を受ける条件を満たしている場合は、出産手当金を受け取ることができます。受給は、①退職日まで継続して1年以上健康保険の被保険者である、②退職日に出産手当金を受けているか、または受ける条件を満たしている(出産日以前42日目(多胎98日)が加入期間である)、③退職日に勤務していない、ということが条件です。

退職日に勤務していないというのは、給料が発生しているかどうかは問題にはならず、あくまで仕事をしていないことが要件となるため、退職日に有給休暇や欠勤によって休んでいれば要件を満たします。

出産育児一時金は退職から6カ月以内の出産が対象

会社を退職して健康保険の資格を喪失した後でも、①妊娠4カ月(85日)以上の出産である、②退職日までに継続して1年以上健康保険の被保険者期間がある、③退職日の翌日から6カ月以内の出産である、という3つの要件を満たせば、出産育児一時金を受け取ることができます。

ただし、退職者が退職後に被扶養者として家族の健康保険に加入している、もしくは国民健康保険に加入している場合には、重複して申請することができないため、どの保険から出産育児一時金を受け取るかを選ばなければなりません。

直接支払制度(98ページ)を選ぶ場合、「健康保険被保険者資格喪失等証明書」を医療機関に提示する必要があります。これは協会けんぽや健康保険組合で発行してもらえます。

健康保険

厚生年金

労災保険

雇用保険

Keyword **有給休暇** 一定期間勤続した労働者に対して付与される休暇のことで、取得しても賃金が減額されない。

📌 退職後に出産手当金が支給される場合

①退職日までに継続して1年以上健康保険の被保険者期間がある

②退職日に出産手当金を受けているか、または受ける条件を満たしている（出産日以前42日目（多胎98日）が加入期間である）

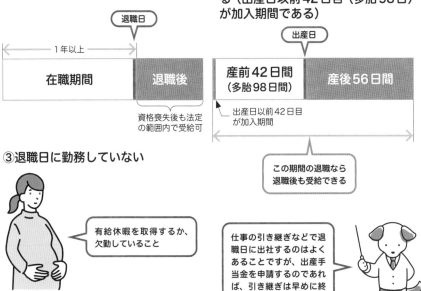

③退職日に勤務していない

有給休暇を取得するか、欠勤していること

この期間の退職なら退職後も受給できる

仕事の引き継ぎなどで退職日に出社するのはよくあることですが、出産手当金を申請するのであれば、引き継ぎは早めに終わらせておきましょう。

📌 退職後に出産育児一時金が支給される場合

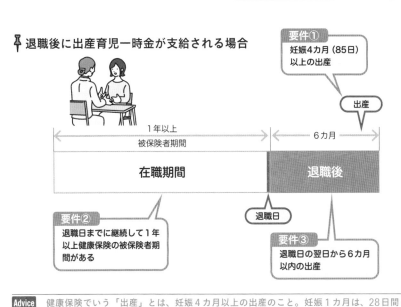

要件①
妊娠4カ月（85日）以上の出産

要件②
退職日までに継続して1年以上健康保険の被保険者期間がある

要件③
退職日の翌日から6カ月以内の出産

Advice　健康保険でいう「出産」とは、妊娠4カ月以上の出産のこと。妊娠1カ月は、28日間とし、妊娠4カ月以上の出産とは、妊娠85日以上の出産のことになる。

07 育児休業中の収入を補う 育児休業給付金のしくみ

| 頻度 | － | 手続者 | 事業主（個人） | 期限 | － |

POINT

● 雇用保険の被保険者は要件を満たせば育児休業給付金が支給される
● 申請は原則事業主が行うが、被保険者が行うことも可能

育児休業給付金の取得要件

育児休業を取得したことで給料が支給されない、または一定額以下に減額されたという場合は、雇用保険から育児休業給付金を受けることができます。

育児休業給付金は、1歳未満の子の養育のために育児休業を取得した場合、受給することができます（最大2歳になるまで延長可能→114ページ）。なお、期間雇用者については、同じ会社で1年以上継続勤務していることなどの条件があります。

受給の要件として、①雇用保険の被保険者である、②育児休業中の賃金額が休業開始時の賃金月額に比べて80％未満に下がった、③育児休業を取る前2年間の間で11日以上働いた月が12カ月以上ある、ということが必要です。その他、子の出生後8週間以内に28日を限度として、出生時育児休業を取得した場合（2回分割の取得も可）、条件を満たすと出生時育児休業給付金を受給できます（2022年10月から）。

育児休業給付金の申請手続きと受給金額

育児休業給付金の申請窓口はハローワークで、手続きは原則として事業主が行います。手続きは「受給資格確認手続き」と「支給申請」の2つに分かれます（110ページ）。受給資格確認手続きと初回の支給申請を同時に行う場合には、休業開始日から4カ月を経過する日の属する月の末日までに行わなければなりません。支給単位期間中

の労働日数は10日以下か、10日超の場合は労働時間80時間以下が条件です。育児休業給付の1支給単位期間ごとの給付額は、賃金が支払われていない場合【休業開始時賃金日額×支給日数×67％（育児休業開始後181日目から50％）】で計算します。休業中も賃金が支払われている場合は給付額が変わります（右ページ下図）。

Keyword **支給単位期間** 育児休業開始日から起算して1カ月ごとに区切った各期間（次月の同じ日付の前日まで）のこと。

📌 育児休業給付金が支給される期間と給付率

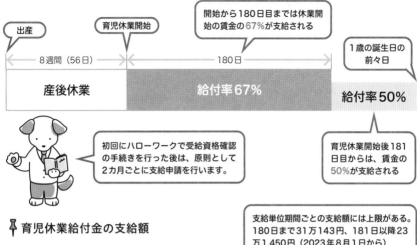

出産

育児休業開始

開始から180日目までは休業開始の賃金の67%が支給される

1歳の誕生日の前々日

8週間（56日） ／ 180日

産後休業 ／ 給付率67% ／ 給付率50%

初回にハローワークで受給資格確認の手続きを行った後は、原則として2カ月ごとに支給申請を行います。

育児休業開始後181日目からは、賃金の50%が支給される

📌 育児休業給付金の支給額

●休業期間中に賃金が支払われていない場合

支給単位期間ごとの支給額には上限がある。180日まで31万143円、181日以降23万1,450円（2023年8月1日から）

支給額＝休業開始時賃金日額×支給日数（30日）×67%
（181日目からは50%）

1カ月に満たない最後の支給単位期間は…

支給額＝休業開始時賃金日額×支給日数（暦の日数）×67%
（181日目からは50%）

●休業期間中に賃金が支払われている場合

休業中に支払われる賃金が、休業開始時賃金月額の何パーセントかで支給額の計算は変わる

13%

(30%)

80%

- 13%（30%※）以下の場合
  支給額＝休業開始時賃金日額×支給日数×67%
  （181日目からは50%）
  ※給付率が50%の場合（181日以降）は30%になる

- 13%（30%）超80%未満の場合
  支給額＝休業開始時賃金日額×支給日数×80%－賃金

- 80%以上の場合
  支給されない

Advice 第1子育児休業期間中に第2子を出産した場合でも育児休業給付金を再び受給できる。支給要件は、第2子の育児休業開始前の最長4年前（疾病、負傷、出産などの理由による場合）までの間で11日以上働いた月が12カ月以上あること。

08 育児休業給付金の 初回申請の手続き

| 頻度 | ― | 手続者 | 事業主(個人) | 期限 | 休業開始から4カ月経過月末日まで |

POINT
● 育児休業給付の手続きには、受給資格確認と支給申請の2つがある
● 受給資格確認と初回の支給申請を同時に行うことも可能

育児休業給付金の初回申請手続きの流れ

育児休業給付金を受給するには、事業所を管轄するハローワークに申請が必要です。初回の申請手続きでは、受給資格があるかどうかを確認する「受給資格確認」の申請を行います。

育児休業給付金の受給資格がある場合は、①「育児休業給付受給資格確認通知書」、②育児休業給付金支給申請書の2点が交付され、受給資格がない場合は「育児休業給付受給資格否認通知書」が交付されます。育児休業給付金支給申請書は支給申請に必要です。

受給資格の確認が取れた後は、育児休業給付の初回の「支給申請」を行います。手続きの際には、①雇用保険被保険者休業開始時賃金月額証明書(育児)、②育児休業給付受給資格確認票・(初回)育児休業給付金支給申請書の2点の提出が必要です。申請後、審査が行われ、支給決定日から約1週間後に指定口座に育児休業給付金が入金されます。

受給資格確認と初回の支給申請を同時に行う場合

受給資格確認手続きと育児休業給付金の初回支給申請手続きを同時に行うこともできます。その場合は、休業開始日から4カ月を経過する日の属する月の末日までが提出期限です。

受給資格の確認手続きのみを行う場合は、母子健康手帳など、育児を行っている事実と書類の記載内容が確認できる書類を添付します。

初回申請も同時に行う場合には、加えて賃金台帳や出勤簿、雇用契約書など、賃金額や出勤状況を証明できる添付書類が必要です。

健康保険

厚生年金

労災保険

雇用保険

Keyword **母子健康手帳** 妊娠届を出した女性に対し、市区町村から交付される手帳で、妊娠期から乳幼児期までの健康に関する情報を管理する。

「育児休業給付受給資格確認票・(初回)育児休業給付金支給申請書(様式第33号の7)」の記入例

書類内容	育児休業給付金の支給を申請する書類
届出先	事業所管轄のハローワーク

マイナンバーを記入する

マイナンバーを記入した場合でも省略しない

■ 様式第33号の7(第101条の30関係)(第1面)

育児休業給付受給資格確認票・(初回)育児休業給付金支給申請書
(必ず第2面の注意書きをよく読んでから記入してください。)

帳票種別 `1 3 4 0 5`　`1 0 0 0 - 2 3 4 5 6 7 - 8`　2.資格取得年月日 `5 - 0 3 1 2 1 3`

3.被保険者氏名 山田 洋子　フリガナ(カタカナ) ヤマダ゛ヨウコ

4.事業所番号 `1 3 0 1 - 9 8 7 6 5 4 - 1`　5.育児休業開始年月日 `5 - 0 3 1 1 0 9`　6.出産年月日 `5 - 0 3 0 9 1 3`（3 昭和 4 平成 5 令和）

7.個人番号 `0 0 0 0 0 0 0 0 0 0 0 0`　8.被保険者の住所(郵便番号) `0 0 0 - 0 0 0 0`

9.被保険者の住所(漢字)※市・区・郡及び町村名 杉並区○○

被保険者の住所(漢字)※丁目・番地 `5 - ○ - ○`

被保険者の住所(漢字)※アパート、マンション名等 杉並ハイツ503

10.被保険者の電話番号(項目ごとにそれぞれ左詰めで記入してください。) `0 9 0 - 0 0 0 0 - 0 0 0 0`

11.支給単位期間その1(初日)(末日)	12.就業日数	13.就業時間	14.支払われた賃金額
`5 - 0 3 1 1 0 9 - 1 2 0 8`	`0`	`0`	`0`
15.支給単位期間その2(初日)(末日)	20.就業日数	21.就業時間	22.支払われた賃金額
`5 - 0 3 1 2 0 9 - 0 1 0 8`	`0`	`0`	`0`
23.職場復帰年月日	24.支給対象となる期間の延長事由・期間		

25.配偶者育休取得　26.配偶者の被保険者番号　27.期間雇用者の継続雇用の　28.休業終了の満期年月日

※公共職業安定所記載欄 29.延長等否認　30.雇用休業状況（休業がある場合は「1」を記入） 31.賃金月額(区分─日額又は総額)　（1 日額 2 総額） 32.当初の育児休業開始年月日

33.受給資格確認日　34.確認票等区分（受給資格確認した場合は「1」、判定した場合は「2」を記入）（4 平成 5 令和）　35.支給単位期間（1 暦数月 2 暦数月）　36.次回支給年金等月日

37.支払区分　38.金融機関・店舗コード　口座番号　39.未支給区分（1 振込 未記帳 1以外）

初回は、育児休業開始日から起算して2カ月分記入する

POINT

<パパママ育休プラスを利用する場合>
被保険者の配偶者が対象となる子どもの育児休業をすでに取得していれば、25に「1」と記入。26に配偶者の被保険者番号を記入する

上記被保険者が育児休業を取得し、上記の記載事実に誤りがないことを証明します。

事業所名(所在地・電話番号) 千代田区○○町1丁目○○ビル
令和 4 年 1 月 31 日 事業主氏名 株式会社GVコーポレート 代表取締役 田中二郎 ㊞

上記のとおり育児休業給付の受給資格の確認を申請します。
雇用保険法施行規則第101条の30の規定により、上記のとおり育児休業給付の支給を申請します。
令和 4 年 1 月 31 日 公共職業安定所長 殿　申請者氏名 山田 洋子 ㊞

48. 払渡希望金融機関指定届	フリガナ	サクラギンコウ コウエンジ	金融機関コード	店舗コード	金融機関による確認印
	名 称	さくら銀行 高円寺 (銀)	`1 2 3 4`	`0 0 1`	
銀 行 等(ゆうちょ銀行以外)	口座番号(普通)	`6 5 4 3 2 1 0`			
ゆうちょ銀行	記号番号(総合)				

備考	賃金締切日　賃金支払日(毎月・翌月)　通勤手当 通勤控除 毎月・3カ月・6カ月・	※処理欄	資格確認の 可否	可 ・ 否
			資格確認 年月日 令和 年 月 日	
			通 知 年月日 令和 年 月 日	

社会保険労務士記載欄	作成年月日・提出代行者・事務代理者の表示	氏 名 ㊞	電話番号

※所長 次長 課長 係長 係 操作者　2021. 3

必ず本人名義の口座を記入し、あらかじめ金融機関で確認印をもらっておく(通帳コピーでも可)

Keyword **パパ・ママ育休プラス** 2010年に制定された制度で、夫婦がともに育児休業を取得することで子どもが1歳2カ月になるまで延長して休業を取得できる制度のこと(114ページ)。

「雇用保険被保険者休業開始時賃金月額証明書」の記入例

書類内容	育児休業給付金の初回手続きの際に必要な書類
届出先	事業所管轄のハローワーク

事業所番号を記入する

被保険者番号を記入する

「育児」を囲む

休業を開始した日を記入する

④と同様の日付（休業した日）を記入する

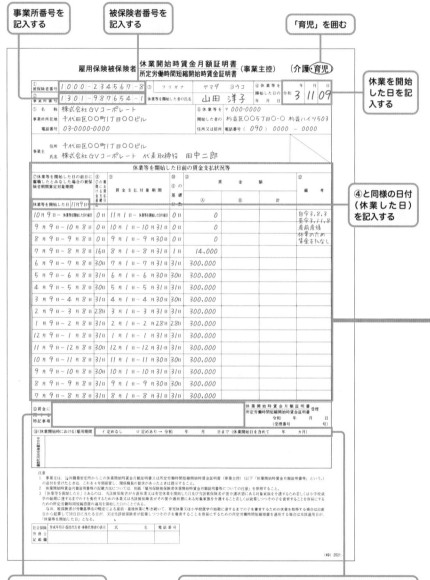

3カ月以内の期間ごとに支払われる特別な賃金がある場合は、支給日と金額を記入する

休業開始時点での休業を行う者についての雇用期間の定めの有無を記入する
・育児休業開始日の雇用契約に定めがない場合は、「イ.定めなし」を、定めがある場合は「ロ.定めあり」を〇で囲む

POINT

休業開始した日からさかのぼって賃金支払基礎日数が11日以上または、賃金支払基礎労働時間数が80時間以上ある月を2年間記入する。直近より12カ月以上記入があれば以下省略可

⑦欄の期間における賃金支払の基礎となった日数を記入する（有給休暇や休業手当の対象となった日を含む）

最上段には休業を開始した日の直前の賃金締切日の翌日を記入する

月給者はⒶ欄に、日給者はⒷ欄に記入。家族手当等賃金の一部に月給や週休の手当がある場合は、Ⓐ欄に記入し、合計額も記入する

⑦休業等を開始した日の前日に離職したとみなした場合の被保険者期間算定対象期間		⑧⑦の期間における賃金支払基礎日数	⑨賃金支払対象期間		⑩⑨の基礎日数	⑪ 賃　金　額			⑫ 備　考
						Ⓐ	Ⓑ	計	
休業等を開始した日 11月9日									
10月9日〜	休業等を開始した日の前日	0日	11月1日〜	休業等を開始した日の前日	0日	0			自今3,8,3至今3,11,8産前産後休業のため賃金支払なし
9月9日〜10月8日		0日	10月1日〜10月31日		0日	0			
8月9日〜9月8日		0日	9月1日〜9月30日		0日	0			
7月9日〜8月8日		16日	8月1日〜8月31日		1日	14,000			
6月9日〜7月8日		30日	7月1日〜7月31日		31日	300,000			
5月9日〜6月8日		31日	6月1日〜6月30日		30日	300,000			
4月9日〜5月8日		30日	5月1日〜5月31日		31日	300,000			
3月9日〜4月8日		31日	4月1日〜4月30日		30日	300,000			
2月9日〜3月8日		28日	3月1日〜3月31日		31日	300,000			
1月9日〜2月8日		31日	2月1日〜2月28日		28日	300,000			
12月9日〜1月8日		31日	1月1日〜1月31日		31日	300,000			
11月9日〜12月8日		30日	12月1日〜12月31日		31日	300,000			
10月9日〜11月8日		31日	11月1日〜11月30日		30日	300,000			
9月9日〜10月8日		30日	10月1日〜10月31日		31日	300,000			
8月9日〜9月8日		31日	9月1日〜9月30日		30日	300,000			
7月9日〜8月8日		31日	8月1日〜8月31日		31日	300,000			

2行目以降は、順次さかのぼって賃金締切日の翌日から賃金締切日までの期間を2年間記入する。賃金支払基礎日数が11日以上の月が6カ月以上あれば以下省略可。10日以下の場合はその時間数を⑫欄に記入する

⑨欄の期間における賃金支払の基礎となった日数を記入する（有給休暇や休業手当の対象となった日を含む）

以下のように、参考となることを記入する
・出産・傷病等で30日間以上賃金の支払いがない場合（期間と内容を記入）
・賃金未払いがある場合

09 育児休業給付の手続き（2カ月ごとの支給申請）

| 頻度 | 2カ月ごと | 手続者 | 事業主・個人 | 期限 | 次回支給申請日指定通知書に記載 |

POINT

● 原則として、2カ月ごとに育児休業給付金の支給申請を行う
● 特別な事情があれば、1歳6カ月や2歳まで延長することが可能

育児休業給付は2カ月ごとに支給申請が必要

初回の支給申請が終わった後は、原則として2カ月ごとに支給申請を行います。申請には、育児休業給付金支給申請書という書類（初回の支給申請手続後にハローワークから交付される）と、添付書類として、支給単位期間中の賃金額と就労日数が確認できる書類（賃金台帳、出勤簿）が必要です。

支給申請の提出日は、事業主や本人（個人）に交付される「次回支給申請日指定通知書」等に記載されています。月に通算80時間を超えて勤務したなどの理由で支給要件を満たさない場合にも手続きが必要です。この際、支給申請書の表題を「次回支給申請期間指定届」と変更して提出します。

子どもが最大2歳になる前まで延長が可能

育児休業は子どもが1歳に達するまで（パパ・ママ育休プラス制度は1年2カ月）取得できますが、場合によっては延長することも可能です。延長ができるのは、①養育が難しくなった場合（主に子どもを養育する配偶者が亡くなったとき、病気やケガ、離婚などによって別居となったときなど）、②保育所に入れないときなどの事情がある場合です。この場合、育児休業期間を1年6カ月まで延長することができます。さらにその後も特別な事情によ

って養育が難しいときは、最大2歳まで延長することができます。

満1歳以降に育児休業給付金を申請するときは、延長する理由を証明できる「保育所の入所不承諾の通知書」などの書類を添付する必要があります。申請は、①延長する期間の直前の支給対象期間の申請時（1歳の誕生日以降の申請時に限る）、②1歳の誕生日の前日を含む延長後の支給対象期間の申請時のどちらかのタイミングで行います。

「育児休業給付金支給申請書（様式第33号の5の2）」の記入例

書類内容	2回目以降の育児休業給付金の支給を申請する書類
届出先	事業所管轄のハローワーク

各支給単位期間中に就業している
と認められる日の日数を記入する
全日休業している日（日曜日や祝
日など会社の休日となっている日）
以外の日

各支給単位期間中の就業日数が10日を
超える場合に記入する（10日を超えな
い場合は記入不要）
※ハローワークで手続する際、この欄
が記入されている場合は、就業時間
の証明のためにタイムカードなど就
業した状況がわかる書類を添付する

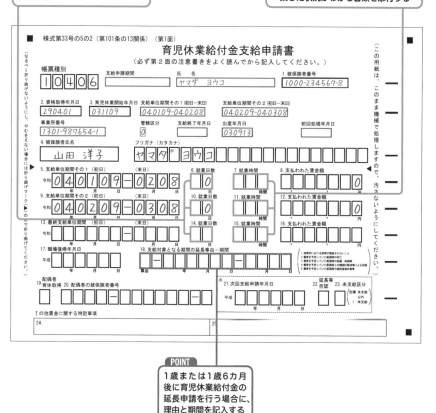

POINT

1歳または1歳6カ月
後に育児休業給付金の
延長申請を行う場合に、
理由と期間を記入する

10 3歳未満の子を療育する人への将来年金を減らさない特例制度

頻度	被保険者から申出を受けたとき	手続者	事業主	期限	2年間遡及可

POINT

- 養育特例制度は3歳未満の子どもがいる被保険者は活用したい制度
- 報酬低下が将来の年金額に影響しないようにするための措置

報酬の低下が将来の年金額に影響しない「養育特例制度」

産前産後休業や育児休業から復帰した後、時短勤務などによって給与額が下がってしまうことがあります。すると納付する社会保険料が減ってしまい、将来受け取る厚生年金額が下がるおそれがあります。そうならないように、被保険者が申し出れば、子どもが3歳までの間は将来の年金額について、子どもが生まれる前の標準報酬月額に基づく年金額を受け取ることができるしくみが設けられました。この制度を、「養育特例制度（養育期間の従前標準報酬月額のみなし措置）」といいます。

特例措置の対象となるのは3歳未満の子どもを養育する被保険者で、養育を開始した月から3歳の誕生日月の前月までの報酬が、養育前の標準報酬月額より下がった場合です。報酬が低下した理由は問われません。申出が遅れたときには、申出日の前月までの2年間についてさかのぼって養育特例制度が認められます。手続きをしていない人は早めに手続きをすることをおすすめします。

なお、養育をはじめる前に退職（資格喪失）し、その後養育期間内に再び働きはじめた場合などは、養育をはじめた月の前日より直近1年間で、最後に被保険者であった月の標準報酬月額が、従前額となります。

養育特例制度の手続きについて

被保険者から申出を受けた事業主が手続きを行います。手続きは、事業所管轄の年金事務所に、①養育期間標準報酬月額特例申出書・終了届、②子どもとの続柄や子どもの生年月日がわかる戸籍謄本や戸籍抄本、戸籍記載事項証明書、③子どもと同居していることを証明するために住民票の3点を提出してください。養育特例制度は、父母どちらにも適用されます。

Keyword 戸籍謄本・戸籍抄本　どちらも戸籍簿の写し。謄本には戸籍に記載されている全員分の事項が、抄本には戸籍に記載されているうちの一部の人の事項が記載されている。

「厚生年金保険 養育期間標準報酬月額特例申出書・終了届」の記入例

書類内容	養育期間の従前標準報酬月額のみなし措置を利用するための書類
届出先	事業所管轄の年金事務所または年金事務センター

様式コード 2 2 6 7

厚生年金保険 養育期間標準報酬月額特例 申出書・終了届

令和 6 年 3 月 1 日提出

提出者記入欄

事業所整理記号 00-カラシ

事業所所在地 〒000-0000 千代田区○○町1丁目○○ビル

事業所名称 株式会社GVコーポレート

事業主氏名 代表取締役 田中二郎

電話番号 03（0000）0000

届書記入の個人番号に誤りがないことを確認しました。

受付印

社会保険労務士記載欄 氏名等

マイナンバーまたは基礎年金番号を左詰めで記入する

申出者欄

この申出（届書）記載のとおり申出（届出）します。 日本年金機構理事長あて

令和 6 年 3 月 1 日

住所 杉並区○○5丁目○-○ 杉並ハイツ503

氏名 山田 洋子

電話 090（0000）0000

共通記載欄に加え、申出の場合は A.申出、終了の場合は B.終了 の欄にも必要事項を記入してください。
また、上部の申出者欄に記入してください。

共通記載欄

被保険者整理番号 8

個人番号（基礎年金番号） 0000000000

被保険者氏名 （氏）山田 （名）洋子

被保険者生年月日 5.昭和 7.平成 9.令和 010715

被保険者性別 1男

養育する子の氏名 （氏）山田 （名）功介

養育する子の生年月日 5.昭和 7.平成 9.令和 030913

養育する子の氏名と生年月日

養育特例の申出をする場合

A.申出

過去の申出の確認 ⑥の子について、初めて養育特例の申出をしますか。 1.はい 2.いいえ

該当月に勤務していた事業所 （※2.いいえを選択された方）⑥の子を養育し始めた月の前月に勤務していた事業所を記入してください。（勤務していなかった場合は、過去1年以内の直近の月に勤務していた事業所を記入してください）

事業所の確認 現在勤務されている事業所と、⑥の子を養育し始めた月の前月に勤務していた事業所は同じ事業所ですか。 1.はい 2.いいえ

事業所所在地（船舶所有者住所）

事業所名称（船舶所有者氏名）

養育開始年月日 7.平成 9.令和 030913

養育特例開始年月日 7.平成 9.令和 031130 備考

特例の申出がはじめての場合は「1.はい」に○をつける（それ以外は「2.いいえ」に○を）

養育特例を終了する場合

B.終了

養育特例開始年月日 7.平成 9.令和

養育特例終了年月日 7.平成 9.令和 備考

○ 養育期間標準報酬月額特例とは

次世代育成支援の拡充を目的とし、子どもが3歳までの間、勤務時間短縮等の措置を受けて働き、それに伴って標準報酬月額が低下した場合、子どもが生まれる前の標準報酬月額に基づく年金額を受け取ることができる仕組みが設けられたものです。被保険者の申出に基づき、より高い従前の標準報酬月額をその期間の標準報酬月額とみなして年金額を計算します。養育期間中の報酬の低下が将来の年金に影響しないようにするための措置です。従前の標準報酬月額は養育開始月の前月の標準報酬月額を指します。養育開始月の前月に厚生年金未加入や被保険者でない場合には、その月前1年以内の直近の被保険者であった月の標準報酬月額が従前の報酬月額とみなされます。その月前1年以内に被保険者期間がない場合は、みなし措置は受けられません。（対象期間 ： 3歳未満の子の養育開始月 ～ 養育する子の3歳誕生日のある月の前月）

※ 特例措置の申出は、勤務している事業所ごとに提出してください。
また、既に退職している場合は事業所の確認を受けて、本人から直接提出することができます。

通常は養育する子どもの生年月日を記入する

POINT
育児休業等終了、産前産後休業終了の場合は、終了日の翌日を記入する

現在勤務している事業所と子どもを養育しはじめていた事業所が同じ場合は「1.はい」を○で囲む（異なる場合は、「2.いいえ」を○で囲み、子どもの養育開始日の前月に厚生年金保険に加入していた事業所の所在地と事業所名を記載する）

11 介護休業で賃金が減った 人への給付金の支給手続き

| 頻度 | 一 | 手続者 | 事業主・個人 | 期限 | 休業終了日の翌日から2カ月経過月末日まで |

POINT

● 介護休業を取得した場合、賃金が80%未満となると給付金が受けられる
● 同じ介護家族につき最大93日まで、3回に分けて取得できる

介護休業給付金の支給要件

　介護休業給付金は、雇用保険の被保険者が配偶者などの対象家族の介護のために会社を休業した際に、生活費を補填できるよう支給される給付金です。

　介護休業給付金の支給要件は、①休業を開始する前の2年間のうち、賃金支払基礎日数が11日以上、または労働時間が80時間以上ある月が12カ月以上ある、②介護休業開始日から起算して1カ月ごとの就業日が10日以下、③支給単位期間ごとの給与額が休業開始時の80%未満、という3つです。これらの要件をすべて満たした被保険者が受給の対象となります。

介護休業給付金の手続きと支給額

　支給を受けるためには、介護休業終了日の翌日から起算して2カ月を経過する日の属する月の末日までに、管轄するハローワークに、①「雇用保険被保険者休業開始時賃金月額証明書」、②介護休業給付金支給申請書の2点を提出します。

　介護休業給付金は、同一の対象家族について93日を限度に3回まで支給されます。対象家族が変われば、対象家族ごとに受給できます。2〜3回に分けて取得する場合には、その都度申請が必要です。

　支給額は、休業中の賃金がない場合は【休業開始時賃金日額×支給日数（30日）×67%】です。「休業開始時賃金日額」は、【介護休業開始前6カ月間の総支給額÷180】で金額を出します。休業中にも賃金が支給されて、その金額が休業開始時賃金月額の13%超80%未満の場合は、【休業開始時賃金日額×支給日数の80%相当額と賃金の差額】が支給されます。

Keyword **対象家族** 被保険者の配偶者・父母（養父母含む）・子（養子含む）・祖父母・兄弟姉妹・孫、並びに配偶者の父母（養父母含む）を指す。

「介護休業給付金支給申請書（様式第33号の6）」の記入例

書類内容　**介護休業給付金の支給を申請する書類**

届出先　　**事業所管轄のハローワーク**

介護休業開始年月日と支給対象期間の初日を同じ日付にする

マイナンバーを記入した場合でも省略しない

マイナンバーを記入する

介護される家族のマイナンバーを記入する

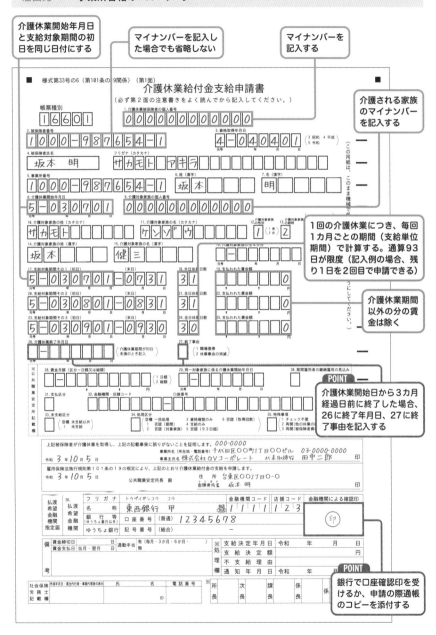

1回の介護休業につき、毎回1カ月ごとの期間（支給単位期間）で計算する。通算93日が限度（記入例の場合、残り1日を2回目で申請できる）

介護休業期間以外の分の賃金は除く

POINT

介護休業開始日から3カ月経過日前に終了した場合、26に終了年月日、27に終了事由を記入する

POINT

銀行で口座確認印を受けるか、申請の際通帳のコピーを添付する

出産・育児に伴う手続きの締め切りに遅れた場合

提出期限を過ぎてしまっても申請できる場合も

　出産・育児に伴う給付金や手当金は、それぞれ申請期限が定められています。その期限内に申請を行うことが原則ですが、出産時や育児期間中の休業中の従業員に書類を記載してもらう必要があるため、従業員からの返送が遅れ、提出期限を過ぎてしまうということもあるかもしれません。そんなときは、時効の期間内かどうかを確認しましょう。

　申請期限を過ぎた場合でも、出産手当金や出産育児一時金、育児休業給付の時効（2年間）が完成されるまでの期間であれば申請することが可能です。時効が完成から1日でも過ぎてしまうと給付を受けられなくなってしまうため注意しましょう。

　給付金の時効起算日は以下の通りです。

給付金	消滅時効の起算日
出産手当金	出産のため労務に服さなかった日ごとにその翌日
出産育児一時金	出産日の翌日
育児休業給付金	支給単位期間の末日の翌日

社会保険料免除の手続きは休業期間中に

　また、産前産後休業・育児休業中の社会保険料の免除については、休業期間中に手続きをしなければなりません。仮に申出が遅れて休業期間を過ぎてしまった場合でも社会保険料の免除手続きは可能ですが、遅延申立書の添付が必要です。遅延申立書には手続きが遅延してしまった理由を記入し、遅延した事実を証明するために賃金台帳や出勤簿などを添付します。

第4章

病気・ケガ・死亡に伴う手続き

第4章では、従業員とその家族の病気やケガ、死亡に伴う手続きについて解説します。従業員が病気やケガをしたときの対応は、その発生が業務中・通勤中なのか、業務外なのかによって異なり、社会保険・労働保険の手続きは変わってきます。状況を整理しながら、1つずつ対応していきましょう。

01 労災保険と健康保険の違いと給付内容を知ろう

| 頻度 | ー | 手続者 | 事業主・個人 | 期限 | ー |

POINT
- 病気やケガなどをしたときは労災保険か健康保険から給付を受けられる
- 労災保険と健康保険は発生原因によって適用範囲が異なる

労災保険と健康保険は適用範囲が異なる

労災保険と健康保険はどちらも病気やケガなどをしたときに給付がされる保険ですが、どちらの保険が適用されるかは発生原因によって異なります。

労災保険は、業務上の事由、または通勤途中での労働者の病気やケガ（労働災害）が補償の対象となっています。一方、健康保険の対象は、業務上・通勤途中の病気やケガ以外の、私的な病気やケガなどが対象となっています。労災保険と健康保険は併用することが

できないため、どちらか一方のみが適用されます（ただし一部調整の上、併給の場合あり）。

また、給付が受けられる人にも違いがあります。労災保険は労働の対価として賃金を受け取っているすべての人が対象となるため、原則として、会社役員は労災保険の対象とはなりませんが、健康保険は会社役員や被扶養者も対象となります。

自己負担のない労災保険、3割負担の健康保険

労災保険と健康保険は、給付の内容にも違いがあります。健康保険の場合は、自己負担額は3割（例外あり）ですが、労災保険は、原則として自己負担なく給付を受けることができます。その代わり、健康保険証を医療機関に提示すれば適用される健康保険とは違い、労災保険はまず労災保険の給付要

件を満たすかどうかを行政側が判断し、保険給付の支給決定をするかどうかの行政処分が行われます。

その他、保険料の負担者についても、労災保険は全額使用者負担となりますが、健康保険は原則として、使用者と被保険者で折半して負担するなどの違いがあります。

Keyword **行政処分** 労働基準監督署が請求のあった労災事故に対し、保険給付の支給あるいは不支給の決定を行うこと。

健康保険

厚生年金

労災保険

雇用保険

主な労災保険給付の支給一覧

社会復帰促進等事業の1つで、労災保険の給付に上乗せして支給を行うもの

保険給付の種類		場面	保険給付の内容	特別支給金の内容
療養補償給付 （療養給付） （　）内は通勤災害	業務災害または通勤災害による傷病により療養するとき	労災病院や労災指定医療機関等で療養を受けるとき	必要な療養の給付	
		労災病院や労災指定医療機関等以外で療養を受けるとき	必要な療養費の全額	
休業補償給付 （休業給付）		療養のため労働することができず、賃金を受けられないとき	休業4日目から、休業1日につき給付基礎日額の60%相当額	【休業特別支給金】 休業4日目から、休業1日につき給付基礎日額の20%相当額
障害	障害補償年金 （障害年金）	傷病が治った後、障害等級第1級から第7級までに該当する障害が残ったとき	給付基礎日額の313日分から131日分の年金	【障害特別支給金】 342万円から159万円までの一時金 【障害特別年金】 算定基礎日額の313日分から131日分の年金
	障害補償一時金 （障害一時金）	傷病が治った後、障害等級第8級から第14級までに該当する障害が残ったとき	給付基礎日額の503日分から56日分の一時金	【障害特別支給金】 65万円から8万円までの一時金 【障害特別一時金】 算定基礎日額の503日分から56日分の一時金
遺族	遺族補償年金 （遺族年金）	業務災害または通勤災害により死亡したとき	給付基礎日額の245日分から153日分の年金	【遺族特別支給金】 一律300万円 【遺族特別年金】 算定基礎日額の245日分から153日分の年金
	遺族補償一時金 （遺族一時金）	(1) 遺族（補償）年金を受け得る遺族がいないとき (2) 遺族補償年金を受けている方が失権し、かつ他に遺族（補償）年金を受け得る者がいない場合であって、すでに支給された年金の合計額が給付基礎日額の1000日分に満たないとき	給付基礎日額の1000日分の一時金（ただし(2)の場合は、すでに支給した年金の合計額を差し引いた額）	【遺族特別支給金】 一律300万円 【遺族特別一時金】 算定基礎日額の1000日分の一時金（ただし(2)の場合は、すでに支給した特別年金の合計額を差し引いた額）
葬祭料 （葬祭給付）		業務災害または通勤災害により死亡した人の葬祭を行うとき	315,000円＋給付基礎日額の30日分（給付基礎日額の60日分に満たない場合は、給付基礎日額の60日分）	
傷病補償年金 （傷病年金）		療養開始後1年6カ月を経過した日、または同日後において次の各号のいずれにも該当するとき (1) 傷病が治っていないこと (2) 傷病による障害の程度が傷病等級に該当すること	給付基礎日額の313日分から245日分の年金	【傷病特別支給金】 114万円から100万円までの一時金 【傷病特別年金】 算定基礎日額の313日分から245日分の年金

第4章 病気・ケガ・死亡に伴う手続き

Advice 会社役員は労災保険の適用とならない。労働災害による病気やケガは健康保険が適用されないため、全額自己負担になるので注意が必要。ただし、条件により特別に加入できる制度がある。

02 仕事中・通勤中に ケガをしたときの初期対応

| 頻度 | 発生の都度 | 手続者 | 事業主 | 期限 | 遅滞なく、または四半期ごと |

POINT

● 仕事中や通勤中のケガなどは自己負担なく治療を受けられる
● 事業主は労働基準監督署に「労働者死傷病報告」を行う必要がある

業務中・通勤中のケガは労災保険給付の対象

従業員が業務中や通勤中にケガなどをした場合、労災保険給付の対象となります。労働災害に遭った従業員から連絡を受けたら、会社は労災であることを病院に伝えた上で治療を受けるよう従業員に指示します。

労災保険の場合、健康保険と違い、従業員は自己負担なく治療などを受けることができます。労災指定病院なら療養補償給付たる療養の給付請求書を病院に提出すれば、治療費は病院から労働基準監督署に対して請求されるため、自己負担なしで治療などを受けることができます。

労災指定病院以外の病院で治療を受けるときは、いったん治療費を全額立替払いし、後ほど療養補償給付たる療養の費用請求書を労働基準監督署に提出して返金を受けるという流れになります。

労災事故が起きたら労働基準監督署に報告する

労災事故によって従業員が1日でも休業したときは、事業主は事業所を管轄する労働基準監督署に対し、「労働者死傷病報告」を行わなければなりません。死亡したときも同様です。

報告の期日は、休業が4日未満か、それとも4日以上になるかで異なります。休業が4日未満の場合は、四半期ごとに労働者死傷病報告（様式第24号）を提出します。休業が4日以上または死亡事故が起きたときは、労災事故が起こった後、遅滞なく労働者死傷病報告（様式第23号）を労働基準監督署に提出します。

この報告は労災保険給付の有無に関わらず提出する必要があります。

健康保険

厚生年金

労災保険

雇用保険

Keyword **労災指定病院** 医療機関からの申請に基づき都道府県労働局長が指定した医療機関。費用を支払うことなく治療などを受けられる。

「労働者死傷病報告（様式第23号）」（休業4日以上の場合）の記入例

書類内容　**休業が4日以上の負傷または死亡事故が起きた際に提出する書類**
届出先　　**事業所管轄の労働基準監督署**

建設工事にかかる災害の場合は必ず記入する（工事件名を記載）

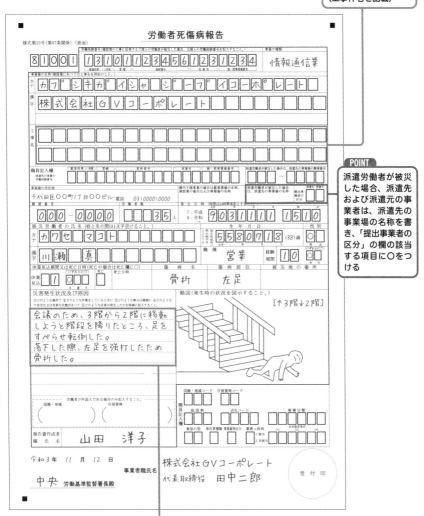

POINT
派遣労働者が被災した場合、派遣先および派遣元の事業者は、派遣先の事業場の名称を書き、「提出事業者の区分」の欄の該当する項目に〇をつける

以下の内容を含め、詳細に記入する
・どのような場所で
・どのような作業をしているときに
・どのような物または環境に
・どのような不安全なまたは有害な状況があって
・どのような災害が発生したのか

03 交通事故など 相手がいる事故のとき

| 頻度 | 発生の都度 | 手続者 | 個人 | 期限 | ― |

POINT

● 労災事故に遭った場合、労災保険から給付を受けることができる
● 加害者と示談するときは、事前に労働基準監督署に相談する

労働者が第三者による事故に遭ったとき

交通事故などの労災保険の給付の原因となる事故が第三者の行為などによって生じ、第三者が従業員（または従業員の遺族）に対して損害賠償の義務を負うものを「第三者行為災害」と呼びます。

業務中または通勤途中に事故に遭ったときは、労災保険から給付を受けることができますが、これが第三者行為災害に当てはまる場合は、第三者に対して損害賠償を請求することができま

す。第三者行為災害の場合、同一の内容を労災保険からも損害賠償からも受け取り、重複して損害の補償を受けないように、両者の間で支給調整が行われます。

損害賠償のうち、労働保険の給付と補償の内容が同じ項目については、給付額に相当する額を控除して給付を行い、重複にならないよう金額が調整されます。

第三者行為災害に遭ったときの手続き

第三者行為災害について労災保険給付を受けようとするときは、事業所を管轄する労働基準監督署に第三者行為災害届を提出します。このとき、紛争を裁判で解決するのではなく、当事者同士で話し合いの上、合意して解決することがあります。これを「示談」と呼びます。

第三者行為災害において示談を行う

ときには注意が必要です。被災労働者側が示談額以外の損害賠償の請求権を放棄した場合、原則として示談成立以後の労災保険の給付が行われなくなってしまうからです。示談によって被災労働者側が不利益を被らないよう、示談の前に労働基準監督署に確認するようにしましょう。

健康保険 / 厚生年金 / 労災保険 / 雇用保険

Keyword **損害賠償** 不法行為によって生じた損害について、原因をつくった側が損害を補填し、埋め合わせを行うこと。

書類内容　第三者の行為によって従業員がケガなどを負ったときに作成する書類
届出先　　事業所管轄の労働基準監督署

被災労働者の住所・氏名・電話番号を記入する。死亡している場合は、請求人の住所・氏名・電話番号を記入する

● 「第三者行為災害届その1」の記入例

業務災害か通勤災害か、交通事故かそれ以外か該当するものをそれぞれ○で囲む（自賠責保険が適用される場合は、交通事故に○）

第三者行為災害届　（業務災害・通勤災害）
　　　　　　　　　（交通事故・交通事故以外）

（届その1）

令和 3 年 8 月 30 日

労働者災害補償保険法施行規則第22条の規定により届け出ます。

保険給付請求権者

住所　墨田区両国5丁目〇-〇-〇　郵便番号（000-0000）

フリガナ　カワセ マコト
氏名　川瀬 真

電話（自宅）03 - 0000 - 0000
　　（携帯）080 - 0000 - 0000

署受付日付

中央 労働基準監督署長 殿

1 第一当事者（被災者）

フリガナ　カワセ マコト
氏名　川瀬 真　　（男・女）　生年月日昭和 58 年 7 月 18 日　（38歳）

住所　墨田区両国5丁目〇-〇-〇

職種　営業

2 第一当事者（被災者）の所属事業場

労働保険番号

府県	所掌	管轄	基幹番号	枝番号
13	1	01	123456	000

名称　株式会社GVコーポレート　　電話 03 - 0000 - 0000

所在地　千代田区〇〇町1丁目〇〇ビル　　郵便番号 000 - 0000

代表者（役職）代表取締役　　担当者（所属部課名）総務部
　　　（氏名）田中 二郎　　　　　　　　　（氏名）山田 洋子

災害発生の日時と場所を具体的に記入する

3 災害発生日

日時　令和 3 年 8 月 28 日　（午前・午後 14 時 50 分頃

場所　港区赤坂8丁目〇-〇交差点

4 第二当事者（相手方）

氏名　高山 祐一　（29歳）　電話（自宅）03 - 0000 - 0000
　　　　　　　　　　　　　　　　　（携帯）090 - 0000 - 0000

住所　文京区春日〇-〇　　郵便番号 000 - 0000

第二当事者（相手方）が業務中であった場合

所属事業場名称 山本運送株式会社　　電話 03 - 0000 - 0000

所在地 板橋区板橋〇-〇-〇　　郵便番号 000 - 0000

代表者（役職）代表取締役　　（氏名）山本 四郎

5 災害調査を行った警察署又は派出所の名称

〇〇 警察署　交通 係（派出所）

6 災害発生の事実の現認者（5の災害調査を行った警察署又は派出所がない場合に記入してください）

氏名　　（　歳）　電話（自宅）- -
　　　　　　　　　　　　　（携帯）- -

住所　　郵便番号 -

7 あなたの運転していた車両（あなたが運転者の場合にのみ記入してください）

車種	大・中・普・特・自二・軽自・原付自		登録番号（車両番号）			
運転者の免許	有無	免許の種類	免許証番号	資格取得 年 月 日	有効期限 年 月 日まで	免許の条件

「事故証明書」を添付する。証明書が得られない場合は労働基準監督署にある「事故発生届」を提出する

相手側が2名以上の場合は、ふせん等に記入するか別紙として添付する。相手方が事故後逃げたなどで不明の場合はその旨を記入する

第4章 病気・ケガ・死亡に伴う手続き

127

POINT

「届その2」は、交通事故の際に提出する。交通事故以外の災害のときは必要ない

●「第三者行為災害届その2」の記入例

（届その2）

8　事故現場の状況

天　　候　（晴）・曇・小雨・雨・小雪・雪・暴風雨・霧・濃霧

見 透 し　（良い）・悪い（障害物　　　　　　　　　　　　　　　　　　　があった。）

道路の状況　（あなた（被災者）が運転者であった場合に記入してください。）

　　　　　道路の幅　（　　　　　m）、（舗装）・非舗装、坂（上り・下り・緩・急）

　　　　　でこぼこ・砂利道・道路欠損・工事中・凍結・その他　（　　　　　　　　　　　　　　）

　　　　（あなた（被災者）が歩行者であった場合に記入してください。）

　　　　　歩車道の区別が（ある・ない）道路、車の交通頻繁な道路、住宅地・商店街の道路

　　　　　歩行者用道路（車の通行　許・否）、その他の道路（　　　　　　　　　　　　　　）

標　　識　（速度制限）（　40　km/h）・追い越し禁止・一方通行・歩行者横断禁止

　　　　　一時停止（有・（無））・停止線（有・無）

信 号 機　無・有（　　　色で交差点に入った。）、信号機時間外（黄点滅・赤点滅）

　　　　　横断歩道上の信号機（有・無）

交 通 量　多い・少ない・（中位）

9　事故当時の行為、心身の状況及び車両の状況

心身の状況　（正常）・いねむり・疲労・わき見・病気（　　　　　　　　　　）・飲酒

あなたの行為　（あなた（被災者）が運転者であった場合に記入してください。）

　　　　　直前に警笛を（鳴らした・（鳴らさない））相手を発見したのは（　　　）m手前

　　　　　ブレーキを（かけた（スリップ　　　m）・（かけない）、方向指示灯（だした・（ださない））

　　　　　停止線で一時停止（（した）・しない）、速度は約（　　km/h　相手は約（　　km/h

　　　　（あなた（被災者）が歩行者であった場合に記入してください。）

　　　　　横断中の場合　横断場所（　　　　　）、信号機（　　　）色で横断歩道に入った。

　　　　　　　　　　　　左右の安全確認（した・しない）、車の直前・直後を横断（した・しない）

　　　　　通行中の場合　通行場所（歩道・車道・歩車道の区別がない道路）

　　　　　　　　　　　　通行のしかた（車と同方向・対面方向）

10　第二当事者（相手方）の自賠責保険（共済）及び任意の対人賠償保険（共済）に関すること

(1) 自賠責保険（共済）について

証明書番号　第　　C000000　　号

保険（共済）契約者　（氏名）山本運送株式会社　第二当事者（相手方）と契約者との関係　従業員

　　　　　　　　　　（住所）板橋区板橋○-○-○

保険会社の管轄店名　　××保険　　　　　　　　　　　電話　03　-　0000　-　0000

管轄店所在地　板橋区板橋○-○　　　　　　　　　　　　　　　郵便番号 000-0000

(2) 任意の対人賠償保険（共済）について

証券番号　第　　　0000000　　号　　保険金額　対人　　無制限　　万円

保険（共済）契約者　（氏名）山本運送株式会社　第二当事者（相手方）と契約者との関係

　　　　　　　　　　（住所）板橋区板橋○-○-○

保険会社の管轄店名　　××保険　　　　　　　　　　　電話　03　-　0000　-　0000

管轄店所在地　　渋谷区桜丘町○-○　　　　　　　　　　　　　郵便番号 000-0000

(3) 保険金（損害賠償額）請求の有無　　有・無

　有の場合の請求方法　イ　自賠責保険（共済）単独

　　　　　　　　　　　ロ　自賠責保険（共済）と任意の対人賠償保険（共済）との一括

　保険金（損害賠償額）の支払を受けている場合は、受けた者の氏名、金額及びその年月日

　　　　氏名　　　　　　　　　金額　　　　　　　　円　受領年月日　　　年　　　月　　　日

11　運行供用者が第二当事者（相手方）以外の場合の運行供用者

名称（氏名）　山本運送株式会社　　　　　　　　　　　電話　03　-　0000　-　0000

所在地（住所）板橋区板橋○-○-○　　　　　　　　　　　　　郵便番号 000-0000

12　あなた（被災者）の人身傷害補償保険に関すること

人身傷害補償保険に　（加入している・（していない））

証券番号　第　　　　　号　　保険金額　　　　　　万円

保険（共済）契約者　（氏名）　　　　　　あなた（被災者）と契約者との関係

　　　　　　　　　　（住所）

保険会社の管轄店名　　　　　　　　　　　　　　　　　電話　　　-　　　-

管轄店所在地　　　　　　　　　　　　　　　　　　　　　　　郵便番号　　-

人身傷害補償保険金の請求の有無　　有・無

人身傷害補償保険の支払を受けている場合は、受けた者の氏名、金額及びその年月日

　　　　氏名　　　　　　　　　金額　　　　　　　　円　受領年月日　　　年　　　月　　　日

運行供用者が第二当事者（相手方）以外の場合は記入する（運行供用者とは、一般的には自動車の所有者や運転者の使用者のこと）

第二当事者（相手方）の自賠責保険（共済）および任意の対人賠償保険（共済）に関することを記入する。不明の場合には「不明」など、必ず何か記入して空白にしない

労災保険

128

「どのような目的で」「どこへ行くときに」「どのようにして事故が発生したか」など、事故に至るまでの経緯、行動などを詳しく記入する

POINT
現場の見取り図を詳しく記載する。書き切れない場合は「届その4」に記入する（その場合は、「届その4」に記載した旨を記入）

●「第三者行為災害届その3」の記入例

（届その3）

13 災害発生状況
第一当事者（被災者）・第二当事者（相手方）の行動、災害発生原因と状況をわかりやすく記入してください。

> 取引先との打ち合わせのため○○の会社まで営業車で移動中、国道○号線と国道○号線の交差点の信号が赤に変わったため、一時停止したところ、後方から加害者が運転する車に追突された。
> このとき、頭部を強く打ちつけ負傷した。

14 現場見取図
道路方向の地名（至○○方面）、道路幅、信号、横断歩道、区画線、道路標識、接触点等くわしく記入してください。

表示符号
自　車　　横断禁止
相手車　　人　間
進行方向　自転車
　　　　　オートバイ

事故の状況から判断し、過失割合についての自分の考えを記入する

15 過失割合
私の過失割合は　　0　％、相手の過失割合は　　100　％だと思います。
理由　信号が赤に変わっていたにもかかわらず、相手側が一時停止せず後方から追突してきたため。

16 示談について
イ　示談が成立した。（　　年　　月　　日）　　ロ　交渉中
ハ　示談はしない。　　　　　　　　　　　　　　ニ　示談をする予定（　　年　　月　　日頃予定）
ホ　裁判の見込み（　　年　　月　　日頃提訴予定）

17 身体損傷及び診療機関

	私（被災者）側	相手側（わかっていることだけ記入してください。）
部位・傷病名	頸椎捻挫	身体損傷なし
程　　度	全治1ヵ月	
診療機関名称	○○総合病院	
所　在　地	港区赤坂○-○	

18 損害賠償金の受領

受領年月日	支払者	金額・品目	名目	受領年月日	
なし					

自分と相手側の負傷、損害についてわかる範囲で記入する。転医した場合は、両方の医療機関を記入する

示談した場合には示談書の写しを提出する

1欄の者については、2欄から6欄、13欄及び14欄に記載したとおりであることを証明します。

事業主の証明

令和　3　年　8　月　30　日
事業場の名称　株式会社GVコーポレート
事業主の氏名　代表取締役　田中二郎
（法人の場合は代表者の役職・氏名）

相手から受領した場合は、内容を記入する

業務災害の場合に必要（通勤災害の場合は必要なし）

示談をするときは、必ず事前に労働基準監督署に相談しましょう。

04 仕事中・通勤中のケガなどで治療を受けるとき

| 頻度 | － | 手続者 | 個人 | 期限 | － |

POINT

- 業務中や通勤途中にケガなどをした場合、労災保険から給付が受けられる
- 休業補償給付は、休業してから4日目以降から給付される

仕事中・通勤中にケガをしたら労災保険が受けられる

　従業員が仕事中や通勤途中で事故に遭いケガなどをしたときは、労災保険から給付が受けられます。このとき、ケガの程度や雇用形態は関係ありません。労災保険が適用になるかどうかは、労働基準監督署が判断します。

　業務災害による労災の場合は「療養補償給付」が、通勤災害の場合は「療養給付」が受けられます。療養（補償）

　給付の対象となるのは、診察費の他、薬剤費や手術費、入院費、移送費などです。労災指定病院であれば自己負担なく治療を受けて薬をもらうことができますが、それ以外の病院にかかったときは、いったん治療費の全額を立替払いし、その後、労働基準監督署に請求して返金してもらうことになります。

療養（補償）給付の請求方法

　労災指定病院などで現物給付を受けるときには、業務災害なら療養補償給付及び複数事業労働者療養給付たる療養の給付請求書（様式第5号）、通勤災害なら療養給付たる療養の給付請求書（様式第16号の3）を提出します。療養の給付を受ける病院を変更するときには、業務災害なら療養補償給付及び複数事業労働者療養給付たる療養の給付を受ける指定病院等（変更）届

（様式第6号）、通勤災害なら療養給付たる療養の給付を受ける指定病院等（変更）届（様式第16号の4）を変更後の労災指定病院などに提出します。

　業務災害にあって労働者が休業し賃金を受けていないとき、休業（補償）給付は休業した日から数えて4日目以降から支給されます。この3日間を「待期期間」といいます（140ページ）。

| Keyword | **現物給付**　労災指定病院などにおいて、被災労働者が自己負担なく、無料で療養を受けられる制度。立替払いは現金給付という。 |

「労働者災害補償保険 療養補償給付及び複数事業労働者療養給付たる 療養の給付請求書（様式第5号）」の記入例

書類内容	**業務災害に遭い、療養補償給付を受けるときに作成する書類**
届出先	**労災指定を受けている病院や薬局**

業務災害

労働者の職種はなるべく
具体的に、作業内容がわ
かるように記入する

事故の発生日時と発病の
日時は正確に記入する

災害発生の事実を
確認した人の職名
と氏名を記入する

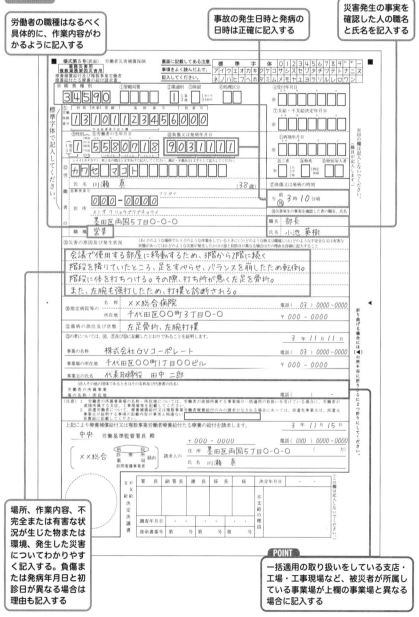

場所、作業内容、不
完全または有害な状
況が生じた物または
環境、発生した災害
についてわかりやす
く記入する。負傷ま
たは発病年月日と初
診日が異なる場合は
理由も記入する

POINT

一括適用の取り扱いをしている支店・
工場・工事現場など、被災者が所属し
ている事業場が上欄の事業場と異なる
場合に記入する

「労働者災害補償保険 療養給付たる療養の給付請求書（様式第16号の3）」の記入例

書類内容	通勤災害に遭い、療養給付を受けるときに作成する書類
届出先	労災指定を受けている病院や薬局

通勤災害　　　　　　　　　　　　　　　　●表面

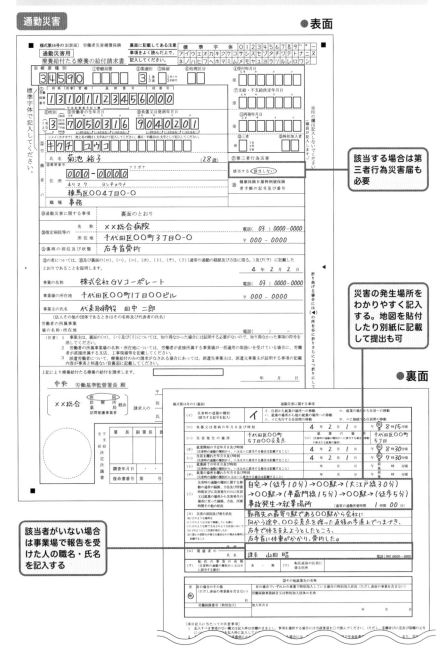

該当する場合は第三者行為災害届も必要

災害の発生場所をわかりやすく記入する。地図を貼付したり別紙に記載して提出も可

●裏面

該当者がいない場合は事業場で報告を受けた人の職名・氏名を記入する

健康保険

厚生年金

労災保険

雇用保険

「労働者災害補償保険 療養補償給付及び複数事業労働者療養給付たる療養の給付を受ける指定病院等（変更）届（様式第6号）」の記入例

書類内容　**業務災害に遭い、労災指定病院などを途中で変更するときに作成する書類**

届出先　**変更後の労災指定病院や薬局**

業務災害

変更後の指定病院などを記入する

場所、作業内容、不完全または有害な状況が生じた物または環境、発生した災害についてわかりやすく記入する

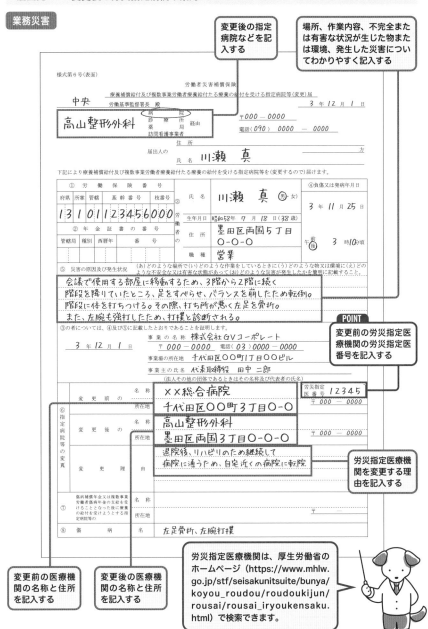

様式第6号（表面）

労働者災害補償保険

療養補償給付及び複数事業労働者療養給付たる療養の給付を受ける指定病院等（変更）届

中央　労働基準監督署長　殿

病院・診療所・薬局・訪問看護事業者　経由

高山整形外科

3 年 12 月 1 日

〒000 - 0000

電話（090）0000 - 0000

届出人の　住所

氏名　川瀬 真　　　　　方

下記により療養補償給付及び複数事業労働者療養給付たる療養の給付を受ける指定病院等を（変更するので）届けます。

① 労働保険番号

府県	所掌	管轄	基幹番号	枝番号
13	1	01	123456	000

② 年金証書の番号

管轄局	種別	西暦年	番号

労働者の

氏名　川瀬 真　（男・女）

生年月日　昭和58年 7 月 18 日（38 歳）

住所　墨田区両国5丁目 0-0-0

職種　営業

④負傷又は発病年月日

3 年 11 月 25 日

午前・(後) 3 時10分頃

⑤ 災害の原因及び発生状況

（あ）どのような場所で（い）どのような作業をしているときに（う）どのような物又は環境に（え）どのような不安全な又は有害な状態があって（お）どのような災害が発生したかを簡明に記載すること。

会議で使用する部屋に移動するため、3階から2階に続く階段を降りていたところ、足をすべらせ、バランスを崩したため転倒。階段に体を打ちつける。その際、打ち所が悪く左足を骨折。また、左腕も強打したため、打撲と診断される。

③の者については、④及び⑤に記載したとおりであることを証明する。

3 年 12 月 1 日

事業の名称　株式会社GVコーポレート

〒000 - 0000　電話（03）0000 - 0000

事業場の所在地　千代田区〇〇町1丁目〇〇ビル

事業主の氏名　代表取締役　田中 二郎

（法人その他の団体であるときはその名称及び代表者の氏名）

POINT

変更前の労災指定医療機関の労災指定医番号を記入する

⑥ 指定病院等の変更

変更前の　名称　××総合病院

所在地　千代田区〇〇町3丁目 0-0

労災指定医番号　12345

〒000 - 0000

変更後の　名称　高山整形外科

所在地　墨田区両国3丁目 0-0-0

〒000 - 0000

変更理由　退院後、リハビリのため継続して病院に通うため、自宅近くの病院に転院。

労災指定医療機関を変更する理由を記入する

⑦ 傷病補償年金又は複数事業労働者傷病年金の支給を受けることとなった後に療養の給付を受けようとする指定病院等の　名称

〒

⑧ 傷病名　左足骨折、左腕打撲

変更前の医療機関の名称と住所を記入する

変更後の医療機関の名称と住所を記入する

労災指定医療機関は、厚生労働省のホームページ（https://www.mhlw.go.jp/stf/seisakunitsuite/bunya/koyou_roudou/roudoukijun/rousai/rousai_iryoukensaku.html）で検索できます。

第4章　病気・ケガ・死亡に伴う手続き

133

05 従業員や被扶養者が 医療費を立て替えたとき

| 頻度 | ー | 手続者 | 個人 | 期限 | 費用支払日の翌日から2年以内 |

POINT

- 労災指定病院ではない病院などにかかると医療費の立て替えが必要に
- 治療費の全額を立て替え、後で払い戻しの手続きを行う

労災保険・健康保険で現物給付が受けられないとき

健康保険で受診できる保険医療機関や労災指定医療機関で治療を受ける場合は、現物給付を受けることができます。保険加入者に医療サービスという「現物」を給付することからこう呼ばれ、診療報酬点数による金額まで給付を受けられます。しかし、現物給付を受けられない場合もあります。保険医療機関や労災指定医療機関以外での治療、海外での受診、コルセットや松葉杖などの治療用装具を使う場合、柔道整復師の治療、はり・きゅう・マッサージ治療を受けた場合などが該当します。これらを受診した場合、いったん治療費を全額立て替えた上で、後で労働基準監督署や協会けんぽ、健康保険組合などに払い戻しの請求手続きが必要です。

立て替え払いをしたときの手続き

労災保険で療養費を後日請求する場合は、管轄の労働基準監督署に業務災害なら療養補償給付及び複数事業労働者療養給付たる療養の費用請求書（様式第7号（1））、通勤災害なら療養給付たる療養の費用請求書（様式第16号の5）を提出します。

健康保険の場合は、療養費支給申請書に加え、領収証の原本と医療機関等が発行したレセプト（診療報酬明細書）が必要です。こちらも様式や添付書類について事前に確認しておきましょう。

なお、労災給付なのに、間違えて健康保険を使って治療を受けてしまった場合は、業務災害なら療養補償給付及び複数事業労働者療養給付たる療養の給付請求書（様式第5号）、通勤災害なら療養給付たる療養の給付請求書（様式第16号の3）を受診した医療機関に提出して、労災切り替えの手続きを行いましょう。

健康保険

厚生年金

労災保険

雇用保険

Keyword **診療報酬点数** 病院が患者に対して行う診療行為やサービスにつけられた点数。
レセプト 医療保険の保険者などに医療費を請求するために医療機関が作成する明細書。

「労働者災害補償保険 療養補償給付たる療養の費用請求書（様式第7号（1））」の記入例

書類内容	業務災害に遭い、立て替えた医療費の払い戻しを行う書類
届出先	事業所管轄の労働基準監督署

業務災害

POINT
通勤災害の場合は、「療養給付たる療養の費用請求書（様式第16号の5）」の申請書を使用する

●表面

- 事故の発生日または発病日を記入する

- 事業主の証明が必要（2回目以降の請求かつ離職後であれば不要）

- 医療機関記入欄

- 所属している事業所が、1枚目の事業所と異なる場合は記入する

- 災害発生の事実を確認した人の職名と氏名を記入する

●裏面

- 場所、作業内容、不完全または有害な状況が生じた物または環境、発生した災害についてわかりやすく記入する

会議で使用する部屋に移動するため、3階から2階に続く階段を降りていたところ、足をすべらせ、バランスを崩したため転倒する。階段に体を打ちつける。その際、打ち所が悪く足を骨折。また、左腕も強打したため、打撲と診断される。

第4章 病気・ケガ・死亡に伴う手続き

Advice 労災保険で療養費を後日請求する場合、薬剤の支給を受けたときなどは、様式が異なるので注意が必要。

135

06 治療費が高額になったとき

| 頻度 | ― | 手続者 | 個人 | 期限 | 診療月の翌月の1日から2年間 |

POINT

● 健康保険では月ごとに自己負担の上限額が決められている
● 自己負担の上限額を超えると超過分が払い戻される

自己負担の超過分を払い戻してくれる「高額療養費制度」

健康保険の被保険者は、基本的に3割の自己負担で医療機関を受診することができます。ただし、長期入院や手術など、状況によっては3割負担であっても医療費が高くなってしまうことがあります。このようなとき、被保険者の家計を圧迫させないよう、医療機関や薬局の窓口で支払う医療費が1カ月（月の1日から末日まで）で上限額を超えた場合、超えた額を払い戻す「高額療養費制度」があります。

高額療養費制度の対象となるのは、保険適用される診療に対して被保険者が支払った自己負担額です。入院の際の食費や差額ベッド代、**先進医療**にかかる費用などは対象外です。また、自己負担の上限額は所得額に応じて設定されており、70歳未満と70歳以上に分かれています。

医療費を立て替えずに済む「限度額適用認定申請」

高額療養費が払い戻されるまでには診療月から3カ月以上かかります。長期的に医療費が高額になる場合、家計の負担が大きくなってしまう可能性があります。そこで、入院することがあらかじめ決まっているなど、大きな支出が見込まれる場合は、限度額適用認定申請を行うことで1カ月の医療費は一定額（自己負担限度額）まで支払えればよくなります。事前に医療機関窓口に「限度額認定証」と健康保険被保険者証を提示しましょう。

自己負担額は世帯で合算でき、合算額が限度額を超えた場合、その額が払い戻されます（70歳未満は受診者・医療機関・入院・通院ごとに自己負担額2万1,000円超が合算対象）。12カ月のうち3回以上上限を超えた場合、4回目以降は自己負担額が引き下げられる「多数回該当」もあります。

健康保険
厚生年金
労災保険
雇用保険

Keyword **先進医療** 高度な医療技術を用いた治療法。現時点では保険が適用されず、全額自己負担となる。

📌 1カ月の自己負担限度額

● 70歳未満

標準報酬月額	ひと月の上限額（世帯ごと）	多数該当
①83万円以上	252,600円＋（医療費－842,000）×1%	140,100円
②53〜79万円	167,400円＋（医療費－558,000）×1%	93,000円
③28〜50万円	80,100円＋（医療費－267,000）×1%	44,400円
④26万円以下	57,600円	44,400円
⑤低所得者 （市区町村民税の非課税）	35,400円	24,600円

● 70歳以上75歳未満

標準報酬月額	ひと月の上限額		多数該当
	外来（個人ごと）	外来・入院 （世帯ごと）	
①83万円以上	252,600円＋（医療費－842,000）×1%		140,100円
②53〜79万円	167,400円＋（医療費－558,000）×1%		93,000円
③28〜50万円	80,100円＋（医療費－267,000）×1%		44,400円
④26万円以下 （①〜③、⑤〜⑥以外の者）	18,000円（年間上限144,000円）	57,600円	44,400円
⑤低所得者 （市区町村民税の非課税）	8,000円	24,600円	－
⑥低所得者 （一定の所得がない者）	8,000円	15,000円	－

> 同じ月の中で、複数の医療機関で診療を受けた場合も、医療費の自己負担額が2万1,000円以上であれば、世帯ごとに合算することができます。なお、70歳以上の場合、金額の制約はなく、自己負担をすべて合算することができます。

『健康保険 被保険者 高額療養費支給申請書』の記入例

書類内容	1カ月の自己負担の上限額を超えたときに作成する書類
届出先	事業所管轄の協会けんぽまたは健康保険組合

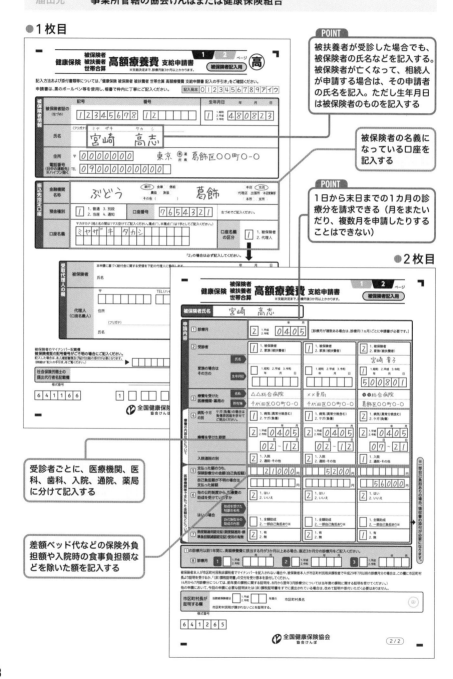

●1枚目

POINT
被扶養者が受診した場合でも、被保険者の氏名などを記入する。被保険者が亡くなって、相続人が申請する場合は、その申請者の氏名を記入。ただし生年月日は被保険者のものを記入する

POINT
被保険者の名義になっている口座を記入する

POINT
1日から末日までの1カ月の診療分を請求できる（月をまたいだり、複数月を申請したりすることはできない）

●2枚目

受診者ごとに、医療機関、医科、歯科、入院、通院、薬局に分けて記入する

差額ベッド代などの保険外負担額や入院時の食事負担などを除いた額を記入する

書類内容　**医療機関への支払いを自己負担限度額にする書類**

届出先　　**事業所管轄の協会けんぽまたは健康保険組合**

記載されている住所に「限度額認定証」が郵送される

自宅以外で受け取りを希望するときに記入する

健康保険 **限度額適用認定** 申請書　（被保険者記入用）　限

記入方法等については、「健康保険 限度額適用認定 申請書 記入の手引き」をご確認ください。

申請書は、黒のボールペン等を使用し、楷書で枠内に丁寧にご記入ください。　記入見本 `0 1 2 3 4 5 6 7 8 9 アイウ`

被保険者情報

記号	番号	生年月日　年　月　日
被保険者証の（左づめ） `1 2 3 4 5 6 7 8`	`1 2`	☑昭和 □平成 □令和　`4 8 0 8 2 3`

（フリガナ）　ミヤザキ　タカシ
氏名　**宮崎　高志**

住所　（〒 000 - 0000 ）　東京⑩都道府県　葛飾区〇〇町〇-〇

電話番号（日中の連絡先）　TEL 090（0000）0000

認定対象者欄

療養を受ける方（被保険者の場合は記入の必要がありません。）	氏名		生年月日	□昭和 □平成 □令和　　年　　月　　日

療養予定期間（申請期間）	令和　　年　　月　～　令和　　年　　月	申請月の初日から最長で1年間となります。

送付希望先

上記被保険者情報に記入した住所と別のところに送付を希望する場合にご記入ください。

住所	（〒　－　　）	都道府県
電話番号（日中の連絡先）	TEL　（　　）	
宛名		

申請代行者欄

被保険者以外の方が申請する場合にご記入ください。

氏名		被保険者との関係	
電話番号（日中の連絡先）	TEL	申請代行の理由	□ 被保険者本人が入院中で外出できないため。 □ その他 （　　　　　　　）

※限度額適用認定証の送付先または、申請書を返送する場合の送付先は、被保険者住所または送付を希望する住所となりますので十分ご注意ください。

※枠内記載の当月より前の月の限度額適用認定証の交付はできません。日程に余裕を持ってご提出ください。

被保険者のマイナンバー記載欄

被保険者証の記号番号が不明の場合にご記入ください。

記入した場合は、本人確認書類及び貼付台紙の添付が必要となります。

（詳細は「記入の手引き」をご確認ください。）

▶ `□□□□□□□□□□□□`

[2021. 6]

受付日付印

社会保険労務士の提出代行者名記載欄	

様式番号		協会使用欄	
`2 3 0 1 1 7`	`1`		

Ⓟ **全国健康保険協会**　協会けんぽ　（1/1）

被保険者の記号番号が不明の場合のみ、被保険者のマイナンバーを記入する（記号番号を記入している場合は記入不要）

07 傷病による休業で収入が減ったとき

| 頻度 | — | 手続者 | 個人 | 期限 | 翌日から2年間※ |

※健康保険：労務不能日ごとにその翌日から2年間までに
労災保険：労務不能のため賃金不支給ごとにその翌日から2年間までに

POINT

● 健康保険・労災保険ともに休業中の所得補償制度がある
● 傷病手当金も休業（補償）給付も休業開始から4日目以降が支給対象

健康保険・労災保険の補償制度

病気やケガによって会社を休業したとき、従業員の所得を補償する制度として、健康保険には「傷病手当金」、労災保険には「休業（補償）給付」という制度があります。どちらも従業員が休業したうち、最初の3日（待期期間）を除き、4日目から支給されます。この3日には会社の休日も含まれます。

健康保険の待期は、3日間連続して休業してはじめて待期とみなされます。

一方、労災保険の待期は、通算して3日休業すれば待期とみなされます。3日目までの休業については、労災保険の場合のみ、事業主が労働基準法で定められた休業補償を支払う必要があります。事業主の支払う休業補償は業務災害が対象で、通勤災害は対象外です。給付額は【平均賃金から実際に支払われた金額を控除した額の60％】です。

それぞれの補償制度の給付額

健康保険の傷病手当金の1日当たりの金額は、【支給開始日以前12カ月間の各標準報酬月額の平均÷30日×2/3】で計算します。支給開始日以前の期間が12カ月に満たない場合は、支給開始日の属する月以前の継続した各月の標準報酬月額の平均額、または全被保険者の標準報酬月額の平均額（2022年度は30万円）のいずれか低い額で計算します。

支給期間は、支給日から起算して通算1年6カ月までとなります。

労災保険の休業（補償）給付は、休業1日につき【給付基礎日額の80％（休業（補償）給付60％＋休業特別支給金20％）】で計算します。休業（補償）給付は、傷病が治癒するまで受けられます。

健康保険

厚生年金

労災保険

雇用保険

Keyword **休業特別支給金** 休業（補償）給付に上乗せして支給され、休業給付基礎日額の20/100に相当する額が支給される。

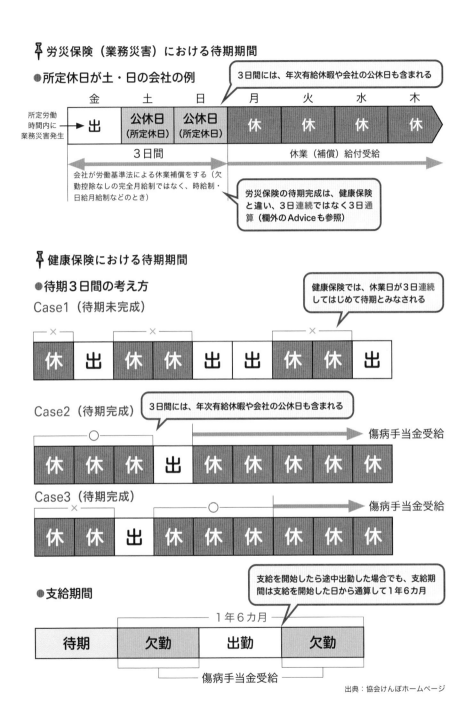

📌 労災保険（業務災害）における待期期間

●所定休日が土・日の会社の例

金	土	日	月	火	水	木
出	公休日（所定休日）	公休日（所定休日）	休	休	休	休

所定労働時間内に業務災害発生

3日間 ← → 休業（補償）給付受給

3日間には、年次有給休暇や会社の公休日も含まれる

会社が労働基準法による休業補償をする（欠勤控除なしの完全月給制ではなく、時給制・日給月給制などのとき）

労災保険の待期完成は、健康保険と違い、3日連続ではなく3日通算（欄外のAdviceも参照）

📌 健康保険における待期期間

●待期3日間の考え方

Case1（待期未完成）

健康保険では、休業日が3日連続してはじめて待期とみなされる

休 出 休 休 出 出 休 休 出

Case2（待期完成）

3日間には、年次有給休暇や会社の公休日も含まれる

休 休 休 出 休 休 休 休 休 → 傷病手当金受給

Case3（待期完成）

休 休 出 休 休 休 休 休 休 → 傷病手当金受給

●支給期間

支給を開始したら途中出勤した場合でも、支給期間は支給を開始した日から通算して1年6カ月

待期	欠勤	出勤	欠勤

1年6カ月

傷病手当金受給

出典：協会けんぽホームページ

Advice ケガをした当日の扱いについては、所定労働時間中に負傷して仕事を早退した場合は当日も3日のうちに含まれる。残業や就業時間後に病院にかかった場合は、翌日から3日をカウントする。

「労働者災害補償保険 休業補償給付支給請求書（様式第8号）」の記入例

書類内容　**業務災害により4日以上休業するときに作成する書類**
届出先　　**事業所管轄の労働基準監督署**

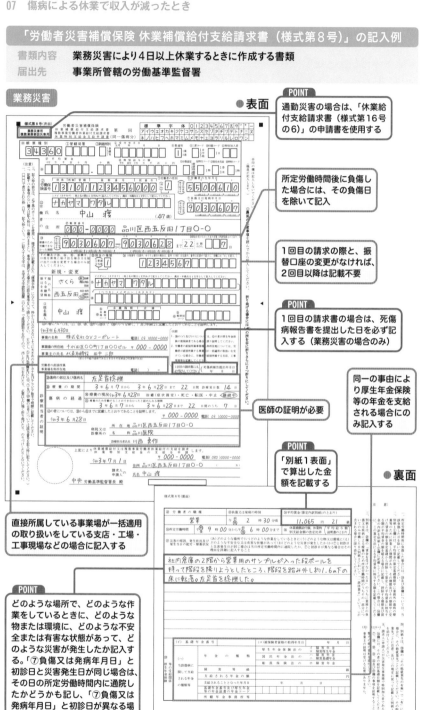

POINT
通勤災害の場合は、「休業給付支給請求書（様式第16号の6）」の申請書を使用する

所定労働時間後に負傷した場合には、その負傷日を除いて記入

1回目の請求の際と、振替口座の変更がなければ、2回目以降は記載不要

POINT
1回目の請求書の場合は、死傷病報告書を提出した日を必ず記入する（業務災害の場合のみ）

同一の事由により厚生年金保険等の年金を支給される場合にのみ記入する

医師の証明が必要

POINT
「別紙1表面」で算出した金額を記載する

●表面

●裏面

直接所属している事業場が一括適用の取り扱いをしている支店・工場・工事現場などの場合に記入する

POINT
どのような場所で、どのような作業をしているときに、どのような物または環境に、どのような不安全または有害な状態があって、どのような災害が発生したか記入する。「⑦負傷又は発病年月日」と初診日と災害発生日が同じ場合は、その日の所定労働時間内に通院したかどうかも記し、「⑦負傷又は発病年月日」と初診日が異なる場合はその理由を記入する

健康保険　厚生年金　労災保険　雇用保険

142

●別紙1表面

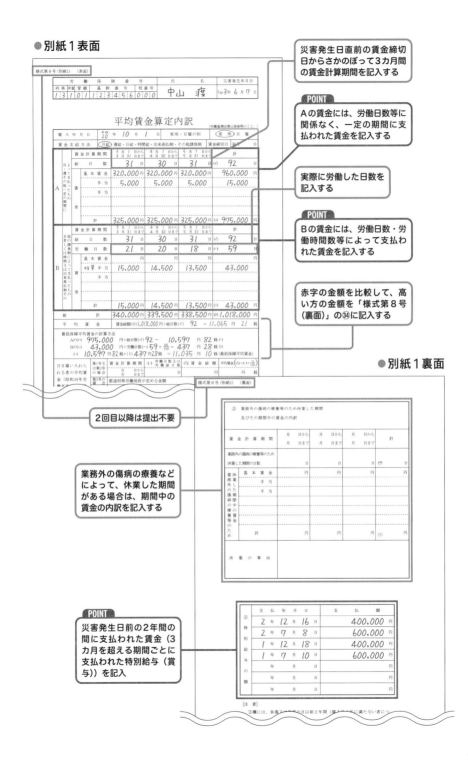

災害発生日直前の賃金締切日からさかのぼって3カ月間の賃金計算期間を記入する

POINT
Aの賃金には、労働日数等に関係なく、一定の期間に支払われた賃金を記入する

実際に労働した日数を記入する

POINT
Bの賃金には、労働日数・労働時間数等によって支払われた賃金を記入する

赤字の金額を比較して、高い方の金額を「様式第8号（裏面）」の㉞に記入する

●別紙1裏面

2回目以降は提出不要

業務外の傷病の療養などによって、休業した期間がある場合は、期間中の賃金の内訳を記入する

POINT
災害発生日前の2年間の間に支払われた賃金（3カ月を超える期間ごとに支払われた特別給与（賞与））を記入

「労働者災害補償保険 休業給付支給請求書（様式第16号の6）」の記入例

書類内容　**通勤災害によって4日以上休業するときに作成する書類**
届出先　　**事業所管轄の労働基準監督署**

通勤災害

●表面

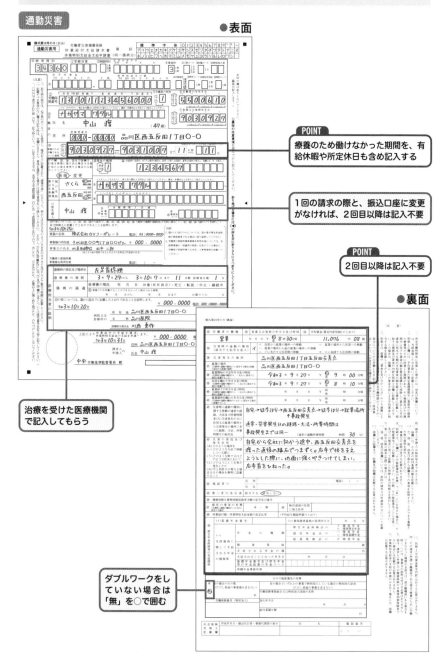

POINT
療養のため働けなかった期間を、有給休暇や所定休日も含め記入する

POINT
1回の請求の際と、振込口座に変更がなければ、2回目以降は記入不要

POINT
2回目以降は記入不要

●裏面

治療を受けた医療機関で記入してもらう

ダブルワークをしていない場合は「無」を○で囲む

健康保険

厚生年金

労災保険

雇用保険

書類内容　私的な傷病によって会社を4日以上(連続3日休業の後)、休業するときに作成する書類
届出先　　事業所管轄の協会けんぽまたは健康保険組合

POINT

被保険者の氏名を記入する。被保険者が亡くなっている場合、相続人が申請する場合はその申請者の氏名を記入するが、生年月日欄は被保険者のものを記入する

ゆうちょ銀行の口座を希望するときは、振込専用の店名(漢数字3文字)・預金種別・口座番号を記入する

●1枚目

「傷病手当金支給申請書」は全部で4枚あります。1・2ページ目は被保険者自身(亡くなっている場合は相続人)が記入。3ページ目は、事業主が記入。4ページ目は担当の医師に記入してもらいましょう。

145

08 従業員に障害が残ったとき

| 頻度 | ー | 手続者 | 個人 | 期限 | 傷病が治った日の翌日から5年まで |

POINT
- 障害が残って以前のように働けなくなると給付を受けることができる
- 障害等級に応じて、年金または一時金の支給額が変わる

障害が残ったときは障害（補償）給付が支給される

　従業員が労働災害（業務・通勤災害）によって病気やケガをし、体に障害が残ってしまった場合、状態が障害等級に該当すれば、労災保険から「障害（補償）給付」を受けることができます。障害等級は、障害の程度に応じて第1〜14級まで設定されています。第1〜7級に該当すると、給付基礎日額の313〜131日分の「障害（補償）年金」が、第8〜14級に該当すると、給付基礎日額の503〜56日分の「障害（補償）一時金」が支給されます。

　また、傷病が治った後でも、再発や後遺障害に伴う新たな病気が発症することを防ぐため、脊髄損傷や慢性肝炎などの一定の傷病については、申請をすれば労災指定病院などで無料のアフターケアを受診することができます。

　なお、傷病が治るというのは、完全に回復することではなく、医学的に認められた医療を行っても効果が期待できなくなった状態を指します。

障害（補償）給付の申請方法

　障害（補償）給付を請求するときは、事業所を管轄する労働基準監督署長に申請を行います。業務災害なら障害補償給付・複数事業労働者障害給付支給請求書（様式第10号）を、通勤災害なら障害給付支給請求書（様式第16号の7）を提出します。請求書には、必要に応じてレントゲン写真などの資料の添付が必要になりますので、必要な書類については、あらかじめ労働基準監督署に確認しておきましょう。また、請求書に添付する診断書には医師の診断の記載が必要です。

　年金の支給は、要件に該当することになった月の翌月分からはじまり、偶数月にそれぞれの前2カ月分が支給されます。一時金は該当することとなったとき1回のみ支給となります。

Keyword **後遺障害**　交通事故による傷害が治ったときに体に一定の障害が残ることで、労働能力の低下あるいは喪失が認められるもの。

「労働者災害補償保険 障害補償給付複数事業労働者障害給付支給請求書（様式第10号）」の記入例

書類内容　**業務災害によって障害が残ったときに給付を受けるための書類**

届出先　**事業所管轄の労働基準監督署**

業務災害

POINT
通勤災害の場合は、「障害給付支給請求書（様式第16号の7）」の申請書を使用する

同一の傷病で障害厚生年金などの支給を受ける場合に記入する

添付する書類の名称を記入する

POINT
社会保険労務士に委託する場合は、「本件手続を裏面に記載の社会保険労務士に委託します。」の項目にチェックを入れ、裏面を記入してもらう

09 従業員が亡くなったとき

| 頻度 | ― | 手続者 | 個人 | 期限 | ※ |

※労災保険：（遺族給付）死亡日翌日から5年、（葬祭料）死亡日翌日から2年
健康保険：（埋葬料）死亡日翌日から2年、（埋葬費）埋葬日翌日から2年

POINT
- 業務・通勤災害による死亡は、労災保険から遺族給付が支給される
- 健康保険と労災保険から遺族年金や埋葬料などの給付が受けられる

労災保険から遺族給付と葬祭料が支給される

従業員が亡くなった場合、労災保険から遺族の人数に応じて「遺族（補償）年金」や「遺族特別支給金」「遺族特別年金」が支給されます。死亡当時、遺族（補償）年金を受ける遺族がいない、受給権者全員が失権したなどの場合は、「遺族（補償）一時金」が支給されます。申請に必要な書類は、業務災害は遺族補償年金複数事業労働者遺族年金支給請求書（様式第12号）、通勤災害は遺族年金支給申請書（様式第16号の8）です。

この他にも申請を行うことで、葬祭料（給付）を受けることができます。葬祭を執り行う人がおらず社葬になった場合、葬祭料（給付）は会社に支給されます。給付される金額は、【31万5,000円に給付基礎日額の30日分を加えた額】です。ただし、この金額が給付基礎日額の60日分より少ない場合は、【給付基礎日額の60日分】が支給されます。申請に必要な書類は、業務災害は葬祭料又は複数事業労働者葬祭給付請求書（様式第16号）、通勤災害は葬祭給付請求書（様式第16号の10）です。

健康保険から埋葬料と家族埋葬料が支給される

健康保険に加入していた従業員が労働災害以外の事由によって亡くなった場合、被保険者により生計を維持され、埋葬を行う人に「埋葬料」として5万円が支給されます。被保険者と同一世帯かどうか、親族であるかどうかなどは問われません。埋葬料を受ける人がいないときは、5万円の範囲内で埋葬にかかった実費が「埋葬費」として支給されます。また、被扶養者が亡くなった場合、被保険者に「家族埋葬料」として5万円が支給されます。埋葬料または埋葬費の申請時に必要な書類は健康保険埋葬料（費）支給申請書です。

Keyword **失権** 年金の受給権が消滅すること。例えば、受給権者が死亡、婚姻、直系血族または直系姻族以外の者の養子となった、離縁により死亡労働者との親族関係が終了したなど。一度消滅した受給権は復活することはない。

健康保険

厚生年金

労災保険

雇用保険

📌 労災保険の遺族（補償）年金・一時金等の支給額

遺族数	遺族（補償）年金	遺族特別支給金 （一時金）	遺族特別年金
1人	給付基礎日額の153日分 ただし以下の場合は、給付基礎日額の175日分 ・その遺族が55歳以上の妻 ・一定の障害状態にある妻	300万円	算定基礎日額の153日分 ただし、以下の場合は、算定基礎日額の175日分 ・その遺族が55歳以上の妻 ・一定の障害状況にある妻
2人	給付基礎日額の201日分		算定基礎日額の201日分
3人	給付基礎日額の223日分		算定基礎日額の223日分
4人以上	給付基礎日額の245日分		算定基礎日額の245日分

※給付基礎日額は、事故発生日（または医師の診断による疾病確定日）の直前3カ月の賃金総額（賞与を除く）をその期間の総暦日数で割った1日あたりの額（労働基準法でいう「平均賃金」のこと）。算定基礎日額は、事故発生日（または医師の診断による疾病確定日）以前1年間の賞与総額を365で割った額。

遺族	遺族（補償）一時金	遺族特別支給金 （一時金）	遺族特別一時金
従業員の死亡当時、遺族（補償）年金を受ける遺族がいない場合	給付基礎日額の1,000日分	300万円	算定基礎日額の1,000日分
遺族（補償）年金の受給権者が最後順位者まですべて失権した場合に、受給権者であった遺族の全員に対して支払われた年金の額および遺族（補償）年金前払一時金の額の合計額が給付基礎日額の1,000日分に達していない場合	給付基礎日額の1,000日分と、すでに支給された遺族（補償）年金額の合計額との差分	−	算定基礎日額の1,000日分と、すでに支給された遺族特別年金の合計額との差分

📌 埋葬料や葬祭料の支給額

健康保険

埋葬料（埋葬費）
家族埋葬料

対象となる人
健康保険の被保険者・被扶養者

支給額

50,000円

※埋葬費の場合は、50,000円を上限として実費

労災保険

葬祭料（給付）

対象となる人
被災労働者

支給額

315,000円＋給付基礎日額の30日分または給付基礎日額60日分のどちらか高い金額

Advice 遺族給付や葬祭料、埋葬料（費）などの請求手続きは基本的に遺族が行う。会社が手続きすることはないが、必要に応じて協力する、必要な情報を提供するなどのサポートがあると親切。

「労働者災害補償保険 遺族補償年金複数事業労働者遺族年金支給請求書（様式第12号）」の記入例

書類内容 **遺族年金の支給を申請する際に作成する書類**
届出先 **事業所管轄の労働基準監督署**

業務災害

POINT

通勤災害の場合は、「遺族年金支給請求書（様式第16号の8）」の申請書を使用する

同一の障害で障害厚生年金などの支給を受ける場合に記入する

受給権者以外に遺族補償年金を受けることのできる遺族について記入する

POINT

社会保険労務士に委託する場合は、「本件手続を裏面に記載の社会保険労務士に委託します。」の項目にチェックを入れ、裏面を記入してもらう

健康保険
厚生年金
労災保険
雇用保険

書類内容	業務災害によって従業員が亡くなったときに葬祭を行った人が作成する書類
届出先	事業所管轄の労働基準監督署

業務災害

POINT
通勤災害の場合は、「葬祭給付請求書（様式第16号の10）」(152ページ）の申請書を使用する

遺族または葬祭を行った人が請求人となる（社葬の場合は会社が記入する）

様式第16号(表面)

業務災害用
複数業務要因災害用

労働者災害補償保険
葬祭料又は複数事業労働者葬祭給付請求書

① 労働保険番号

府県	所掌	管轄	基幹番号	枝番号
13	1	01	123456	000

② 年金証書の番号

管轄局	種別	西暦年	番号

③ 請求人の
フリガナ 氏名　イシヅカ ユミ　石塚 優美
住所　杉並区永福3丁目〇-〇
死亡労働者との関係　妻

④ 死亡労働者の
フリガナ 氏名　イシヅカ トモノリ　石塚 智則　（男・女）
生年月日　昭和55年 3 月 12 日(42歳)
職種　営業
所属事業場名称所在地

⑤ 負傷又は発病年月日　令和3年10月7日
午前・後　1 時 30 分頃

⑦ 死亡年月日　令和3年10月7日

⑥ 災害の原因及び発生状況
(あ)どのような場所で(い)どのような作業をしているときに(う)どのような物又は環境に(え)どのような不安全な又は有害な状態があって(お)どのような災害が発生したかを簡明に記載すること

社内倉庫の2階から営業用のサンプルが入った段ボール箱を持って階段を降りようとしたところ、階段を踏み外し約1.6m下の床に転落。転落の衝撃で立てかけてあった鉄筋10本が倒れ、その下敷きになり死亡した。

⑧ 平均賃金　11,076 円 08 銭

④の者については、⑤、⑥及び⑧に記載したとおりであることを証明します。

電話(03)0000 — 0000

令和3年 10 月 27 日

事業の名称　株式会社GVコーポレート
〒 000 — 0000
事業場の所在地　千代田区〇〇町1丁目〇〇ビル
事業主の氏名　代表取締役 田中 二郎
（法人その他の団体であるときはその名称及び代表者の氏名）

⑨ 添付する書類その他の資料名　遺族補償年金請求書に添付

上記により葬祭料又は複数事業労働者葬祭給付の支給を請求します。

令和3年 10 月 30 日
〒 000 — 0000　電話(03)0000 — 0000

請求人の　住所　杉並区永福3丁目〇-〇
氏名　石塚 優美

中央　労働基準監督署長 殿

振込を希望する金融機関の名称

りんご	(銀行)・金庫 農協・漁協・信組	永福	本店・本所 出張所 (支店)・支所

預金の種類及び口座番号
(普通)・当座 第 号
口座名義人 石塚 優美

POINT
遺族補償給付を請求する際に添付書類を提出した場合は、添付書類を省略できる

「労働者災害補償保険 葬祭給付請求書（様式16号の10）」の記入例

書類内容　通勤災害によって従業員が亡くなったときに、葬祭を行った人が作成する書類

届出先　　事業所管轄の労働基準監督署

通勤災害

傷病年金を受けていた場合は、その年金証書の番号を記入する

葬祭を行った人が請求人となる

平均賃金を記入する。不明の場合は、事業主の担当者に確認する

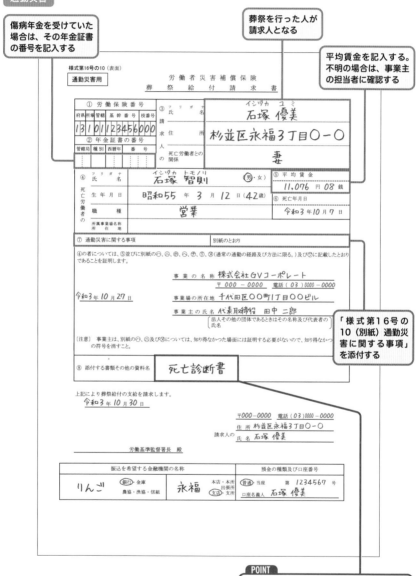

「様式第16号の10（別紙）通勤災害に関する事項」を添付する

POINT

死亡診断書・死体検案書などを添付する。遺族給付の請求書に添付されている場合は添付不要。添付を省略する場合は「遺族年金請求書に添付」など、わかるように記入する

健康保険

厚生年金

労災保険

雇用保険

「健康保険 被保険者 埋葬料（費）支給申請書」の記入例

書類内容	健康保険の被保険者または被扶養者が亡くなったとき、埋葬料（費）を請求するときに使用する
届出先	事業所管轄の協会けんぽまたは健康保険組合

● 1枚目

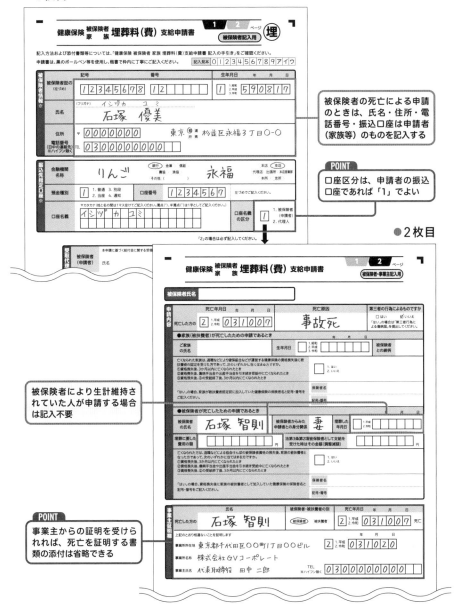

被保険者の死亡による申請のときは、氏名・住所・電話番号・振込口座は申請者（家族等）のものを記入する

POINT 口座区分は、申請者の振込口座であれば「1」でよい

● 2枚目

被保険者により生計維持されていた人が申請する場合は記入不要

POINT 事業主からの証明を受けられれば、死亡を証明する書類の添付は省略できる

遺族が受け取れる支給額

遺族へのさまざまな支給

　労災保険の「遺族（補償）給付」や「葬祭料（給付）」、健康保険の「埋葬料（費）」の他にも、公的年金から遺族に対して給付が行われます。厚生年金保険に加入している人だと、「遺族基礎年金」と「遺族厚生年金」が支給されます。遺族基礎年金と遺族厚生年金における遺族の範囲の違いは以下の通りです。

		遺族基礎年金		遺族厚生年金		
		受給対象	死亡当時の年齢	受給対象※		死亡当時の年齢
遺族の範囲		子のいる配偶者	子が18歳未満（または20歳未満で障害等級1・2級）	1位	配偶者	（妻）年齢は問わない（夫）55歳以上
					子	18歳未満（または20歳未満で障害等級1・2級）
		両親のいない子	18歳未満（または20歳未満で障害等級1・2級）	2位	父母	55歳以上
				3位	孫	18歳未満（または20歳未満で障害等級1・2級）
				4位	祖父母	55歳以上

※遺族厚生年金には優先順位がある

遺族基礎年金と遺族厚生年金の支給額

　子のいる配偶者の遺族基礎年金の支給額（2023年4月分から）は次の通りです。67歳以下の人は【79万5,000円＋子の加算額】、68歳以上の人は【79万2,600円＋子の加算額】となります。遺族厚生年金の支給額は、死亡した人の老齢厚生年金の報酬比例部分の4分の3の金額となります。

第5章

従業員の
各種変更手続き

第5章では、従業員の各種変更手続きについて解説します。従業員の氏名や住所が変更になったとき、家族が増えたとき・減ったとき、出向転籍したとき、海外赴任をしたとき、保険証や年金手帳を紛失したときなど、変更手続きはさまざまな場面で発生しますので、確認していきましょう。

01 氏名・住所が変わったとき

| 頻度 | 発生の都度 | 手続者 | 事業主 | 期限 | 事実発生後、速やかに |

POINT

● 健康保険と厚生年金保険は原則、氏名・住所の変更手続きは不要
● 雇用保険は氏名変更の単独での手続きは不要になった

健康保険・厚生年金保険の氏名・住所の変更

事業所が協会けんぽに加入している場合、マイナンバーと基礎年金番号が紐づいていれば、健康保険と厚生年金保険の氏名と住所を変更する手続きは必要ありません。

自動的に手続きが行われ、新しい健康保険被保険者証が事業主宛に送られてくるので、古くなった健康保険被保険者証は従業員から回収し、日本年金機構に郵送しましょう。マイナンバーと基礎年金番号が紐づいているかどうかは、ねんきんネットや年金事務所に照会することで確認できます。

マイナンバーと基礎年金番号が紐づいていないときは、被保険者氏名変更（訂正）届または被保険者住所変更届を年金事務所に届け出て、氏名変更または住所変更の手続きを行います。

住所変更のみの場合は、添付書類は必要ありませんが、氏名を変更するときは、健康保険被保険者証を添付します。なお、被保険者の氏名・住所変更手続きが不要であっても、被扶養者の氏名の変更や健康保険組合加入事業所の変更手続きは必要になりますので注意しましょう。

雇用保険の氏名・住所の変更

雇用保険はマイナンバー制度の導入により運用が変わり、氏名変更の単独での手続きは不要になりました。雇用保険では、被保険者の住所を管理していないため、住所が変わっても住所変更の手続きは必要ありません。資格喪失届や転勤届、育児休業給付の支給申請時などの手続きと同時に、氏名の変更を行ってください。

氏名・住所変更がスムーズに行えるよう必要な手続きを一覧にまとめておきましょう（13ページの本書チェックシートデータを参考）。

健康保険

厚生年金

労災保険

雇用保険

Keyword **ねんきんネット** 利用登録をすると、年金記録や将来の年金見込額など、自身の年金情報をパソコンやスマートフォンから確認できるサービス。

🚩 雇用保険被保険者の氏名変更

● 雇用保険被保険者資格喪失届

> 資格喪失届と同時に氏名変更を行う場合

新氏名の欄に
新しい氏名を
記入する

● 育児休業給付金支給申請書

> 育児休業給付金支給申請と同時に氏名変更を行う場合

新しい氏名を
記入する

● 高年齢雇用継続給付支給申請書

> 高年齢雇用継続給付申請と同時に氏名変更を行う場合

新しい氏名を
記入する

雇用保険被保険者氏名変更届は廃止されました。その
ため、氏名を変更する場合は、資格喪失手続きや育児
休業給付の申請時などにあわせて行いましょう。

「健康保険・厚生年金保険 被保険者氏名変更（訂正）届」の記入例

書類内容　被保険者の氏名に変更があったときに提出する書類
届出先　　事業所管轄の年金事務所または年金事務センター

POINT
該当する種別（性別）を〇で囲む
1.　坑内員以外の男子
2.　女子
3.　坑内員
5.　厚生年金基金加入員であって坑内員以外の男子
6.　厚生年金基金加入員である女子
7.　厚生年金基金加入員である坑内員

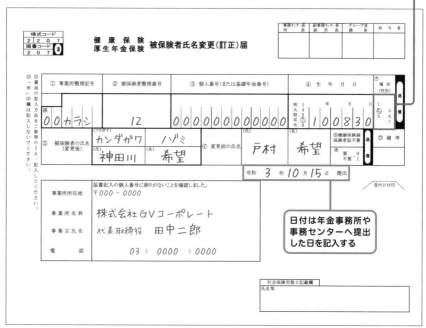

日付は年金事務所や事務センターへ提出した日を記入する

健康保険・厚生年金保険 被保険者氏名変更（訂正）届には、マイナンバーの記載が必要です。

健康保険

厚生年金

労災保険

雇用保険

158

「健康保険・厚生年金保険 被保険者住所変更届」の記入例

書類内容　被保険者の住所に変更があったときに提出する書類

届出先　　事業所管轄の年金事務所または年金事務センター

厚生年金保険のみ加入している場合は「厚生年金保険」を○で囲む。
事業所が全国健康保険協会のみに加入している場合は「健康保険」を○で囲む

● 1枚目

POINT

配偶者がおり、扶養に入っている場合、配偶者の情報も記入する

年金事務所や事務センターへ提出した日を記入する

● 国民年金　第3号被保険者住所変更届（2枚目）

扶養されている人から見た配偶者を記入する

被保険者のみの住所変更のときは1枚目を、被扶養者のみの住所変更のときは2枚目を提出します。被保険者と被扶養者ともに住所変更をする場合は、1枚目と2枚目を提出しましょう。

159

02 扶養家族のしくみについて知ろう

POINT

● 被扶養者であれば保険料の負担なく給付を受けることができる
● 扶養親族がいる場合は、所得控除が受けられる

健康保険・厚生年金保険の扶養のしくみ

　従業員の配偶者や子どもなどが健康保険の被扶養者として認定されると、保険料の負担なく健康保険に加入することができます。被扶養者になると、病気やケガ、出産や死亡時などに、健康保険からの給付を受け取ることができます。

　健康保険で被扶養者になれるのは、被保険者の三親等以内の親族など、一定要件を満たす人が対象です。また、収入要件もあり、年間収入が130万円未満（60歳以上または一定の障害を持つ人は180万円未満）であり、同居している場合は被保険者の年間収入の2分の1未満、別居している場合は被保険者からの援助による収入額より少ない必要があります。被扶養者になるときや被扶養者から外れるときには、所定の手続きが必要です。

　厚生年金保険における扶養は、配偶者が第3号被保険者（20歳以上60歳未満の被扶養配偶者）に該当する場合です。この場合、保険料の負担なく将来の年金を受け取ることができます。第3号被保険者は厚生年金保険には加入せず、国民年金にのみ加入することになります（20ページ）。

所得税における扶養のしくみ

　所得税においても扶養の制度があり、扶養親族に該当する人がいる従業員は、一定の金額の所得控除が受けられます。所得控除を受ける場合も年収要件があり、年間の合計所得金額が48万円以下（給与のみの場合は給与収入が103万円以下）であることが扶養親族になる要件となっています。

　健康保険の被扶養者と所得税の扶養親族とでは、年収要件以外にも要件が異なります（右ページ下表）。区別して手続きするように注意しましょう。

Keyword **所得控除**　個人的な事情を鑑みて、税負担を調整する制度。扶養控除の他に社会保険料控除、生命保険料控除、障害者控除や配偶者控除などがある。

健康保険

厚生年金

労災保険

雇用保険

健康保険の被扶養者の範囲

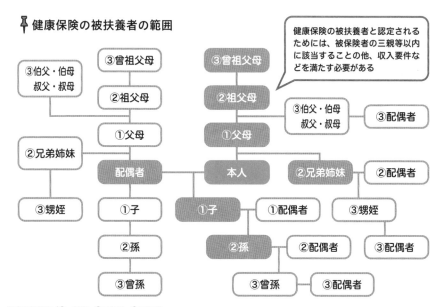

健康保険の被扶養者と認定されるためには、被保険者の三親等以内に該当することの他、収入要件などを満たす必要がある

数字は親等数（①一親等　②二親等　③三親等）
■同一世帯に属することは不要
□同一世帯に属することが条件

被扶養者・扶養親族と認定される要件

健康保険の被扶養者の要件	被保険者の直系尊属、配偶者（事実上婚姻関係と同様の人を含む）、子、孫、兄弟姉妹で、主として被保険者に生計を維持されている人 ※必ずしも同居している必要はない
	被保険者と同居して家計をともにし、主として被保険者の収入により生計を維持されている以下の人 ① 被保険者の三親等以内の親族 ② 被保険者の配偶者で、戸籍上婚姻の届け出はしていないが事実上婚姻関係と同様の人の父母および子 ③ ②の配偶者が亡くなった後における父母および子
	年間収入が130万円未満（60歳以上または一定の障害を持つ人の場合180万円未満）であり、同居している場合は被保険者の年間収入の2分の1未満、別居している場合は被保険者からの援助による収入額より少ないこと
所得税の扶養親族の要件	配偶者以外の親族（六親等内の血族および三親等内の姻族）、都道府県知事から養育を委託された児童（いわゆる里子）または市町村長から養護を委託された老人であること
	納税者と生計を一にしていること
	年間の合計所得金額が48万円以下であること（給与のみの場合は給与収入が103万円以下）
	青色申告者の事業専従者としてその年を通じて一度も給与の支払を受けていないことまたは白色申告者の事業専従者でないこと

Advice 両親が共働きで健康保険の保険者の場合、子どもは原則として年間収入が多い方の扶養に入ることになる。

03 扶養する家族が増えたとき

| 頻度 | 発生の都度 | 手続者 | 事業主・個人 | 期限 | 事実発生から5日以内 |

POINT
- 扶養家族が増えたときには5日以内に手続きを行う
- 手続きには続柄や家族の収入などを証明する書類の添付が必要

被扶養者が増えたときの手続き

結婚したり子どもが生まれたりして、被扶養者が増えたときは、年金事務所や健康保険組合で手続きが必要です。事業所が協会けんぽに加入しているときは、被保険者が事業主を経由して健康保険 被扶養者（異動）届・国民年金 第3号被保険者関係届を年金事務所に提出します。提出期限は、事実が発生してから5日以内です。窓口に書類を持参する方法の他、郵送や電子申請が可能です。

健康保険組合に加入しているときは、年金事務所だけでなく健康保険組合にも手続きが必要で、被扶養者（異動）届のみ提出します。

手続きの際の添付書類

健康保険の被扶養者・国民年金の第3号被保険者になるためには、被扶養者の認定を受けなければなりません。手続きの際には、被扶養者の認定要件を満たすことを証明する添付書類が必要です。添付書類は大きく分けて、①続柄確認のための書類、②収入要件確認のための書類の2種類と、必要に応じて、③仕送りの事実と仕送り額が確認できる書類、④内縁関係を確認するための書類が必要です。

①には、被保険者の戸籍謄（抄）本や住民票の添付が必要です。ただし、被保険者と被扶養者のマイナンバーが届出書に記載されていれば不要です。②には、非課税証明書や給与明細書などの添付が必要ですが、事業主の証明があれば不要です。

被保険者と被扶養者の同居の有無や家族関係などによって必要な書類が異なりますので、できるだけ早めに事実確認を行った上で必要となる書類を調べておきましょう。

Keyword **非課税証明書** 1月1日から12月31日までの1年間の所得に対する市民税・都県民税の課税額と所得金額、控除金額等が記載された証明書のこと。

健康保険

厚生年金

労災保険

雇用保険

「健康保険 被扶養者（異動）届・国民年金 第3号被保険者関係届」の記入例

書類内容　被扶養家族の増減があったときに提出する書類

届出先　　事業所管轄の年金事務所・年金事務センターまたは健康保険組合

POINT

扶養認定を受ける人が所得税法上の控除対象配偶者・扶養親族であることを事業主が確認した場合、「確認」を○で囲む。「非課税証明書」などの収入金額が確認できる書類の添付は不要

就労している場合は配偶者の今後1年間の年間収入見込み額を記入する。収入には非課税対象のもの（障害・遺族年金・失業給付等）も含む

被保険者の今後1年間の年間収入見込み額を記入する

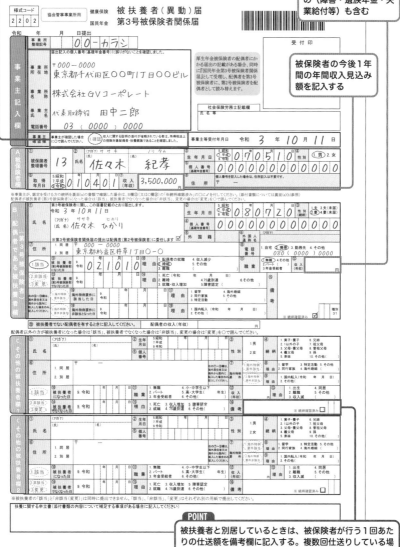

POINT

被扶養者と別居しているときは、被保険者が行う1回あたりの仕送額を備考欄に記入する。複数回仕送りしている場合は、「扶養に関する申立書」に回数を記入し、被保険者氏名を記入する（16歳未満または16歳以上の学生は除く）

04 扶養する家族が減ったとき

| 頻度 | 発生の都度 | 手続者 | 事業主・個人 | 期限 | ※ |

※削除の場合は5日以内、第1号被保険者への切り替えの場合は14日以内

POINT

● 扶養の要件を満たさなくなった場合、扶養から外す手続きを行う
● 扶養から外れるときは国民年金の手続きも忘れずに行う

被扶養者の資格を喪失するとき

被扶養者が扶養から外れるときは、健康保険 被扶養者（異動）届・国民年金 第3号被保険者関係届に健康保険被保険者証を添付して、年金事務所または健康保険組合に被扶養者削除の手続きを行います。

扶養から外れる事由としては、①被扶養者の年間収入が130万円以上（60歳以上または障害者の場合は180万円以上）見込まれる、②後期高齢者医療制度の被保険者になった、③（同居している場合）被扶養者の収入が被保険者の収入の半分以上になった、④（別居している場合）被扶養者の収入が被保険者の仕送り額を超えた、⑤婚姻や離婚、死亡や日本国内に住所を有しなくなったなどのケースがあります。

被扶養者削除の手続きは、事由発生から5日以内に行います。手続きは電子申請や郵送、窓口持参で行うことができます。

国民年金第3号被保険者の資格を満たさなくなったとき

厚生年金保険に加入していた従業員が適用事業所に転職した場合も、その配偶者が引き続き第3号被保険者の要件を満たす場合には、その資格を継続します（この場合は、転職後の事業所で手続きを行う）。

健康保険組合加入の事業所では、第3号被保険者だった人が収入が上がったなどで要件を満たさなくなったとき、事業主は第3号被保険者から外す（第1号被保険者に切り替える）手続きが必要です。その際は、国民年金 第3号被保険者関係届を年金事務所に提出します。提出期限は、事実があった日から14日以内です。

この切り替えの手続きが2年以上遅れてしまうと、その人に国民年金の保険料の未納期間が発生するので注意しましょう（国民年金の保険料の後納ができるのは2年まで）。

健康保険

厚生年金

書類内容　被扶養者が国民年金第3号被保険者から外れるときに必要な書類
届出先　　事業所管轄の年金事務所または年金事務センター

様式コード
4 3 0 0

国民年金　第3号被保険者関係届

日本年金機構

令和 3 年 11 月 3 日提出

提出者情報

届書記入の個人番号（基礎年金番号）に誤りがないことを確認しました。

事業所所在地　〒 000 - 0000　東京都千代田区〇〇町1丁目〇〇ビル

事業所名称　株式会社GVコーポレート

事業主氏名　代表取締役　田中二郎

電話番号　03（0000）0000

社会保険労務士記載欄
氏名等

事業主等受付年月日　令和 3 年 11 月 3 日

A. 配偶者欄

① 氏名　（フリガナ）キタムラ　ミツル　北村　充

② 生年月日　⑤昭和・平成　5 00 05 20 性別（①男性・2.女性）

④ 個人番号（基礎年金番号）　0 0 0 0 0 0 0 0 0 0 0 0

⑤ 住所　個人番号を記入した場合は、住所の記入は不要です。
〒 000 - 0000　東京都三鷹市〇〇町3丁目〇-〇-601

届出内容に応じて、該当・非該当（変更）のいずれかを〇で囲み、記入してください。

B. 第3号被保険者欄

氏名　この届書記載のとおり届出します。
令和 3 年 10 月 28 日
日本年金機構理事長あて
（フリガナ）キタムラ　ミズホ
（氏名）北村　瑞穂
※届書の提出は配偶者（第2号被保険者）に委任します ☑

② 生年月日　⑤昭和・平成　5 20 06 22 性別（1.夫・3.夫（未届）・②妻・4.妻（未届））

④ 個人番号（基礎年金番号）　0 0 0 0 0 0 0 0 0 0 0 0

⑥ 外国籍　（フリガナ）　外国人通称名

⑦ 住所　1.同居・2.別居
〒 000 - 0000　東京都三鷹市〇〇町3丁目〇-〇-601

⑧ 電話番号（①自宅・2.携帯・3.勤務先・4.その他）　03（0000）0000

> 同居の場合も住民票の住所を記入する

該当　第3号被保険者になった日　7.平成・9.令和　年 月 日　理由（1.配偶者の就職・4.収入減少・2.婚姻・5.その他・3.離職）

配偶者の加入制度　31.厚生年金保険・健康保険　36.地方公務員等共済組合　30.厚生年金保険・船員保険　32.国家公務員共済組合　37.日本私立学校振興・共済事業団

非該当　第3号被保険者でなくなった日　7.平成・9.令和　0 3 10 01　理由（1.死亡（令和　年　月　日）・2.離婚・③収入増加・6.その他（　）　備考

おの①～⑥の場合、海外へ転出した場合や海外から転入した場合にいずれかを〇で囲み、記入してください。

1.海外転出・基礎年金　8.海外特例要件に該当した日　9.令和　年　月　日　理由（1.留学・2.同行配偶者・3.特定活動・4.海外婚姻・5.その他（　））

2.海外特例要件非該当　海外特例要件に非該当となった日　9.令和　年　月　日　理由（1.国内転入（令和　年　月　日）・2.その他（　））

> **POINT**
> 扶養から外れるときは「非該当」を〇で囲み、第3号被保険者でなくなった日付と理由を記入する。第3号被保険者でなくなる人が勤務先で社会保険に加入する（第2号被保険者になる）場合は、この届け出は不要

健康保険証の発行元に確認を受けてください。　※届書記載の配偶者が協会けんぽ加入者の場合は、確認不要です。

医療保険者記入欄

組合（保険者）番号

上記のとおり第3号被保険者関係届の届出がありましたので提出します。

届書記載の第3号被保険者は、健康保険組合又は共済組合に加入している者の被扶養者であることを確認する。

認定年月日　令和　年　月　日（「⑨第3号被保険者になった日」と同じ場合は、記載の必要はありません）

所在地　〒

名称

代表者等氏名　㊞

電話　（　）

> 扶養から外れる場合は記入不要

Advice　協会けんぽ加入事業所の場合は、健康保険 被扶養者（異動）届・国民年金 第3号被保険者関係届（同一書式）により、一括して健保・年金の喪失手続きをする。健康保険組合加入事業所の場合は、年金の喪失手続きのため国民年金 第3号被保険者関係届が別途必要。

05 在籍出向や転籍出向を したとき

| 頻度 | 発生の都度 | 手続者 | 事業主 | 期限 | － |

POINT
● 在籍出向の場合、労災は出向先、その他は給与を支払っている会社が加入
● 転籍出向の場合は転籍元で資格喪失、転籍先で資格取得の手続きを行う

在籍出向したときの社会保険の加入について

　在籍出向とは、出向元の会社との雇用関係を維持したまま、出向先と雇用関係が発生し、出向先事業主の指揮監督を受け就労することを指します。

　この場合、労災保険は出向先で適用されます。これは、たとえ出向元から給与を支払われている場合でも同様です。雇用保険については、給与を支払っている会社が加入しますが、どちらの会社からも給与が支払われているときは、給与額が大きい方の会社で加入します。

　健康保険と厚生年金保険についても雇用保険と同様に、給与を支払っている会社が加入し、保険料を負担します。出向先で改めて健康保険に加入するときは、出向元で加入していたときと保険料率が変動することがあります。どちらの会社からも給与が払われている場合は、状況によって両方で健康保険と厚生年金保険に加入するケースもあります。このときは、健康保険・厚生年金保険所属選択・二以上事業所勤務届の届け出が必要です。

転籍出向したときの社会保険の加入について

　転籍出向とは、所属していた会社との雇用契約が終了し、別の会社に籍を移すことを指します。出向元を退職する形となるため、出向元との雇用関係はなくなります。一般的な転職と同様に社会保険はすべて転籍出向した先で加入することになりますので、元の会社では資格喪失手続きが、転籍先の会

社では資格取得の手続きが必要です。

　雇用保険の資格喪失手続きの際、雇用保険被保険者資格喪失届に資格喪失原因について記入する欄がありますが、グループ会社内での異動など、実質的には社内異動に近い場合は、「6.喪失原因」を「1離職以外の理由」にします（77ページ）。

Keyword **グループ会社**　親会社や子会社、関連会社など、資本関係で結ばれている一連の企業群を指す。

健康保険

厚生年金

労災保険

雇用保険

📌 在籍出向と転籍出向のしくみ

● 在籍出向

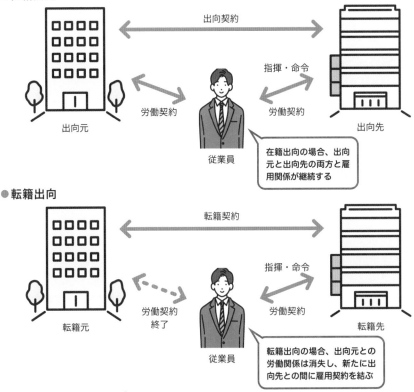

出向契約

指揮・命令

労働契約　　労働契約

出向元　　従業員　　出向先

> 在籍出向の場合、出向元と出向先の両方と雇用関係が継続する

● 転籍出向

転籍契約

指揮・命令

労働契約終了　　労働契約

転籍元　　従業員　　転籍先

> 転籍出向の場合、出向元との労働関係は消失し、新たに出向先との間に雇用契約を結ぶ

📌 在籍出向と転籍出向の各種保険の違い

	在籍出向	転籍出向
雇用関係	出向元・出向先	
指揮命令関係	出向先	転籍出向の場合の各種保険は、すべて出向先での加入となる
労災保険	出向先	
雇用保険	給与を支払っている会社 （どちらの会社からも支払われている場合は、支払額の大きい方の会社）	出向先
健康保険・厚生年金保険	給与を支払っている会社 （どちらの会社からも支払われている場合は、両方で加入することもある）	

Advice 在籍出向する場合には、社会保険料の負担や取り扱いについて誤解や行き違いが生じないよう、事前に出向先と出向元で覚書を取り交わしておこう。

06 海外赴任したとき

| 頻度 | 発生の都度 | 手続者 | 事業主・個人 | 期限 | ― |

POINT

● 国内での労働契約があるかどうかで社会・労働保険の加入先が変わる
● 海外で保険に加入するか国内の保険に加入し続けるかを判断する

海外赴任時の健康保険と厚生年金保険

海外に赴任したとき、健康保険は日本国内の事業所から給与が支払われているかどうかで対応が変わります。国内の事業所から支払われていない場合は、被保険者の資格を喪失することになるため、赴任先の国に医療保険制度があればそれに加入することになります。国内の事業所から給料が一部でも支払われていれば、被保険者として資格を継続します。赴任先の国によっては、医療保険に加入する義務が生じる

こともあるため、その場合は、保険料が二重払いになってしまいます。ただし、社会保障協定を締結している国で5年以内の赴任であれば、赴任先での加入義務が免除されます。

厚生年金保険についても同様で、国内の事業所から給与が支払われていれば、加入を継続できます。また、赴任先の国で加入義務があっても社会保障協定の締結国であれば、同様に加入義務が免除されます。

海外赴任時の労災保険と雇用保険

海外に赴任したとき、赴任先では労災保険は適用されません（一部出張扱いの例外あり）。ただし、海外派遣者として特別加入できる要件を満たしている場合、特別加入の手続きをすれば国内の労災保険に継続して加入することができます。

雇用保険は、国内の事業所との雇用関係が継続しているかがポイントです。

雇用関係がなくなるのであれば資格が喪失、雇用関係が続くのであれば被保険者として資格が継続します。出向の場合は、その出向が国内の適用事業の事業主の命令によるものであり、その事業主と雇用関係が存続している限り継続となります。すなわち、在籍出向の場合は雇用保険に加入したまま海外赴任することができます。

健康保険

厚生年金

労災保険

雇用保険

Keyword **社会保障協定** 保険料の二重負担を防止し、年金受給のために必要な加入期間の要件を満たしやすくするために国際的に締結された協定のこと。主に、年金制度（一部医療保険制度も含む）が対象。

📌 海外赴任したときの社会保険の適用要件や手続きについて

	日本国内の保険が継続適用になるとき	手続き
健康保険・厚生年金保険	日本の事業所と雇用関係が継続しており、一部または全額給与が支払われている場合	社会保障協定に加入している国に一時的に派遣される場合は適用証明書交付申請書の提出などが必要
介護保険	●日本の事業所と雇用関係が継続しており、一部または全額給与が支払われている場合 ●日本国内に住所を有している場合	国外居住（住民登録削除）の場合は、介護保険適用除外等該当・非該当届を管轄の年金事務所または健康保険組合（組合に加入している場合）に提出（住民票除票添付）。以降、介護保険料の支払いがなくなる
雇用保険	日本の事業所と雇用関係が継続している場合	なし
労災保険	適用除外（出張などの例外あり）	特別加入の要件を満たす（27ページ表の第3種に該当する）場合は、特別加入申請書（海外派遣者）を、事業所を管轄する労働基準監督署に提出する

> 従業員が海外赴任するときに、日本国内の社会保険が適用になるかは保険によって要件が異なります。

📌 日本から社会保障協定の相手国に一時派遣されるときの手続きの流れ

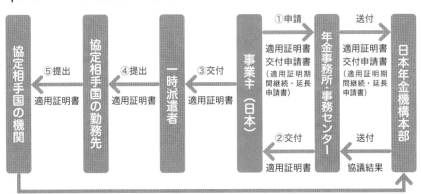

Advice　社会保障協定に関する情報については、日本年金機構のホームページに詳しく掲載されている。国別の情報や注意点、関係機関へのリンクなどもあるので活用しよう。

雇用保険被保険者証・健康保険被保険者証・年金手帳を紛失したとき

| 頻度 | 発生の都度 | 手続者 | 事業主・個人 | 期限 | 紛失後、速やかに |

POINT

● 雇用保険被保険者証を紛失したときは、速やかに再発行の手続きを行う
● 健康保険被保険者証や年金手帳を紛失したときは事業主が手続きを行う

雇用保険被保険者証を紛失したとき

雇用保険被保険者証は、雇用保険に加入していることを証明するものです。被保険者が雇用保険に加入した際に発行されます。多くは加入手続きをした会社が保管しており、退職時に本人に渡されます。付与された被保険者番号は転職しても引き継がれます。失業保険給付を受ける場合にも必要となりますので、紛失したときは再発行の手続きをとりましょう。

再発行の手続きは、事業主または被保険者が行うことができます。事業主

が手続きをするときは、雇用保険関係各種届出等再作成・再交付申請書を、被保険者が手続きをするときには、雇用保険被保険者証再交付申請書（様式第8号）をハローワークに提出することで再発行の手続きができます。

被保険者本人が再発行の手続きをするときには、最後に雇用されていた会社の会社名・所在地・連絡先と、被保険者の顔写真つきの本人確認書類が必要です。

健康保険被保険者証や年金手帳を紛失したとき

健康保険被保険者証を紛失したときは、被保険者から事業主に対して紛失したという連絡が入ります。そこで、事業主が再交付の手続きを、協会けんぽまたは健康保険組合に対して行います。このときに必要なのは、健康保険被保険者証再交付申請書や高齢受給者証再交付申請書です。これらの書類を協会けんぽまたは健康保険組合に提出することで、新たに健康保険証の再交

付を受けることができます。

年金手帳を紛失したときにも、事業主から年金事務所に対して再交付の申請を行います。年金手帳再交付申請書に必要事項を記入して、事業所を管轄する年金事務所に提出しましょう。再交付された健康保険被保険者証や年金手帳は、事業主宛に送られるので、届いたらすぐに従業員に交付しましょう。

健康保険

厚生年金

労務保険

雇用保険

書類内容　雇用保険被保険者証を紛失またはき損し、再交付を申請するときに必要な書類
届出先　　事業所管轄のハローワーク

●被保険者本人が再交付申請をする場合

現時点で雇用保険に加入していない場合は、最後に加入した事業所について記入する

様式第8号

※	所長	次長	課長	係長	係

雇用保険被保険者証再交付申請書

申請者	1. 氏名	フリガナ ササキ ノリタカ 佐々木 紀孝	2. 性別	①男 2女	3. 生年月日	大昭平令 7 年 5 月 10 日
	4. 住所又は居所	東京都杉並区井草1丁目0-0		郵便番号 000 - 0000		

現に被保険者として雇用されている事業所	5. 名称	株式会社GVコーポレート	電話番号 080-000-0000
	6. 所在地	東京都千代田区〇〇町1丁目〇〇ビル	郵便番号 000 - 0000

最後に被保険者として雇用されていた事業所	7. 名称		電話番号
	8. 所在地		郵便番号 －

9. 取得年月日	令和元 年 4 月 1 日

10. 被保険者番号	1234 - 567891 - 0	※ 安定所確認印

11. 被保険者証の滅失又は損傷の理由	引っ越しによる紛失のため

雇用保険法施行規則第10条第3項の規定により上記のとおり雇用保険被保険者証の再交付を申請します。

令和 3 年 10 月 20 日

中央 公共職業安定所長　殿

申請者氏名　佐々木 紀孝　　記名押印又は署名 印

※ 再交付年月日	令和 年 月 日	※備考	

番号不明の場合は空欄でよい。ハローワークで事業所名と取得年月日で照会可能

注意

1 被保険者証を損傷したことにより再交付の申請をする者は、この申請書に損傷した被保険者証を添える〔 〕

2 1欄には、滅失又は損傷した被保険者証に記載されていたものと同一のものを明確に記載すること。

3 5欄及び6欄には、申請者が現に被保険者として雇用されている者である場合に、その雇用されている〔 〕をそれぞれ記載すること。

4 7欄及び8欄には、申請者が現に被保険者として雇用されている者でない場合に、最後に被保険者とし〔 〕の名称及び所在地をそれぞれ記載すること。

5 9欄には、最後に被保険者となったことの原因となる事実のあった年月日を記載すること。

6 申請者氏名については、記名押印又は署名のいずれかにより記載すること。

7 ※印欄には、記載しないこと。

8 なお、本手続は電子申請による届出も可能です。詳しくは公共職業安定所までお問い合わせください。

2019. 5

第5章 従業員の各種変更手続き

「健康保険 被保険者証再交付申請書」の記入例

書類内容 健康保険被保険者証を紛失またはき損し、再交付を申請するときに必要な書類
届出先 事業所管轄の協会けんぽまたは健康保険組合

POINT
被扶養者の場合は、氏名、生年月日、性別、再交付の理由を記入する

健康保険 被保険者証 再交付申請書 （被保険者記入用） 証再

記入方法および添付書類等については、「健康保険 被保険者証 再交付申請書 記入の手引き」をご確認ください。
申請書は、黒のボールペン等を使用し、楷書で枠内に丁寧にご記入ください。 記入見本 0123456789アイウ

被保険者情報

被保険者証の（左づめ）
記号 01230123 番号 45
生年月日 □昭和 ☑平成 070510

氏名（フリガナ ササキ ノリタカ） 佐々木 紀孝

住所 （〒 000-0000 ） 東京 都道府県 杉並区井草1丁目〇-〇
電話番号（日中の連絡先） TEL 03（0000）0000

☑ 再交付が必要な対象者にチェックを入れてください。

☑ 被保険者（本人）分　　再交付の原因 ☑滅失 □き損 □その他

□ 被扶養者（家族）分　※下記に被保険者証が必要な被扶養者について記入してください。

被扶養者氏名	生年月日	性別	再交付の原因
	□昭和 □平成 □令和 年 月 日	□男 □女	□滅失 □き損 □その他
	□昭和 □平成 □令和 年 月 日	□男 □女	□滅失 □き損 □その他
	□昭和 □平成 □令和 年 月 日	□男 □女	□滅失 □き損 □その他

備考 引っ越しによる紛失

事業主

上記のとおり被保険者から再交付の申請がありましたので届出いたします。
事業所所在地 （〒 000-0000 ） 東京都千代田区〇〇町1丁目〇〇ビル
事業所名称 株式会社GVコーポレート
事業主氏名 代表取締役 田中二郎
電話番号 03（0000）0000

・任意継続被保険者（※1）の方は事業主欄の記入は不要です。
※1 退職後、引き続き任意継続健康保険に加入されている者

被保険者のマイナンバー記載欄
被保険者証の記号番号がご不明の場合にご記入ください。
記入した場合は、本人確認書類及び貼付台紙の添付が必要となります。
（詳細は「記入の手引き」をご覧ください。）

社会保険労務士の提出代行者名記載欄

受付日付印 (2021.6)

様式番号 211116 1 協会使用欄

全国健康保険協会 協会けんぽ 1/1

再交付の理由が「滅失」や「その他」の場合は詳細に理由を記入

書類内容	年金手帳を紛失し、再交付を申請するときに必要な書類
届出先	事業所管轄の年金事務所または年金事務センター

再交付が必要な申請理由を〇で囲む

様式コード
1 2 0 6 2

年金手帳再交付申請書

令和 3 年 10 月 20 日提出

事業所情報	事業所所在地	〒 000 - 0000 東京都千代田区〇〇町1丁目〇〇ビル
	事業所名称	株式会社GVコーポレート
	事業主氏名	代表取締役 田中二郎
	電話番号	03 (0000) 0000

厚生年金保険もしくは船員保険に現在加入していて、お勤め先からの届出を希望される方は、左の欄に証明をもらってください。

受付印

社会保険労務士記載欄

氏 名 等

申請対象の被保険者について記入してください。
基礎年金番号（10桁）で届出する場合は「①個人番号(または基礎年金番号)」欄に左詰めで記入してください。

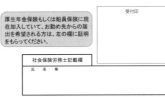

A 被保険者	① 個人番号(または基礎年金番号)	0 0 0 0 0 0 0 0 0 0 0 0 0 0 0	② 生年月日	5.昭和 7.平成 9.令和 → 07 05 10 年 月 日	
	③ 氏名	(フリガナ) ササキ 佐々木　　ノリタカ 紀孝		④ 性別	1. 男性 2. 女性
	⑤ 郵便番号	0 0 0 0 0 0 0	電話番号 1.自宅 3.勤務先 2.携帯電話 4.その他	080 - 0000 - 0000	
	⑥ 住所	東京都杉並区井草1丁目〇-〇			

申請内容について記入してください。

B 申請内容	⑧ 申請事由	1. 紛失 2. 破損(汚れ) 9. その他	
	現に加入している（または最後に加入していた）制度の名称及び取得・喪失年月日	⑨ 制度の名称	1. 国民年金 2. 厚生年金保険 3. 船員保険 4. 共済組合	取得年月日 令和元年 4 月 1 日 喪失年月日 　　年 　月 　日
	「⑨制度の名称」欄が国民年金または共済組合の方は、以下の記入は不要です。		
	最初に被保険者として使用されていた事業所の名称、所在地（または船舶所有者の氏名、住所）及び、取得年月日	名称（氏名） 所在地（住所） 取得年月日	 　　年 　月 　日
	現に被保険者として使用されている（または最後に被保険者として使用された）事業所の名称、所在地（または船舶所有者の氏名、住所）	名称（氏名） 所在地（住所）	株式会社GVコーポレート 東京都千代田区〇〇町1丁目〇〇ビル

POINT

現在加入している制度を〇で囲み、その制度の取得年月日を記入する（加入していない場合は、最後に加入した制度を〇で囲み、取得年月日と喪失年月日を記入する）

第5章 従業員の各種変更手続き

年金手帳や基礎年金番号・被保険者番号が複数ある場合

被保険者番号は必ず統一する

　年金手帳に記載されている基礎年金番号は、1997年1月に導入され、現在は1人につき1つと定められています。しかし以前は、国民年金の番号と厚生年金の番号が別になっていたため、現在でも完全に番号の統一がされておらず、何らかの事情で複数の基礎年金番号や年金手帳、被保険者番号を持っている場合があります。その場合、番号の統一の手続きが必要です。基礎年金番号が複数あるということは、将来受け取る年金についてもどちらかの番号のものしか受け取れないということになります。将来困らないよう、早急に年金加入記録の統合手続きを行いましょう。

　また複数の年金手帳を持っている場合も、すべての年金手帳の番号の確認が必要です。同じ番号であればどれか一冊を保管しましょう。番号が異なる場合には年金加入記録が複数に分散されている可能性があるため、年金事務所へ複数の年金手帳を持参して、番号統一の手続きが必要です。

年金手帳は2022年4月に廃止、以降は基礎年金番号通知書の発行

　年金手帳はこれまで、数回変更されています。以前は国民年金・厚生年金で各別に発行されていたものが、国民年金・厚生年金共通のオレンジの年金手帳に変更され、その後、現在使われているブルーの年金手帳に変わりました。ブルーの年金手帳になってからは、すべての公的年金制度での共通の手帳となっています。年金手帳は2022年4月に廃止され、以降は基礎年金番号通知書が発行されています。

　年金記録を照会したいときは、年金事務所宛てに年金記録照会申出書を提出します。年金記録に漏れや誤りがあることがわかっているときは、修正する内容について、わかる範囲で記入しておきましょう。その他、雇用保険の被保険者番号も1人につき1つと定められていますので、年金と同じく番号の統一手続きが必要です。

第6章

定年再雇用・高齢者など 年齢で発生する手続き

第6章では、従業員の年齢に伴う社会保険の手続きについて説明します。社会保険の節目となる年齢は、「40歳・60歳・65歳・70歳・75歳」です。毎月その年齢に到達する従業員がいないか確認をし、漏れがないように社会保険の手続きや給与計算をしていくことが必要です。

01 年齢ごとに発生する手続きについて知ろう

頻度	－	手続者	－	期限	－

POINT

● 社会保険は、被保険者の年齢によって発生する手続きがある
● 年齢ごとの手続きをスムーズに行えるよう、管理体制を整えておく

年齢の節目で必要となる手続きをおさえる

社会保険では、従業員の年齢の節目ごとに、保険の資格取得や資格喪失、給付金の受給開始など、さまざまな手続きが発生します。行政で手続きが必要ないものでも、社内で給与計算データを変更するなどの手続きが必要な場合があります。手続き内容や提出書類をあらかじめ一覧にしてまとめておき、従業員の年齢が節目に到達したときに手続き漏れがないように用意しておきましょう。手続きが必要になった従業員が自動的にわかるよう、その年齢に達した従業員を抽出するようなツールを使うなどもよい方法です（本書チェックシートデータを参考）。

40歳・60歳・70歳・75歳の年齢で必要な手続き

社会保険において節目となる年齢は、40歳・60歳・65歳・70歳・75歳です（右ページ表）。例えば、40歳からは介護保険の加入義務が生じます。加入手続きは自動で行われるため、事業主が手続きをする必要はありません。しかし、保険料の徴収がはじまるため、給与から天引きする保険料額の確認作業が必要になります。

また、60歳からは、65歳到達月まで、雇用保険から「高年齢雇用継続給付」が給付されます。申請を行うときは、事業主が手続きを行う必要があります（182ページ）。70歳になると、厚生年金被保険者の資格を喪失しますが、同時に70歳以上被用者に該当します（198ページ）。75歳になると、後期高齢者医療制度に加入するため、健康保険の資格を喪失します。資格の取得手続きは自治体が行ってくれるため事業主や個人が手続きを行う必要はありません（198ページ）。ただし、今までの健康保険の資格喪失手続きは必要なので注意してください。

Keyword **70歳以上被用者** 過去に厚生年金に加入したことがある、厚生年金の適用事業所に勤め、「被保険者の適用除外要件」に該当しない70歳以上の人のこと。

健康保険

厚生年金

労災保険

雇用保険

📌 年齢の節目ごとに発生する社会保険の手続き

> 社会保険の各手続きには、被保険者である従業員と被扶養者で手続き内容が異なるものがあるので注意しよう

年齢	保険	必要な手続き		備考
20歳	国民・厚生年金	国民年金の加入義務が始まる	従業員に被扶養配偶者がいる場合は注意が必要	国民年金第3号被保険者となる
40歳	健康保険	介護保険第2号保険者となる	介護保険料控除がはじまる	65歳で第1号保険者に切り替わる
60歳・(60歳以上)	雇用保険	高年齢雇用継続給付が開始	雇用保険の被保険者であった期間が5年以上ある60歳以上65歳未満の一般被保険者が、原則として60歳以降の賃金が60歳時点に比べて、75%未満に低下した状態で働き続ける場合に支給される ※2025年度以降、段階的に廃止予定	65歳到達月まで給付される
	健康保険・厚生年金	社会保険同日得喪手続きを行う（資格喪失と取得を同じ日に行う）	60歳以上の社会保険の被保険者が退職し、継続して再雇用されるときに必要な手続き	再雇用などで賃金が低下したとき
65歳	健康保険	介護保険第1号被保険者となり、介護保険料徴収が終了	給与からの天引きが終了し、これ以降は個人で納付する。事業主の手続きは不要	－
	雇用保険	高年齢雇用継続給付が終了	－	
	国民・厚生年金	【従業員の配偶者】国民年金第3号被保険者から第1号被保険者に切り替え	従業員が老齢基礎年金の受給資格期間を満たしていないときは、受給資格期間を満たした月の翌月1日に左記の切り替え手続きが必要	－
70歳	厚生年金	・厚生年金資格喪失手続きを行う ・厚生年金保険料控除が終了	厚生年金被保険者の資格は失うが、70歳以上被用者に該当する	－
75歳	健康保険	・健康保険資格喪失手続きを行う ・健康保険料控除が終了	－	75歳になると後期高齢者医療制度に加入

Advice 健康保険組合の中には、被扶養者に40〜65歳未満の人がいる場合、被保険者が40〜65歳未満ではなくても介護保険料を徴収するところがある（特定被保険者制度）。

02 【60歳・65歳の手続き】定年退職をしたときの手続き

| 頻度 | 発生の都度 | 手続者 | 事業主 | 期限 | 5日以内・14日以内・20日以内 |

POINT
- 定年を迎えた従業員の退職時は、社会保険の資格喪失手続きが必要
- 退職者の状況によっては失業等給付の受給手続きなどが発生する

厚生年金保険と健康保険の切り替え

従業員の定年退職時は、厚生年金保険と健康保険の手続きが必要です。定年退職すると厚生年金保険の資格を喪失します。60歳で定年退職した場合、年金の支給開始時期の65歳まで5年あります。60歳から年金の受け取りを開始したいときは、繰り上げ支給を行うこともできます。ただし、受け取れる年金額が減ってしまうので注意が必要です。

健康保険については、①家族の扶養に入る、②国民健康保険に加入する、③退職する会社の健康保険に加入し続ける（任意継続）、の3択から選ぶことができます。

加入手続きの期限は、①の場合は、扶養に入ってから5日以内、②の場合は、退職日の翌日から14日以内、③の場合は、退職日の翌日から20日以内と決まっているので、事業主は早めに、必要な書類を準備しましょう。

退職後の転職先が決まっていないとき

定年退職後に転職先を探す場合、雇用保険の失業給付は、定年退職者には給付制限がなく、7日間の待期期間後すぐに受給できます。事業主は、他の退職者と同じように資格喪失手続きを行って離職票を退職者に交付します。

しばらくゆっくりしたい、療養したいなどの理由で、すぐに働く予定がない場合は、失業給付の受給期間を1年間延長する手続きをしておくと、転職先を探しはじめたタイミングで受給できます。受給期間延長の期限は、退職日の翌日から2カ月以内ですので注意しましょう。

定年を迎え退職した後、新たに別の会社で働く場合は、新たに入社する会社で、雇用保険や健康保険などの資格取得手続きを行います。

健康保険

厚生年金

労災保険

雇用保険

Keyword **繰り上げ支給** 原則として65歳から受けられる老齢基礎年金等を、60〜65歳の間に受けること。全部繰り上げと一部繰り上げから選ぶことができる。

📌 **退職時に必要な手続き**

	手続き内容	期限	手続き先
雇用保険	【すぐに転職先を探したいとき】失業等給付の申請・求職の申し込み　など	退職日の翌日から5日以内	ハローワーク
	【しばらく休養したいとき】60歳定年等の退職による受給期間の延長（最大1年間）手続き	退職日の翌日から2カ月以内	
健康保険	家族の扶養に入る	扶養に入ってから5日以内	家族が勤めている事業所
	国民健康保険への加入	退職日の翌日から14日以内	市区町村役場
	任意継続被保険者の資格を取得	退職日の翌日から20日以内	協会けんぽまたは健康保険組合
年金	厚生年金保険と国民年金の加入期間が10年に満たないときは、任意加入する	−	年金事務所または市区町村役場
税金	住民税を普通徴収に切り替える	退職月の翌月10日	市区町村役場
	【収入があるとき】確定申告を行う	毎年の申告期限	税務署

定年退職したときは、社会保険の他にも税金に関する手続きが必要

65歳以上の求職者は「高年齢求職者給付金」を受け取れる

ONE

雇用保険では、64歳までの人には一般的な失業給付が支給されますが、65歳以上の高年齢被保険者には、「高年齢求職者給付金」が支給されます。失業給付と異なり年金との併給ができる以外にも、被保険者であった期間が1年未満の人は30日分を、1年以上の人は50日分を一括で受け取れる制度です。失業給付に比べて受給期間が短いため、受給額も少なくなります。また、日数分の支給を受けることができる期限（受給期限）は、離職日の翌日から1年ですので注意が必要です。

Advice　年金の繰り上げ請求は、障害年金や遺族年金が受給できなくなるなどのデメリットがある。

【60歳以上の手続き】
従業員の定年再雇用時の手続き

| 頻度 | 発生の都度 | 手続者 | 事業主 | 期限 | － |

POINT
- 再雇用後の給与額に見合った社会保険料にする手続きはすぐに行う
- 労働条件が変わると「高年齢雇用継続給付」が受けられる場合もある

再雇用時の健康保険・厚生年金保険の手続き

定年退職後1日もおかず、すぐに再雇用される場合は、健康保険や厚生年金保険の資格喪失手続きは必要ありません。ただし、再雇用後に給与が大幅に減ったにも関わらず、しばらくの間、退職前の給与額を基に社会保険料の天引きをされてしまうと、経済的に大きな負担となります。社会保険の随時改定をするには、3カ月間の報酬の平均額に2等級以上の差が出るなどの要件が必要です（222ページ）。

そこで、このような場合、年金事務所に被保険者資格喪失届と被保険者資格取得届を同時に提出すること（同日得喪）で、再雇用された月から再雇用後の給与に応じた額に標準報酬月額を変更することができます。この場合、1等級の差でも変更可能です。ただし、標準報酬月額が低くなることによって各種給付金の額が減少するなどのデメリットもあるので、従業員には事前に説明しておきましょう。

同日得喪の手続きを行うと新たな被保険者証が発行されるので、これまで従業員が使っていた被保険者証は返却してもらうことになります。

再雇用時の雇用保険の手続き

定年退職後に労働条件が変わり、雇用保険の被保険者としての要件を満たさなくなったときは、資格喪失手続きを行います。被保険者としての要件を満たす場合は、そのまま継続されるため手続きは不要です。

要件を満たすものの60歳時点の賃金と比較して60歳以後の賃金が75％未満になってしまったときには、毎月支払われた賃金の最大15％の給付金が支給される「高年齢雇用継続給付」（182ページ）が受けられます。この申請も忘れないようにしましょう。

健康保険
厚生年金
労災保険
雇用保険

Keyword **随時改定** 昇給や降給によって固定賃金が変動したとき、毎年1回決まった時期に標準報酬月額の見直しを行なう定時決定を待たずに、標準報酬月額を改定する手続き。
同日得喪 社会保険の資格取得と資格喪失を同日に行う手続き。

🖈 定年後に再雇用するときに必要な手続き

	手続き	内容	提出先
社会保険	同日得喪手続き	被保険者資格喪失届および被保険者資格取得届を同時に年金事務所へ提出することで、再雇用された月から再雇用後の給与に応じた標準報酬月額に決定される	事業所を管轄する年金事務所・健康保険組合
雇用保険	資格喪失手続き	雇用保険の資格を喪失する（加入条件を満たさなくなったとき）	事業所を管轄するハローワーク
	高年齢雇用継続給付の申請手続き ※182ページ	60歳以上65歳未満の被保険者が対象。原則として、60歳時点に比べて賃金が75%未満の賃金に低下したとき、支給申請によって各月に支払われた賃金の最大15%の給付金が支給される	

🖈 継続再雇用に関する証明書

POINT
①就業規則等
　（退職日の確認ができるもの）
②雇用契約書
　（再雇用されたことがわかるもの）
上記の2点が添付できない場合に添付する

継続再雇用に関する証明書

　弊社の60歳以上の従業員について、以下のとおり退職日の翌日をもって継続再雇用したことを証明します。

［退職・再雇用した従業員］
住所　神奈川県横浜市〇〇区〇〇1丁目〇-〇
氏名　島本 修造　　　　　　年齢　60　歳

［退職日］
　　　令和 4 年 3 月 31 日

［再雇用日］
　　　令和 4 年 4 月 1 日

［証明者］
事業所所在地　千代田区〇〇町1丁目〇〇ビル
事業所名称　株式会社GVコーポレート
事業主氏名　代表取締役　田中二郎
電話番号　03-0000-0000

　　　　　　　証明日　令和 4 年 4 月 5 日

健康保険・厚生年金保険の同日得喪手続きの際に添付する書類です。退職日および再雇用日が記載されている必要があります。

04 【60～64歳の手続き】高年齢雇用継続給付の手続き

| 頻度 | 発生の都度 | 手続者 | 事業主 | 期限 | 4カ月以内（その後は2カ月ごと） |

POINT

- 再雇用後に給与が大きく減額した人は給付を受けられる
- 対象は60歳以上65歳未満の雇用保険の一般被保険者

高年齢雇用継続給付とは

高年齢雇用継続給付とは、60歳時点と比べて75％未満の賃金で働いている従業員が、各月に支払われた賃金の最大15％（2025年4月以降は10％）の給付金を雇用保険から支給される制度です。高年齢雇用継続給付には、「高年齢雇用継続基本給付金」と「高年齢再就職給付金」の2つの種類があります。

前者は、原則として、失業したときの失業給付を受給していない60歳以降の人が対象で、60歳から65歳に達する月まで支給されます。

後者は、失業手当を受けている途中で再就職した人に支給される給付金で、60歳以上65歳未満で再就職した人が対象となります。

高年齢雇用継続給付の要件と手続き

高年齢雇用継続基本給付金を受けられる要件は、①60歳以上65歳未満の一般被保険者である、②「被保険者であった期間」が通算して5年以上ある、の2つです。

高年齢再就職給付金の支給要件は、①60歳以上65歳未満で再就職した一般被保険者である、②失業給付の受給期間内に再就職し、かつ支給残日数が100日以上ある、③再就職について**再就職手当**（右ページ上表）を受給していない、④1年以上雇用されることが確実視される安定した職場である、⑤直前の離職時において被保険者であった期間が通算して5年以上ある、という5つです。

どちらも、給付を受けるためには**雇用保険被保険者六十歳到達時等賃金証明書**と高年齢雇用継続給付受給資格確認票などを4カ月以内に管轄のハローワークに提出し、賃金台帳や出勤簿などを添付して、受給資格の確認を行います。原則として2カ月ごとに支給申請を行います。

Keyword **再就職手当** 雇用保険受給資格者が、早期に再就職先が決まった場合にもらえる手当。
雇用保険被保険者六十歳到達時等賃金証明書 高年齢雇用継続給付の受給資格があることを確認する書類で、初回申請時に必要。

📌 高年齢再就職給付金と再就職手当の違い

高年齢再就職給付金と再就職手当の併給はできない

	高年齢再就職給付金	再就職手当
支給方法	1年または2年かけて支給 （支払われた賃金×最大15％）	一括で支給 （基本手当日額×残日数×60％ または70％）
給付額	賃金が変動すれば給付額も変化する	再就職後の賃金変動に影響されない
年金と併用調整	年金と併用調整される	年金と併用調整されない

📌 高年齢雇用継続基本給付金の受給資格を満たす場合

1 60歳到達時点で通算して5年以上、被保険者の期間がある

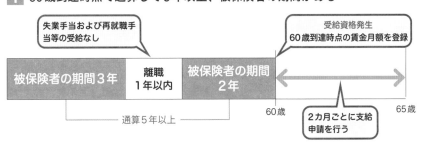

2 60歳到達より後に、被保険者の期間が通算5年以上に達した

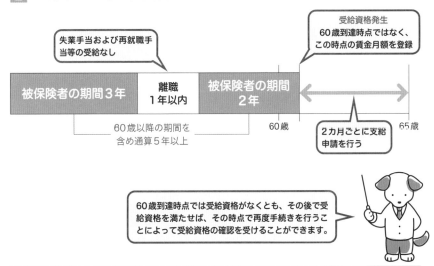

60歳到達時点では受給資格がなくとも、その後で受給資格を満たせば、その時点で再度手続きを行うことによって受給資格の確認を受けることができます。

Advice 高年齢雇用継続給付には支給される上限額と下限額が決められている。いずれも、毎年8月1日に「毎月勤労統計」の平均定期給与額を基に改定される。

「高年齢雇用継続給付受給資格確認票・(初回)高年齢雇用継続給付支給申請書（様式第33号の3）」の記入例

書類内容　**高年齢雇用継続基本給付を受けるとき、初回に提出する書類**
届出先　　**事業所管轄のハローワーク**

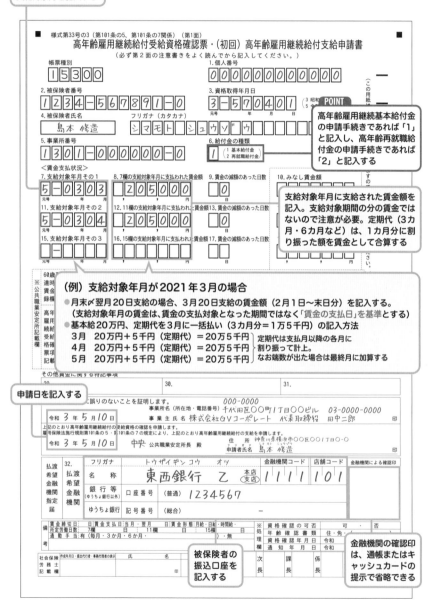

支給を受けようとする支給対象月を記入する

■　様式第33号の3（第101条の5、第101条の7関係）（第1面）
高年齢雇用継続給付受給資格確認票・(初回)高年齢雇用継続給付支給申請書
（必ず第2面の注意書きをよく読んでから記入してください。）

帳票種別　**15300**

1.個人番号　**000000000000**

2.被保険者番号　**1234-567891-0**

3.資格取得年月日　**3-570401**　（3 昭和 5 平成）

4.被保険者氏名　**島本 修造**　フリガナ（カタカナ）　**シマモト　シュウゾウ**

5.事業所番号　**1301-000000-0**

6.給付金の種類　**1**（1 基本給付金　2 再就職給付金）

POINT

高年齢雇用継続基本給付金の申請手続きであれば「1」と記入し、高年齢再就職給付金の申請手続きであれば「2」と記入する

＜賃金支払状況＞

7.支給対象年月その1　**5-0303**　8.7欄の支給対象月に支払われた賃金額　**205000**　9.賃金の減額のあった日数　**0**　10.みなし賃金額

11.支給対象年月その2　**5-0304**　12.11欄の支給対象月に支払われた賃金額　**205000**　13.賃金の減額のあった日数　**0**

15.支給対象年月その3　　16.15欄の支給対象月に支払われた賃金額　　17.賃金の減額のあった日数

支給対象年月に支払された賃金額を記入。支給対象期間の分の賃金ではないので注意が必要。定期代（3カ月・6カ月など）は、1カ月分に割り振った額を賃金として合算する

（例）支給対象年月が2021年3月の場合

● 月末〆翌月20日支給の場合、3月20日支給の賃金額（2月1日〜末日分）を記入する。
（支給対象年月の賃金は、賃金の支払対象となった期間ではなく「賃金の支払日」を基準とする）
● 基本給20万円、定期代を3月に一括払い（3カ月分＝1万5千円）の記入方法

　3月　20万円＋5千円（定期代）＝20万5千円　定期代は支払月以降の各月に
　4月　20万円＋5千円（定期代）＝20万5千円　割り振って計上。
　5月　20万円＋5千円（定期代）＝20万5千円　なお端数が出た場合は最終月に加算する

その他賃金に関する付記事項

29.　　　30.　　　31.

申請日を記入する

上記のとおり記載内容に誤りのないことを証明します。
事業所（所在地・電話番号）**000-0000　千代田区〇〇町1丁目〇〇ビル　03-0000-0000**
令和 3 年 5 月 10 日　事業主氏名 **株式会社GVコーポレート　代表取締役　田中二郎**　印
上記のとおり高年齢雇用継続給付の受給資格の確認を申請します。
雇用保険法施行規則第101条の5、第101条の7の規定により、上記のとおり高年齢雇用継続給付の支給を申請します。
令和 3 年 5 月 10 日　**中央** 公共職業安定所長　殿
住所 **神奈川県横浜市中区〇〇〇〇1丁目〇-〇**
申請者氏名 **島本 修造**

払渡希望金融機関指定届　32.
フリガナ　**トウザイギン コウ　オツ**　金融機関コード　店舗コード　金融機関による確認印
払渡希望金融機関　名称　**東西銀行　乙**　本店・支店　**111 101**
銀行等（ゆうちょ銀行以外）　口座番号（普通）**1234567**
ゆうちょ銀行　記号番号（総合）　—

備考　賃金締切日　日　賃金支払日　当月・翌月　日　賃金形態　月給・日給・時間給　
所定労働日数　7　日　支払　11　日　日給　15　時間　
通勤手当等（毎月・3カ月・6カ月）　・無

※処理欄　資格確認の可否　可・否　住・免・…
資格確認年月日　令和
通知年月日　令和

被保険者の振込口座を記入する

次長　課長　係長

社会保険労務士記載欄　作成年月日・提出代行者・事務代理者の表示　氏名　印

金融機関の確認印は、通帳またはキャッシュカードの提示で省略できる

「雇用保険被保険者六十歳到達時等賃金証明書（事業主控）」の記入例

書類内容　雇用保険の被保険者が60歳に到達したときの給与額を証明する書類
届出先　　事業所管轄のハローワーク

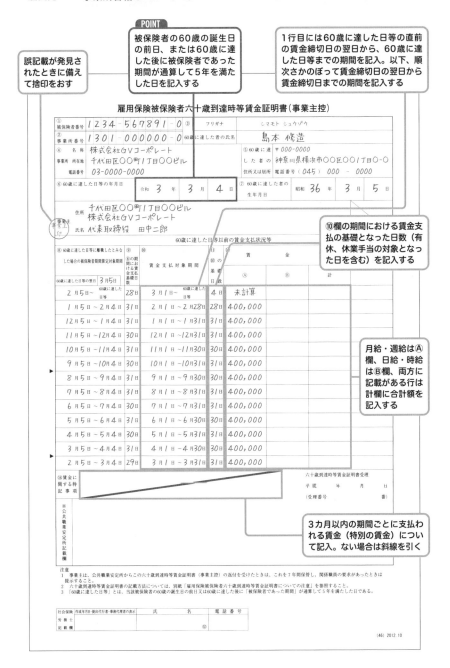

05 【65歳の手続き】介護保険料の徴収終了

頻度	発生の都度	手続者	事業主	期限	65歳の誕生日の前日を含む月の前月

POINT

● 65歳に達すると介護保険の第1号被保険者に切り替わる
● 介護保険の徴収終了は65歳の誕生日の前日を含む月の前月分まで

65歳以降は介護保険の第1号被保険者となる

介護保険では、従業員が満40歳に達したときから第2号被保険者となり、満65歳に達したときに第2号被保険者の資格を失います。その後、第2号被保険者から第1号被保険者へと切り替わります。第1号被保険者の介護保険料の納付方法には「特別徴収」と「普通徴収」の2種類があります（右ページ下表）。

第2号被保険者から第1号被保険者への切り替わりは自動的に行われるた

め、事業主は特に手続きをする必要はありません。

第2号被保険者のときの介護保険料は、健康保険と一緒に納めるようになっていたため、給与額を基にした標準報酬月額から保険料が計算されていました。しかし、第1号被保険者は市町村から徴収されることになり、保険料は自治体ごとに設定されているため、被保険者の所得に応じて徴収額が決定されます。

65歳の従業員がいるときは、保険料の徴収終了月に注意

介護保険の第2号被保険者である資格が終了するのは、従業員の65歳の誕生日の前日です。【65歳の誕生日の前日を含む月】は介護保険を徴収せず、その前月で介護保険料の徴収を終える必要があります。それ以降は、給与から天引きをしないように注意しましょう。

例えば、給与を翌月に支払っている会社の場合、従業員の誕生日が5月

15日のときには65歳の到達日は5月14日となるため、介護保険料は4月分の給与までの徴収となります。注意が必要なのが、1日が誕生日の従業員です。例えば、5月1日が誕生日の場合、第2号被保険者の資格は4月30日で終了します。そのため、介護保険料の徴収は3月分の給与までとなり、4月分の給与からは徴収しません。

Advice 介護保険では、65歳以上のすべての人が第1号被保険者となり、原因を問わず要支援・要介護状態となったときに介護保険サービスを受けられる。

健康保険

厚生年金

労災保険

雇用保険

📌 介護保険第1号被保険者と第2号被保険者の違い

> 従業員が65歳に達すると、第2号被保険者から第1号被保険者に切り替わる

	第1号被保険者	第2号被保険者
対象者	65歳以上の人	40〜64歳までの医療保険加入者
人数	3,525万人※	4,192万人※
受給要件	・要介護状態（寝たきり、認知症などで介護が必要な状態） ・要支援状態（日常生活に支援が必要な状態）	要介護、要支援状態が、末期がん、関節リウマチなどの加齢に起因する疾病（特定疾病）による場合に限定
要介護（要支援）認定者数	645万人※	13万人※
保険料負担	市町村が徴収	医療保険者が医療保険の保険料と一括徴収

※「介護保険制度の概要」（2021.5 厚生労働省老健局資料による）

📌 特別徴収と普通徴収の違い（第1号被保険者）

特別徴収	老齢基礎年金や老齢厚生年金、遺族年金や障害年金を年間18万円以上支給されている人が対象。年金から介護保険料が天引きされる。65歳になったばかりの人は、まずは普通徴収からはじまる
普通徴収	年金の支給を受けていない、または、支給を受けているが年間18万円に満たない支給額の人が対象。個別に市役所や金融機関等の窓口などで納付する。他にも下記に該当する場合などに普通徴収となる。 ●年度の途中に転入してきた ●年度の途中に満65歳になった ●年金受給権を担保にしている※ ●現状届の未提出や提出遅れなどで、年度途中で年金支給が一時差止となった ●年金保険者に届け出の住所が住民基本台帳上の住所と異なる

※年金担保貸付制度では、年金受給権を担保に融資することが法律で唯一認められている。

> 第1号被保険者の介護保険料の納付方法には、特別徴収と普通徴収の2つの種類があります。

Advice 賞与の場合、当月の社会保険料は当月に天引きとなるため、賞与を支払う月に65歳に到達する従業員からは介護保険料を徴収しない。

06 老齢年金の支給のしくみを知ろう

POINT

- 老齢年金は老齢基礎年金と老齢厚生年金の2階建て
- 老齢基礎年金の支給額は保険料の納付済月数によって変わる

老齢年金の種類と支給要件

老齢年金は、「老齢基礎年金」と「老齢厚生年金」の2つに分かれます。公的年金制度のしくみにより、2階建て構造になっており、会社勤めをしていて厚生年金保険に加入し、老齢基礎年金（1階部分）を受けるのに必要な受給資格期間を満たした人は老齢厚生年金（2階部分）も受給することができます。この2つは、支給要件や支給額が異なります。

老齢基礎年金は、保険料納付済期間と保険料免除期間の合計が10年以上あれば、65歳になったときに受給できます。この10年には、合算対象期間（国民年金に任意加入できるが任意加入しなかった期間）なども含みます。

老齢厚生年金は、老齢基礎年金の受給要件を満たしており、厚生年金保険の被保険者期間が1カ月以上あることが支給要件です（なお、65歳未満で受け取れる特別支給の老齢厚生年金は1年以上必要）。

老齢年金の支給額

老齢基礎年金の支給額は、保険料の納付済月数によって変わります。加入可能な40年間保険料を納付し続けていれば、満額が支給されます。しかし、保険料の支払いを全額（一部）免除された月などがある場合は、支給額が変動します。

65歳ではなく60〜75歳までの間の希望する年齢から年金を受け取ることも可能ですが、この場合は基本の年金額から増減されます。

老齢厚生年金は、65歳から、老齢基礎年金に上乗せされる形で支給されます（生年月日により65歳前に受給できる場合（190〜191ページ）あり）。

一定条件の配偶者や子どもがいる場合は、加給年金額が加算されます。厚生年金保険の被保険者期間が20年以上あり、65歳到達時点で生計を維持している配偶者（65歳未満）や子（18

📌 老齢基礎年金と老齢厚生年金の概要

老齢基礎年金

保険料を納付した期間などが原則として10年以上ある人が65歳から受け取ることができる。

※20歳から60歳までの40年間保険料を納付した場合、年額77万7,800円（2022年度）。40年に満たない場合は、不足する月数に応じて減額される

老齢厚生年金

厚生年金保険の加入期間がある人で、老齢基礎年金の受給資格期間を満たしている人に、老齢基礎年金に上乗せする形で65歳から支給される

📌 年金受給開始年齢について

繰り上げ受給
- 希望すれば60歳から65歳になるまでの間に繰り上げて年金を受け取ることができる
- 繰り上げ受給の請求をした時点（月単位）に応じて、生涯にわたって年金額が減額される

繰り下げ受給
- 希望すれば66歳から75歳になるまでの間に繰り下げて年金を受け取ることができる
- 繰り下げの受給の請求をした時点（月単位）に応じて、最大84％増額された年金を生涯にわたって受け取ることができる

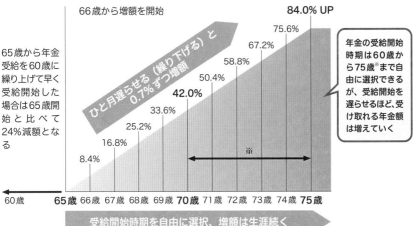

※1952年4月2日以降生まれの人は、2022年4月から受給開始時期を75歳まで選択できるようになりました。

出典；日本年金機構「退職後の年金手続きガイドパンフレット」

歳到達年度末まで、または20歳未満で障害1〜2級）がいることが要件です。配偶者と1人目・2人目の子が22万8,700円、3人目以降の子は各7万6,200円が年間で加算されます（2023年度額）。

特別支給の老齢厚生年金とは

1986年に年金制度が改正されたことにより、厚生年金の支給開始年齢は60歳から65歳に引き上げられました。しかし、いきなり65歳からの支給に切り替えてしまうと、多くの人の生活に影響が出てしまいます。そのため、経過措置として段階的に支給開始年齢を引き上げるため、「特別支給の老齢厚生年金」が設けられました。受給できるのは、男性は1941年4月2日〜1961年4月1日生まれ、女性は1946年4月2日〜1966年4月1日生まれで、厚生年金保険に1年以上加入している人です。60歳から65歳前まで支給されます。

厚生年金保険の加入期間で決まる「定額部分」と、その間の報酬に応じて計算される「報酬比例部分」があり、それぞれの支給開始年齢が生年月日に応じて段階的に遅くなっていきます。

男性は1961年4月2日以後、女性は1966年4月2日以後に生まれた人には支給されません。受給には手続きが必要ですので、該当する生年月日の人は注意してください。

特別支給の老齢厚生年金

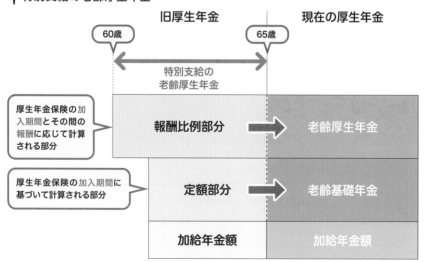

特別支給の老齢厚生年金の受給開始年齢

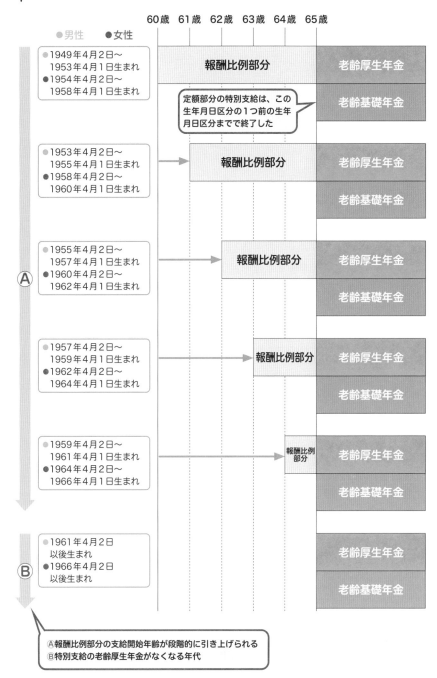

●男性 ●女性

| 60歳 61歳 62歳 63歳 64歳 65歳 |

●1949年4月2日〜 1953年4月1日生まれ
●1954年4月2日〜 1958年4月1日生まれ
報酬比例部分 / 老齢厚生年金
定額部分の特別支給は、この生年月日区分の1つ前の生年月日区分までで終了した / 老齢基礎年金

●1953年4月2日〜 1955年4月1日生まれ
●1958年4月2日〜 1960年4月1日生まれ
報酬比例部分 / 老齢厚生年金 / 老齢基礎年金

●1955年4月2日〜 1957年4月1日生まれ
●1960年4月2日〜 1962年4月1日生まれ
報酬比例部分 / 老齢厚生年金 / 老齢基礎年金

●1957年4月2日〜 1959年4月1日生まれ
●1962年4月2日〜 1964年4月1日生まれ
報酬比例部分 / 老齢厚生年金 / 老齢基礎年金

●1959年4月2日〜 1961年4月1日生まれ
●1964年4月2日〜 1966年4月1日生まれ
報酬比例部分 / 老齢厚生年金 / 老齢基礎年金

Ⓐ

●1961年4月2日 以後生まれ
●1966年4月2日 以後生まれ
老齢厚生年金 / 老齢基礎年金

Ⓑ

Ⓐ報酬比例部分の支給開始年齢が段階的に引き上げられる
Ⓑ特別支給の老齢厚生年金がなくなる年代

191

07 【65歳の手続き】老齢年金の受給手続き

| 頻度 | 年齢到達時のみ | 手続者 | 個人 | 期限 | 受給権発生から5年まで |

POINT

● 老齢年金を受け取るためにはあらかじめ手続きが必要
● 手続きは事業主ではなく本人が行う

老齢年金の受給手続き

老齢年金の受給開始年齢に到達すると、老齢年金の受給権が発生します。受給開始年齢に到達する約3カ月ほど前に、年金事務所から年金請求書が届くので、必要事項を記入して年金事務所に提出しましょう。

年金請求書の提出は、受給開始年齢の誕生日の前日以降です。5年を経過してしまうと、5年を過ぎた分の年金については時効により受け取れなくなる可能性があるので注意が必要です。

年金請求書を提出すると、約1～2カ月後に「年金証書・年金決定通知書」が送られてきます。年金は原則として、偶数月の15日に受取口座に振り込まれます。

特別支給の老齢厚生年金の受給手続き

特別支給の老齢厚生年金（190～191ページ）も、受給開始年齢に到達する約3カ月ほど前に年金事務所から年金請求書が届くので、戸籍謄本や住民票など本人の生年月日を証明する書類、受け取り先の金融機関の通帳のコピー（本人名義）などを添付して年金事務所に提出します。

18歳未満の子どもや配偶者がいる場合には、他にも添付書類が必要なことがあるため、年金請求書と一緒に届く「年金の請求手続きのご案内」を確認しましょう。

Keyword **街角の年金相談センター** 日本年金機構から委託を受け、全国社会保険労務士会連合会が運営している。年金の相談や手続きなどのサービスが無料で受けられる。

書類内容 **老齢年金の受給を開始するときに必要な書類**

届出先 **年金事務所または「街角の年金相談センター」**

POINT

マイナンバーを記入する（提出することで、毎年誕生月に提出する「年金受給権者現況届」が原則不要になる）

住民票に記載の住所を記入する

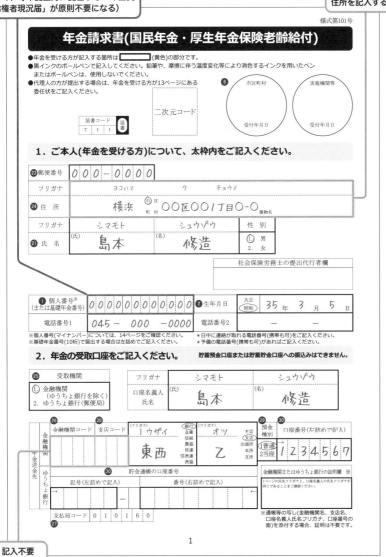

記入不要

08 在職中の老齢厚生年金の しくみを知ろう

| 頻度 | － | 手続者 | － | 期限 | － |

POINT
- 在職中の70歳未満の人は就労条件により厚生年金保険の加入義務がある
- 一定の要件を満たした場合、年金の支給は停止されることがある

在職している60〜70歳の老齢年金

年金を受け取っていても在職している70歳未満の従業員は、原則として厚生年金に加入する義務（保険料納付義務）があります。老齢厚生年金も老齢基礎年金も、在職していて給与を得ながら（保険料を納付しながら）受け取ることができます。

厚生年金に加入しながら受け取る老齢厚生年金を在職老齢年金といいます。従業員の在職老齢年金額については、加入期間中の給与や賞与の額（総報酬月額相当額）に応じて年金の一部または全部が支給停止となる場合があります。これは「基本月額」と「総報酬月額相当額」の合計によって決まります（196ページ）。基本月額とは、加給年金額を除いた老齢厚生年金（報酬比例部分）の月額で、総報酬月額相当額とは、毎月の賃金（標準報酬月額）＋1年間の賞与（標準賞与額）を12で割った額のことです。

老齢厚生年金が一部でも支給されるときには加給年金額は全額支給されます。老齢厚生年金が全額支給停止されると、加給年金も全額停止となります。

また原則として、70歳以上の従業員は厚生年金保険に加入する義務はありません。70歳以上の従業員の在職老齢年金額については、在職中の「標準報酬相当額」と「標準賞与額相当額」によって計算することになります。

雇用保険の高年齢雇用継続給付との調整

厚生年金保険の被保険者で、特別支給の老齢厚生年金（190〜191ページ）を受け取っている人が雇用保険の高年齢雇用継続給付（高年齢雇用継続基本給付金・高年齢再就職給付金→182ページ）を受けるときは、在職による年金の支給停止に加えて、年金の一部が支給停止されます。停止額は最高で標準報酬月額の6％です。

📌 60〜70歳の在職中などの老齢年金

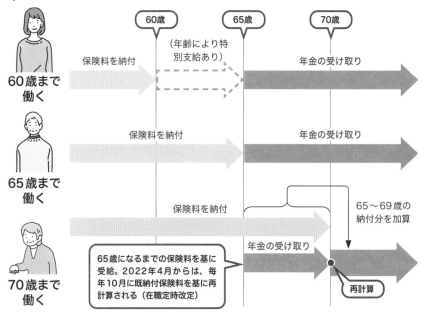

📌 雇用保険の高年齢雇用継続給付と特別支給の老齢厚生年金との調節

出典：日本年金機構「老齢年金ガイド（令和3年度版）」

Advice 基本月額は、厚生年金基金に加入していた期間がある場合、加入しなかったと仮定して計算した、老齢厚生年金の年金額を基に算出する。

09 在職老齢年金の 支給停止のしくみと手続き

POINT
- 60歳以上の在職者は、状況によって在職老齢年金の支給停止を受ける
- 70歳以上の従業員は厚生年金保険に加入する義務はない

60歳以上の在職老齢年金の支給停止額

在職中に給与額等が変わったときは、在職老齢年金の支給額に影響することがあります。

60歳以上の人が厚生年金保険に加入しながら老齢厚生年金を受ける場合、基本月額と総報酬月額相当額に応じて年金の支給が一部停止、または全額停止になります。

基本月額は、加給年金額（188ページ）を除く老齢厚生年金（報酬比例部分）の月額のことです。総報酬月額相当額は、【毎月の賃金（標準報酬月額）＋年間賞与（標準賞与額）÷12】で計算した額をいいます。

受給できる在職老齢年金は、次の2通りで計算されます（2023年度）。①基本月額と総報酬月額相当額との合計が48万円以下の場合は全額支給されます。②基本月額と総報酬月額相当額との合計が48万円を超える場合は、【（基本月額＋総報酬月額相当額－48万円）÷2】で計算した額が支給停止となります。支給停止額が基本月額以上になった場合は、全額支給停止です。具体的な計算例は右ページで確認してください。

在職老齢年金の支給停止額が変更になるのは、事業主が届け出する、①算定基礎届、②月額変更届、③賞与支給届などによります。

70歳以上の在職老齢年金の支給停止額

70歳以降も厚生年金適用事業所に勤務している場合は、厚生年金の被保険者ではありませんが、60歳以上の在職老齢年金と同様の支給停止の要件になります。なお、70歳以降の勤務期間は厚生年金に加入していないため、年金額は再計算されません。

📌 60歳以上の在職老齢年金

> 例： 老齢厚生年金額120万円（基本月額10万円）で、総報酬月額相当額が42万円（標準報酬月額32万円、標準賞与額120万円（月額10万円））の場合
>
> **基本月額** 120万円÷12カ月＝10万円
>
> **総報酬月額相当額** 42万円

基本月額と総報酬月額相当額の合計額が48万円超
→左ページの②の計算式で支給停止額を計算

支給停止額＝（10万円＋42万円－48万円）× 1/2
　　　　　　＝月額2万円

年金支給額＝10万円－2万円＝月額8万円

> 支給月額は【基本月額－（基本月額＋総報酬月額相当額－48万円）÷2】で計算できます。

老齢厚生年金支給停止額と一部支給額は、1カ月あたりで下図のようになる

老齢厚生年金 10万円	（支給停止）2万円
	（一部支給）8万円

老齢基礎年金（全額支給）6万円

このケースでは、老齢厚生年金が月額2万円支給停止となり、勤め先からの賃金・賞与（総報酬月額相当額42万円）と老齢厚生年金（月額8万円）・老齢基礎年金（月額6万円）を足して、56万円が月額相当の収入となる

※在職による支給停止は老齢厚生年金に対して行われるもので、老齢基礎年金は支給停止の対象とはならない

● 加給年金額が加算されている場合

老齢年金額に加給年金額が加算されている場合、加給年金額を除いて在職老齢年金を計算したうえで、加給年金額の支給は以下のように判断されます。

老齢厚生年金が支給（一部支給）される場合	⇒	**加給年金額は全額支給される**
老齢厚生年金が全額支給停止される場合	⇒	**加給年金額も全額支給停止となる**

出典：日本年金機構「在職老齢年金の支給停止の仕組み」

Advice 厚生年金に加入しながら老齢厚生年金を受けている70歳未満の従業員が退職し、1カ月が経過したとき、退職した翌月分の年金額から見直しが行われる。

10 【70歳・75歳の手続き】社会保険の上限年齢と手続き

頻度	発生の都度	手続者	事業主	期限	事実発生から5日以内

POINT
- 厚生年金保険は70歳、健康保険は75歳が上限年齢
- 厚生年金保険は原則手続き不要、健康保険は資格喪失届を提出する

厚生年金保険は70歳で資格喪失となる

　厚生年金保険の上限年齢は70歳までと決まっています。従業員が70歳に到達する誕生日の前日に資格を喪失することになるため、それ以降は厚生年金保険の保険料は徴収されません。なお、健康保険は資格を喪失しないため、保険料の徴収は続きます。その後も、引き続き同一の事業所で働くときには、「厚生年金保険70歳以上被用者」となります。

　手続きが簡素化されたため、従来の厚生年金保険被保険者資格喪失届・70歳以上被用者該当届を提出する必要はなくなりました。ただし、70歳到達日時点の標準報酬月額相当額が変わるときには提出が必要です。

健康保険は75歳で資格喪失となる

　従業員が75歳になると、健康保険から後期高齢者医療制度に移行することになります。それまでの健康保険被保険者証は75歳の誕生日の前日までしか使えないので注意しましょう。

　後期高齢者医療制度に移行する手続きは、市町村自治体が行ってくれるため、事業主や従業員が手続きをする必要はありません。新しい保険証も自動的に送られてくるため、後期高齢者医療制度の被保険者証が交付されたら、古い健康保険被保険者証を従業員から返却してもらいましょう。今まで加入していた健康保険の資格喪失手続きは必要です（201ページ）。被扶養者が75歳になった場合にも異動届の手続きは必要です。

　また75歳になり被保険者が後期高齢者医療制度に移行するとき、その被扶養者（後期高齢者になる人を除く）も健康保険の資格を喪失します。国民年金保険などの加入手続きが必要です。

健康保険

厚生年金

Keyword **後期高齢者医療制度**　75歳以上のすべての人が対象。医療機関窓口における負担割合は原則1割（現役並み高所得者は3割）となる。

厚生年金保険と健康保険の上限年齢

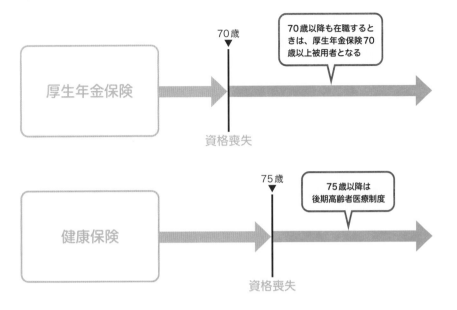

老齢年金の受給資格を満たさないまま70歳を迎えたら

　70歳を迎えても老齢年金の受給要件を満たしていなければ、老齢年金を受給することはできません。そこで、老齢年金の受給資格を満たすために70歳以上でも厚生年金保険に任意で加入することができます。

　任意で厚生年金保険に加入するときは、厚生年金保険高齢任意加入被保険者（船員以外）資格取得申出／申請書という書類を提出して届け出を行います。社会保険料は原則として全額本人負担となりますが、事業主の同意があるときは、事業主と被保険者が保険料を折半で負担することになります。厚生年金保険の適用事業所以外の事業所で働いている場合は、厚生年金保険に加入するために、事業主の同意の他に、厚生労働大臣の認可が必要です。

Advice　後期高齢者医療制度に移行する被保険者に被扶養者がいたとき、原則として被扶養者は国民健康保険に加入するが、被扶養者が65歳以上75歳未満の場合は申請により保険料の軽減措置が受けられる。

「厚生年金保険 被保険者資格喪失届・70歳以上被用者該当届」の記入例

書類内容　**70歳と70歳到達日の前月とで標準報酬月額相当額が異なる場合提出する書類**
届出先　　**事業所管轄の年金事務所または年金事務センター**

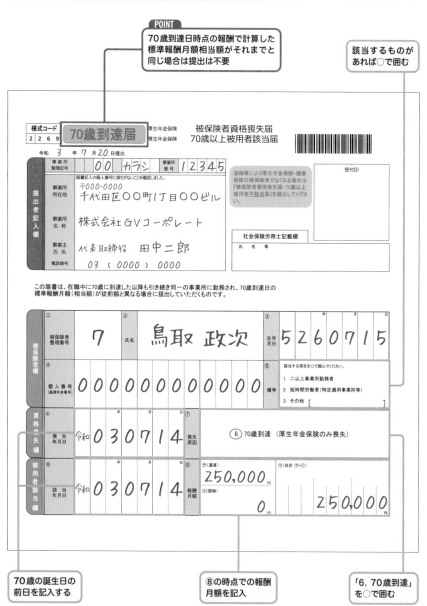

POINT
70歳到達日時点の報酬で計算した
標準報酬月額相当額がそれまでと
同じ場合は提出は不要

該当するものが
あれば○で囲む

株式コード　70歳到達届　厚生年金保険　被保険者資格喪失届
2 2 6 9　　　　　　　　厚生年金保険　70歳以上被用者該当届

令和 3 年 7 月 20 日提出

事業所整理記号　○○ カラシ　事業所番号 1 2 3 4 5

提出者記入欄
事業所所在地　〒000-0000　千代田区○○町1丁目○○ビル
事業所名称　株式会社GVコーポレート
事業主氏名　代表取締役　田中二郎
電話番号　03（0000）0000

退職等により厚生年金保険・健康保険の被保険者でなくなる場合は『被保険者資格喪失届・70歳以上被用者不該当届』を提出してください。

受付印

社会保険労務士記載欄
氏名等

この届書は、在職中に70歳に到達した以降も引き続き同一の事業所に勤務され、70歳到達日の標準報酬月額（相当額）が従前額と異なる場合に提出していただくものです。

被保険者欄
① 被保険者整理番号 7　② 氏名 鳥取 政次　③ 生年月日 5 2 6 0 7 1 5
④ 個人番号［基礎年金番号］ 0 0 0 0 0 0 0 0 0 0 0 0 0　⑤ 備考 該当する項目を○で囲んでください。
1. 二以上事業所勤務者
2. 短時間労働者（特定適用事業所等）
3. その他

資格喪失欄
⑥ 喪失年月日 令和 0 3 0 7 1 4　⑦ 喪失原因　⑥.70歳到達（厚生年金保険のみ喪失）

被用者該当欄
⑧ 該当年月日 令和 0 3 0 7 1 4　⑨ 報酬月額 ⑦（通貨）2 5 0,0 0 0 円 ⑦（現物）0 円　⑦（合計 ⑦＋⑦）2 5 0,0 0 0 円

70歳の誕生日の前日を記入する

⑧の時点での報酬月額を記入

「6.70歳到達」を○で囲む

健康保険
厚生年金
労災保険
雇用保険

「健康保険 被保険者資格喪失届・厚生年金保険 70歳以上被用者不該当届」の記入例

書類内容　**健康保険の資格喪失時に提出する書類**

届出先　**事業所管轄の年金事務所または年金事務センター**

POINT
75歳で後期高齢者医療制度に自動的に移行するが、健康保険の資格喪失届は健康保険被保険者証を添付して提出する

75歳の誕生日を記入する

「7. 75歳到達」を○で囲む

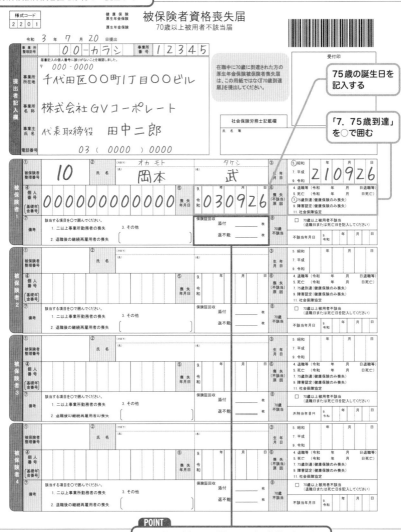

POINT
添付：被保険者証を添付する場合、枚数を記入する
返不能：被保険者証の回収ができず添付できないなど返不能のときは「健康保険被保険者証回収不能届」の添付が必要となる

老齢年金は何歳から
受給できるのか

老齢年金の受給は人によって変えられる

　老齢年金は基本的に65歳から受給できますが、受給開始時期は任意で引き下げたり、引き上げたりすることができます（188ページ）。退職後しばらくはゆっくりしたい、引退して療養したいなどの理由で、65歳よりも早く年金の受け取りを開始（繰り上げ）したい人もいれば、しばらくは収入があるため、受給開始時期を65歳より遅く（繰り下げ）したい人もいるでしょう。人によってライフプランが違うため、60〜75歳の間で受給開始年齢を調整することができるようになっているのです。

繰り上げ受給は注意が必要！

　ただし、老齢基礎年金の受給開始年齢を繰り上げる場合は、不利益が生じることもあるので注意が必要です。すべて繰り上げを希望する場合には、次のような不利益が伴います。

- 受給権発生後に繰り上げ請求を取り消したり、変更したりすることはできない
- 特別支給の老齢厚生（退職共済）年金のうち定額部分の基礎年金相当額の支給が停止される
- 事後重症などによる障害基礎年金を請求することができなくなる
- 寡婦年金は支給されない
- 65歳になるまで遺族厚生年金・遺族共済年金を併給できない

　受給年齢を繰り上げたあとで後悔しないよう、老齢基礎年金の受け取り時期については慎重に判断することが大切です。また、老齢厚生年金も繰り上げ受給・繰り下げ受給の請求が可能ですが、老齢厚生年金を繰り上げ請求した場合には、老齢基礎年金も連動して繰り上げ請求することになります（繰り下げは別々に可能）。この点も注意が必要です。

第7章

社会保険料・労働保険料の決め方・納め方

第7章では、社会保険と労働保険の保険料の決め方と納め方について解説していきます。社会保険の「定時決定」や労働保険の「年度更新」など、毎年必ず行わなければならない手続きは時間を取られてしまうことも多いでしょう。保険料を適切に納めるには、社会保険の種類や対象者、計算方法など、基本的な知識を正しく理解することが重要です。

01 社会・労働保険料の決定から 納付までの流れを知ろう

| 頻度 | － | 手続者 | 事業主 | 期限 | － |

POINT
- 保険料の納入告知書は毎月20日前後に日本年金機構から送付される
- 従業員負担分の雇用保険料は、毎月計算して給与から控除する

健康保険（介護保険含む）・厚生年金保険のしくみと納付

社会保険の保険料は、毎月事業主が日本年金機構に納めます。事業主はまず、毎月従業員に支払う給料から前月分の保険料を徴収します。その後、毎月20日前後に日本年金機構から事業所宛に前月分の「保険料納入告知書」が届くので、事業主は従業員負担分と事業主負担分、また子ども・子育て拠出金を併せた保険料を、その月の末日までに日本年金機構に納付します（例えば4月分保険料の納付期限は5月末日）。

保険料については、被保険者の資格取得、喪失、標準報酬月額または賞与支払など変動に関する届け出内容を基準として、毎月10日頃に前月分が確定することになっています。

事業主は保険料納入告知書を使って金融機関で納付するか、口座振替などで納付します。

労災保険・雇用保険のしくみと納付

労働保険（労災・雇用）の保険料は、毎年4月1日から翌年3月31日までの1年単位で算定されます。まずこの期間の賃金総額の見込み額を計算し、概算で申告・納付しておきます。3月31日を過ぎたら確定保険料を申告し、差額を精算します。この前年度の確定保険料の精算と当年の概算保険料の納付の手続きを合わせて年度更新といいます。年度更新の期間は、原則として6月1日から7月10日です。

保険料の計算方法は、すべての従業員の賃金総額に労働保険率（労災保険率＋雇用保険率など）をかけて算定します。労災保険は全額事業主負担になるため従業員の負担はありません。雇用保険については、毎月の賃金を支払う都度、雇用保険率をかけた金額を従業員から徴収しておきます。

Keyword **年度更新** 前年度の保険料を清算するための確定保険料の申告・納付と新年度の概算保険料を納付するための申告・納付の手続き。事業主が毎年6月1日〜7月10日までの間に行う（234ページ）。

健康保険

厚生年金

労災保険

雇用保険

📌 社会保険料の納付のしくみ

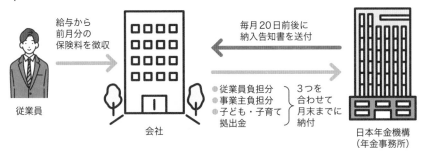

給与から
前月分の
保険料を徴収

従業員

会社

毎月20日前後に
納入告知書を送付

● 従業員負担分
● 事業主負担分
● 子ども・子育て
　拠出金

3つを
合わせて
月末までに
納付

日本年金機構
（年金事務所）

📌 保険料納入告知額・領収済額通知書（社会保険料）

> 社会保険の保険料について
> は、毎月20日頃にこのよう
> な通知書が送られてくる

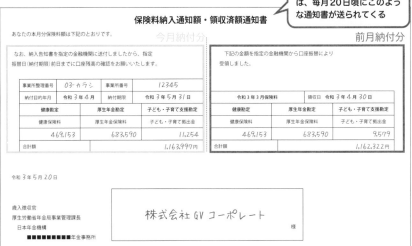

保険料納入通知額・領収済額通知書

あなたの本月分保険料額は下記のとおりです。

今月納付分

前月納付分

なお、納入告知書を指定の金融機関に送付しましたから、指定
振替日（納付期限）前日までに口座残高の確認をお願いいたします。

事業所整理番号	03-カラシ	事業所番号	12345
納付目的の年月	令和3年4月	納付期限	令和3年5月31日

健康勘定	厚生年金勘定	子ども・子育て支援勘定
健康保険料	厚生年金保険料	子ども・子育て拠出金
469,153	683,590	11,254

合計額		1,163,997円

下記の金額を指定の金融機関から口座振替により
受領しました。

令和3年3月保険料		領収日 令和3年4月30日

健康勘定	厚生年金勘定	子ども・子育て支援勘定
健康保険料	厚生年金保険料	子ども・子育て拠出金
469,153	683,590	9,579

合計額		1,162,322円

令和3年5月20日

歳入徴収官
厚生労働省年金局事業管理課長
日本年金機構
■■■■■■■■■年金事務所

株式会社 GV コーポレート　　　　様

📌 労働保険料の納付のしくみ

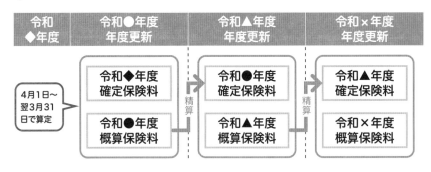

令和◆年度	令和●年度年度更新	令和▲年度年度更新	令和×年度年度更新
4月1日〜翌3月31日で算定	令和◆年度確定保険料 ／ 令和●年度概算保険料	令和●年度確定保険料 ／ 令和▲年度概算保険料	令和▲年度確定保険料 ／ 令和×年度概算保険料

精算　　精算

Advice　適用事業所の事業主は、「子ども・子育て拠出金」を全額負担する。従業員に子どもがいる・
いないに関わらず、一律に徴収される。

02 社会保険料計算の基準となる標準報酬月額とは

| 頻度 | ー | 手続者 | 事業主 | 期限 | ー |

POINT
● 年4回以上支給される賞与は標準報酬月額の対象となる
● 保険料額表により、各人の保険料控除額がわかる

標準報酬月額とは

　従業員が受け取る給料には、基本給の他に役付手当、通勤手当、残業手当などの各種手当があります。これらの手当を加えた1カ月の報酬の総支給額を「報酬月額」といいます。なお、臨時に支払われるものは報酬月額から除かれますが、年4回以上支給される賞与は報酬月額の対象となる報酬に含まれます。報酬に該当するものと対象外となるものの区別が難しいときは、年金事務所に確認しましょう。

　報酬月額はその幅ごとに50等級（健保）、32等級（厚年）に分けられており、その等級に対応した金額のことを「標準報酬月額」といいます。健康保険料や厚生年金保険料には料率が定められており標準報酬月額×保険料率で算出された金額が社会保険料となります。

標準報酬月額の決定方法と保険料の求め方

　協会けんぽや健康保険組合では、「保険料額表」（右ページ）という一覧を作成しています。これには、標準報酬月額と等級、保険料率が一覧で記載されており、毎年更新されます。これに従業員の報酬月額を当てはめることで従業員1人ひとりの保険料を算出することができます。

　標準報酬月額の決定方法は、入社時に月、週など一定期間によって報酬が定められる場合、被保険者の資格を取得した日現在の報酬額をその期間の総日数で割って出た額の30倍に相当する額で報酬月額を算定します。月給制の場合は、月給額をそのまま報酬月額として構いません。

　この方法で報酬の算定が困難な場合は、被保険者が資格を取得した月の前1カ月間に、その地方で同様の業務に従事し、同様の報酬を受ける人の実績を基に算定します。これらを「**資格取得時決定**」と呼びます。

> **Keyword** **資格取得時決定**　標準報酬月額を決定する際の報酬月額の算定方法を定めたもの。給与実績がない社員の場合、事業主が「資格取得時決定」の法定ルールに基づき、被保険者の報酬月額を届け出る。

健康保険
厚生年金
労災保険
雇用保険

健康保険・厚生年金保険の保険料額表

● 協会けんぽ東京支部の例（2023年）※

> 保険料率は、健康保険や厚生年金保険など、保険によって異なる。また毎年更新されて料率が変動するため、保険料額表は最新のものを参照しよう

令和5年3月分（4月納付分）からの健康保険・厚生年金保険の保険料額表

- 健康保険料率：令和5年3月分〜　適用
- 厚生年金保険料率：平成29年9月分〜　適用
- 介護保険料率：令和5年3月分〜　適用
- 子ども・子育て拠出金率：令和2年4月分〜　適用

（東京都）　　　　　　　　　　　　　　　　　　　　　　　　　　　　　　　　　　　　　　　（単位：円）

標準報酬		報酬月額		全国健康保険協会管掌健康保険				厚生年金保険料（厚生年金基金加入員を除く）	
				介護保険第2号被保険者に該当しない場合		介護保険第2号被保険者に該当する場合		一般、坑内員・船員	
等級	月額			10.00%		11.82%		18.300%※	
				全　額	折半額	全　額	折半額	全　額	折半額
		円以上	円未満						
1	58,000	～	63,000	5,800.0	2,900.0	6,855.6	3,427.8		
2	68,000	63,000 ～	73,000	6,800.0	3,400.0	8,037.6	4,018.8		
3	78,000	73,000 ～	83,000	7,800.0	3,900.0	9,219.6	4,609.8		
4(1)	88,000	83,000 ～	93,000	8,800.0	4,400.0	10,401.6	5,200.8	16,104.00	8,052.00
5(2)	98,000	93,000 ～	101,000	9,800.0	4,900.0	11,583.6	5,791.8	17,934.00	8,967.00
6(3)	104,000	101,000 ～	107,000	10,400.0	5,200.0	12,292.8	6,146.4	19,032.00	9,516.00
7(4)	110,000	107,000 ～	114,000	11,000.0	5,500.0	13,002.0	6,501.0	20,130.00	10,065.00
8(5)	118,000	114,000 ～	122,000	11,800.0	5,900.0	13,947.6	6,973.8	21,594.00	10,797.00
9(6)	126,000	122,000 ～	130,000	12,600.0	6,300.0	14,893.2	7,446.6	23,058.00	11,529.00
10(7)	134,000	130,000 ～	138,000	13,400.0	6,700.0	15,838.8	7,919.4	24,522.00	12,261.00
11(8)	142,000	138,000 ～	146,000	14,200.0	7,100.0	16,784.4	8,392.2	25,986.00	12,993.00
12(9)	150,000	146,000 ～	155,000	15,000.0	7,500.0	17,730.0	8,865.0	27,450.00	13,725.00
13(10)	160,000	155,000 ～	165,000	16,000.0	8,000.0	18,912.0	9,456.0	29,280.00	14,640.00
14(11)	170,000	165,000 ～	175,000	17,000.0	8,500.0	20,094.0	10,047.0	31,110.00	15,555.00
15(12)	180,000	175,000 ～	185,000	18,000.0	9,000.0	21,276.0	10,638.0	32,940.00	16,470.00
16(13)	190,000	185,000 ～	195,000	19,000.0	9,500.0	22,458.0	11,229.0	34,770.00	17,385.00
17(14)	200,000	195,000 ～	210,000	20,000.0	10,000.0	23,640.0	11,820.0	36,600.00	18,300.00
18(15)	220,000	210,000 ～	230,000	22,000.0	11,000.0	26,004.0	13,002.0	40,260.00	20,130.00
19(16)	240,000	230,000 ～	250,000	24,000.0	12,000.0	28,368.0	14,184.0	43,920.00	21,960.00
20(17)	260,000	250,000 ～	270,000	26,000.0	13,000.0	30,732.0	15,366.0	47,580.00	23,790.00
21(18)	280,000	270,000 ～	290,000	28,000.0	14,000.0	33,096.0	16,548.0	51,240.00	25,620.00
22(19)	300,000	290,000 ～	310,000	30,000.0	15,000.0	35,460.0	17,730.0	54,900.00	27,450.00
23(20)	320,000	310,000 ～	330,000	32,000.0	16,000.0	37,824.0	18,912.0	58,560.00	29,280.00
24(21)	340,000	330,000 ～	350,000	34,000.0	17,000.0	40,188.0	20,094.0	62,220.00	31,110.00
25(22)	360,000	350,000 ～	370,000	36,000.0	18,000.0	42,552.0	21,276.0	65,880.00	32,940.00
26(23)	380,000	370,000 ～	395,000	38,000.0	19,000.0	44,916.0	22,458.0	69,540.00	34,770.00
27(24)	410,000	395,000 ～	425,000	41,000.0	20,500.0	48,462.0	24,231.0	75,030.00	37,515.00
28(25)	440,000	425,000 ～	455,000	44,000.0	22,000.0	52,008.0	26,004.0	80,520.00	40,260.00
29(26)	470,000	455,000 ～	485,000	47,000.0	23,500.0	55,554.0	27,777.0	86,010.00	43,005.00
30(27)	500,000	485,000 ～	515,000	50,000.0	25,000.0	59,100.0	29,550.0	91,500.00	45,750.00
31(28)	530,000	515,000 ～	545,000	53,000.0	26,500.0	62,646.0	31,323.0	96,990.00	48,495.00
32(29)	560,000	545,000 ～	575,000	56,000.0	28,000.0	66,192.0	33,096.0	102,480.00	51,240.00
33(30)	590,000	575,000 ～	605,000	59,000.0	29,500.0	69,738.0	34,869.0	107,970.00	53,985.00
34(31)	620,000	605,000 ～	635,000	62,000.0	31,000.0	73,284.0	36,642.0	113,460.00	56,730.00
35(32)	650,000	635,000 ～	665,000	65,000.0	32,500.0	76,830.0	38,415.0	118,950.00	59,475.00
36	680,000	665,000 ～	695,000	68,000.0	34,000.0	80,376.0	40,188.0		
37	710,000	695,000 ～	730,000	71,000.0	35,500.0	83,922.0	41,961.0		
38	750,000	730,000 ～	770,000	75,000.0	37,500.0	88,650.0	44,325.0		
39	790,000	770,000 ～	810,000	79,000.0	39,500.0	93,378.0	46,689.0		
40	830,000	810,000 ～	855,000	83,000.0	41,500.0	98,106.0	49,053.0		
41	880,000	855,000 ～	905,000	88,000.0	44,000.0	104,016.0	52,008.0		
42	930,000	905,000 ～	955,000	93,000.0	46,500.0	109,926.0	54,963.0		
43	980,000	955,000 ～	1,005,000	98,000.0	49,000.0	115,836.0	57,918.0		
44	1,030,000	1,005,000 ～	1,055,000	103,000.0	51,500.0	121,746.0	60,873.0		
45	1,090,000	1,055,000 ～	1,115,000	109,000.0	54,500.0	128,838.0	64,419.0		
46	1,150,000	1,115,000 ～	1,175,000	115,000.0	57,500.0	135,930.0	67,965.0		
47	1,210,000	1,175,000 ～	1,235,000	121,000.0	60,500.0	143,022.0	71,511.0		
48	1,270,000	1,235,000 ～	1,295,000	127,000.0	63,500.0	150,114.0	75,057.0		
49	1,330,000	1,295,000 ～	1,355,000	133,000.0	66,500.0	157,206.0	78,603.0		
50	1,390,000	1,355,000 ～		139,000.0	69,500.0	164,298.0	82,149.0		

※厚生年金基金に加入している方の厚生年金保険料率は、基金ごとに定められている免除保険料率（2.4%〜5.0%）を控除した率となります。

加入する基金ごとに異なりますので、免除保険料率および厚生年金基金の掛金については、加入する厚生年金基金にお問い合わせください。

◆ 介護保険第2号被保険者は、40歳から64歳までの方であり、健康保険料率（10.00%）に介護保険料率（1.82%）が加わります。
◆ 等級欄の（ ）内の数字は、厚生年金保険の標準報酬月額等級です。
　4(1)等級の「報酬月額」欄は、厚生年金保険の場合「93,000円未満」と読み替えてください。
　35(32)等級の「報酬月額」欄は、厚生年金保険の場合「635,000円以上」と読み替えてください。
◆ 令和5年度における全国健康保険協会の任意継続被保険者について、標準報酬月額の上限は、300,000円です。

※健康保険組合は、それぞれ独自の保険料額表となります。

> 事業主が給与から被保険者負担分の保険料を天引きするとき、被保険者負担分の端数が50銭以下の場合は切り捨て、50銭を超える場合は切り上げて1円としてください。ただし事業主と被保険者間で特約がある場合は、特約に基づいて端数処理をすることができます。

Advice 協会けんぽの保険料率は都道府県ごとに異なる。支社や支店を持つ事業主の場合、転勤によって従業員の保険料が変更になるので注意しよう。

03 社会保険料の算出と控除方法

頻度	—	手続者	事業主	期限	—

POINT

- 社会保険は毎年1回、保険料を算出するルールがある
- 月途中に入退社があっても保険料は日割りにならない

入社時の社会保険料の算出方法と入社後の変動

社会保険料は毎年1回、「定時決定」という手続きによって決まります（212ページ）。定時決定では4〜6月の給与の平均額を基にして標準報酬月額が決定され、その年の9月から適用となります。前年の給与実績がない新入社員については、資格取得時決定により報酬月額を届け出て、標準報酬月額が決定されます。

社会保険料は、原則として次の定時決定までの間変更はありません。しかし、状況によっては標準報酬月額を見直す手続きがあります。昇給・降給などで給与額が大幅に変動したときに行う「随時改定」や、産前産後休業・育児休業を終了し職場に復帰したことで報酬が変動した際に行う「産前産後休業・育児休業等終了時改定」などです。

社会保険料の控除方法

社会保険料は、事業主と従業員で保険料を折半して負担します（健康保険組合では、規約により事業主負担割合を増加することもできる）。従業員が負担する保険料については、その月の保険料を翌月の給与から控除します。

保険料は月単位で計算されるため、日割りにはなりません。月の途中で入社した従業員については、翌月の給与支払いの際に1カ月分の保険料を控除

します。これは退社時も同様です。

注意が必要なのは、月末づけで退職する場合です。社会保険の資格喪失日は退職日の翌日になるため、資格を喪失するのは翌月1日となります。資格喪失日の属する月の前月分まで負担するため、前月分と当月分（退職月分）の2カ月分の負担をすることがあるので、注意しましょう。

📌 社会保険料・雇用保険料の控除例

● 4月1日入社のとき

> 何日づけで入社しても、保険料は翌月から控除する

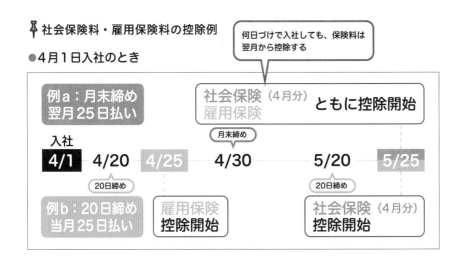

● 9月20日退職のとき1（退職日が月末以外の場合）

● 9月30日退職のとき2（退職日が月末の場合）

Advice 賞与にかかる保険料も月末に退職した場合のみ控除となる（資格喪失日が翌月1日となるため）。

04 報酬月額の算定などは賞与と現物給与に注意する

| 頻度 | — | 手続者 | 事業主 | 期限 | 賞与の支給日から5日以内 |

POINT

● 労働の対価で年3回以下の支給であれば賞与に該当する
● 住宅などの現物支給があるときは、報酬月額に含めて計算する

年4回以上支給される賞与は報酬月額の対象となる

給与だけでなく、賞与も社会保険料の対象となります。賞与を支払ったとき、賞与の支給日から5日以内に、支給額などを記載した被保険者賞与支払届の提出をしなければなりません。

対象となる賞与は、労働の対償として受けるもののうち、年3回以下の支給のものです。名称が賞与である必要はなく、賃金や手当などの名称であっ

ても要件に該当すれば「賞与」として扱います。

年に4回以上支払われることが給与規定などで社内ルール化されている場合、賞与ではなく報酬月額の対象となるため（206ページ）、1年に支給される総額を12で割ったものを、報酬月額に含めます。

食事や住宅の現物給与額はあらかじめ決まっている

通貨ではなく、食事や住宅などの現物給与であっても、それが労働の対価として支給されるものであれば、報酬月額に合算して計算します。

現物給与については、厚生労働大臣が定める現物給与の価額「全国現物給与価額一覧表」という一覧表を基に報酬を割り出し、報酬月額に合算します。報酬は「食事で支払われる報酬等」「住宅で支払われる報酬等」「その他の報酬等」に分かれており、「その他の報

酬等」には通勤定期券や自社製品の支給などが含まれます。

「食事で支払われる報酬等」「住宅で支払われる報酬等」については実費ではなく、1日あたりの食事の額や1カ月あたりの住宅の利益額などが都道府県別にあらかじめ決められているため、その金額を合算していきます。通勤定期券や自社製品は実費を合算します。間違えないように注意しましょう。

📌 年4回以上支給される賞与などは報酬月額に加算する

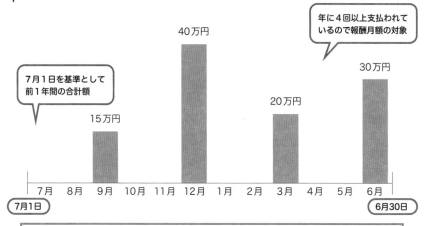

7月1日を基準として前1年間の合計額

40万円

年に4回以上支払われているので報酬月額の対象

30万円

15万円

20万円

7月　8月　9月　10月　11月　12月　1月　2月　3月　4月　5月　6月

7月1日　　　　　　　　　　　　　　　　　　　　　　　　　6月30日

> 7月1日〜6月30日1年間の合計（賞与支給額）105万円÷12カ月＝8万7,500円
> 8万7,500円を報酬月額に含める

📌 食事の現物給与の算定方法

食事を現物給与しており、かつ食事代を徴収している場合は、次のように計算します。徴収額が現物給与価額の3分の2未満なら徴収額を引いたものが現物給与額、徴収額が3分の2以上なら現物給与額はなしとします。

食事代の徴収額 ＜ **現物給与価額の3分の2の価額**

現物給与額＝現物給与価額－徴収額

食事代の徴収額 ≧ **現物給与価額の3分の2の価額**

現物による食事の供与はないものとして取り扱う

> **（例）東京に所在する事務所の場合**
> ・1カ月あたりの現物給与価額：23,100円※　　　23,100円×2/3＝15,400円
> ・徴収額10,000円なら（＜15,400円）
> 　　　　現物給与額＝23,100－10,000＝13,100円
> ・徴収額15,400円なら（≧15,400円）
> 　　　　現物給与額なし

※「全国現物給与価額一覧表」（2023年度）による

Advice　健康保険組合では、現物給与の価格は規約で定めることができるため、協会けんぽと異なる場合がある。事業所が加入している健康保険組合に確認しよう。

05 標準報酬月額は毎年7月の定時決定 (算定基礎届)により決定される

| 頻度 | 年に1回 | 手続者 | 事業主 | 期限 | 7月1日〜10日 |

POINT
- 定時決定に必要な算定基礎届は6月下旬頃までに送られてくる
- 定時決定では、実際に支払われた月の報酬額を基に算定する

毎年1回7月に行う「定時決定」とは

社会保険料の最初の決定は、入社時に行われますが、その後、昇給などによって、入社時に決定された標準報酬月額から、実際の給与額が大きく離れてしまうことがあります。そこで毎年7月に行われるのが、「定時決定」という手続きです。

定時決定の際は、算定基礎届という書類を管轄の年金事務所に提出します。

算定基礎届の用紙は、6月下旬頃までに事前に事業主宛に送られてきます。届け出された被保険者の氏名、生年月日、従前の標準報酬月額などが印字された算定基礎届の内容が正しいかを確認して、届け出を行いましょう。7月1日時点での被保険者全員が原則として対象です。

定時決定の算定方法

定時決定では、4〜6月に実際に支払われた報酬額を基に報酬月額を算定します。それにより決まる標準報酬月額は、その年の9月〜翌年の8月まで適用されます。翌年7月にはまた定時決定を行います。

通常の方法で報酬月額を算定すると実態とかけ離れる場合（4〜6月とも賃金支払対象日が17日未満のときなど）は、特別な算定方法が行われます。例えば、3カ月平均額と年平均額で2

等級以上差が出る場合には事業主の申し立てと被保険者の同意を得て、年平均額で計算することもできます。

4〜6月の報酬額とは、この間に実際に従業員の手元に渡った額です。例えば、給与が翌月払いの場合、3月分の給与が4月に支払われても4月分の報酬となり、6月分の給与は7月に支払われるため含みません。支払日ベースで考えますので注意しましょう。

健康保険

厚生年金

労災保険

雇用保険

Keyword **算定基礎届** 定時決定の際に年金事務所などに提出する書類のこと。正式名称を「被保険者報酬月額算定基礎届」という。

定時決定と標準報酬月額の有効期間

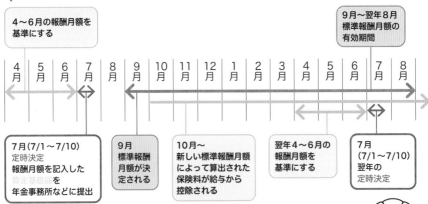

4〜6月の報酬月額を
基準にする

9月〜翌年8月
標準報酬月額の
有効期間

| 4月 | 5月 | 6月 | 7月 | 8月 | 9月 | 10月 | 11月 | 12月 | 1月 | 2月 | 3月 | 4月 | 5月 | 6月 | 7月 | 8月 |

7月（7/1〜7/10）
定時決定
報酬月額を記入した
算定基礎届を
年金事務所などに提出

9月
標準報酬
月額が決
定される

10月〜
新しい標準報酬月額
によって算出された
保険料が給与から
控除される

翌年4〜6月の
報酬月額を
基準にする

7月
（7/1〜7/10）
翌年の
定時決定

毎年、7月1日前の3カ月間（4月、5月、6月、いずれも支払基
礎日数17日以上）に受けた報酬の総額を、その期間の総月数で
割ります。その額を報酬月額とし、標準報酬月額が決定されます。

パートタイム労働者・短時間労働者の定時決定

パートタイム労働者…算定対象月17日以上（もしくは15日以上※）

※パートタイム労働者の特例。すべての月が17日未満であるとき、15日以上ある月を算定対象月とみなす

4月、5月、6月の3カ月間のうち支払基礎日数が

17日以上の月が1カ月以上ある場合

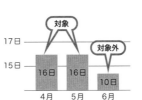

対象

17日　18日　17日　20日
15日
　　　4月　5月　6月

該当月の報酬総額の平均を報酬月額と
して標準報酬月額が決定される

いずれも17日未満の場合

対象

対象外

17日　16日　16日　10日
15日
　　　4月　5月　6月

15日以上の月の報酬総額の平均を報酬
月額として標準報酬月額が決定される

いずれも15日未満の場合

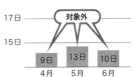

対象外

17日
15日　9日　13日　10日
　　　4月　5月　6月

従前の標準報酬月額で標準報酬月額が
決定される

短時間労働者…算定対象月は11日以上

4月、5月、6月の3カ月間のうち支払基礎日数が

どの月も11日以上ある場合

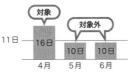

対象

11日　16日　20日　14日
　　　4月　5月　6月

3カ月の報酬総額の平均を報酬月額と
して標準報酬月額が決定される

**11日以上の月が、
1月あるいは2月ある場合**

対象

対象外

11日　16日　10日　10日
　　　4月　5月　6月

該当月の報酬総額の平均を報酬月額と
して標準報酬月額が決定される

いずれも11日未満の場合

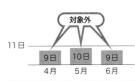

対象外

11日　9日　10日　9日
　　　4月　5月　6月

従前の標準報酬月額で標準報酬月額が
決定される

Advice　健康保険組合に加入している事業所は、健康保険組合から算定基礎届の用紙が送られてくる。

06 算定基礎届の対象者を確認する

| 頻度 | － | 手続者 | 事業主 | 期限 | － |

POINT
- 5月中旬〜5月末までの未記載の情報を算定基礎届に追加して提出する
- 2021年4月から、総括表の添付が不要になった

算定基礎届の対象者とは

定時決定の対象となるのは、7月1日現在のすべての被保険者と、70歳以上の被用者です。6月下旬頃までに年金事務所から送られてくる算定基礎届には、5月中旬頃までに届け出されている被保険者の情報が記載されています。5月中旬以降の情報については記載されていませんので、5月末までに新たに社会保険の資格を取得した人がいる場合は、算定基礎届にその情報を加えましょう。

また、6月1日以降に資格取得した人や6月30日以前に退職した人（資格喪失日が7月1日以前の人）については、定時決定の対象外となるため、記載する必要はありません。

その他にも、7月改定の月額変更届を提出する人は除きます。8月または9月に随時改定が予定されている旨の申出を行った人も対象外となりますが、この場合は、算定基礎届は報酬月額欄を空欄にして提出しておき、その後、要件の該当・不該当が判明した後で、改めて必要な手続きを行います。

2021年4月から、総括表の添付が不要に

基礎算定届や賞与支払届を年金事務所などに提出するときは、算定基礎届総括表と賞与支払届総括表を添付しなければなりませんでした。しかし、2021年4月以降は運用が変更され、これらの総括表の添付が不要になりました。

廃止になったのは、①「健康保険・厚生年金保険 被保険者報酬月額算定基礎届総括表」、②「健康保険・厚生年金保険 被保険者賞与支払届総括表」、③「船員保険・厚生年金保険 被保険者賞与支払届総括表」の3種類です。

健康保険

厚生年金

労災保険

雇用保険

📌 定時決定と7〜9月の随時改定の関係

7月1日〜7月10日に年金事務所に提出

| | | | 本年 | | | | | | | | | | 翌年 | | | | |
|4月|5月|6月|7月|8月|9月|10月|11月|12月|1月|2月|3月|4月|5月|6月|7月|8月|

4〜6月に支給される報酬月額により決定

9月分の社会保険料計算から決定された新標準報酬月額を使用開始

10月（翌月）に納付する保険料から新標準報酬月額で計算

7〜9月の間に随時改定が行われた場合は、定時決定よりも随時改定の方が優先される。そのため、7月以降の社会保険料は随時改定を基にした新標準報酬月額で算定されることになる（下記参照）

●7月・8月・9月の随時改定

| | | | 本年 | | | | | | | | | | 翌年 | | | | |
|4月|5月|6月|7月|8月|9月|10月|11月|12月|1月|2月|3月|4月|5月|6月|7月|8月|

7月 報酬月額算定 随時　7月から新しい標準報酬月額

8月 報酬月額算定 随時　8月から新しい標準報酬月額

9月 報酬月額算定 随時　9月から新しい標準報酬月額

7〜9月の標準報酬月額は、定時決定により決定された標準報酬月額よりも優先されるので注意

📌 算定基礎届の提出の対象にならない人

手続者	内容
6月1日以降に資格取得した人	資格取得時に決定済みのため
6月30日以前に退職した人	7月1日時点で被保険者資格を喪失しているため
7月改定の月額変更届を提出する人	報酬月額欄を空欄にして提出する
8〜9月の間に随時改定が予定されており申出を行った人	※算定基礎届の報酬月額欄を記入せず、空欄にした上で備考欄の「3.月額変更予定」に〇を付して提出する

Advice 8〜9月に随時改定が予定されている人は、随時改定の要件に該当しないことがわかった場合は算定基礎届を、要件に該当することがわかった場合は月額変更届を提出する。

07 算定基礎届の集計方法

頻度	－	手続者	事業主	期限	－

POINT

● 4～6月に従業員に実際に支払われた給与（報酬）が対象
● 支払基礎日数の計算方法は、雇用形態によって変わる

対象となるのは4～6月に実際に支払われた給与（報酬）

算定基礎届では、4～6月に従業員に実際に支払われた給与（報酬）が対象となります。これは実際に4～6月に従業員に支払われた額のことで、4～6月分の給与ではないことに注意しましょう。給与の中には、各種手当や通勤手当なども含まれます。6カ月ごとの通勤手当は総額を6で割り、1カ月あたりの金額を出して給与に含めましょう（月額に換算）。通貨ではなく定期券という形で現物支給している場合も同じです。

電車ではなく車で通勤し、毎日の実費（ガソリン代、高速代など）を精算している従業員もいるでしょう。実費精算しているときは、【日額×月の所定労働日数など】で1カ月あたりの交通費を算出して給与に含めます。

支払基礎日数が月17日未満なら算定基礎届の対象外

算定基礎届で届け出する報酬月額は、支払基礎日数が17日以上あることが要件となっています。例えば、4～6月のうち、6月の支払基礎日数が17日未満のときには、4月・5月の2カ月で報酬月額を算定します。この17日の考え方ですが、日給制の場合は、出勤日数が支払基礎日数で、月給制や週給制の場合は、給与計算の基礎が休日や有給休暇も含まれるため、出勤日数に関係なく暦日数で計算します。な

お、欠勤控除がある場合は、就業規則などで定めた日数から差し引いた日数となります。

パートタイム労働者で、4～6月のすべての月で支払基礎日数が17日未満のときは、3カ月のうち、支払基礎日数が15日以上の月の報酬総額の平均で標準報酬月額が決定されます。3カ月とも15日未満の場合は、従前の標準報酬月額で決定されることになります。

Keyword 支払基礎日数 給与計算の対象となる労働日数のこと。算定基礎届に使用する支払基礎日数については、日給制と週給・月給制で数え方が異なる。

健康保険

厚生年金

労災保険

雇用保険

📌 パートタイム労働者の定時決定

1週間の所定労働時間と1カ月間の所定労働日数が通常の従業員の4分の3以上（4分の3基準）の者

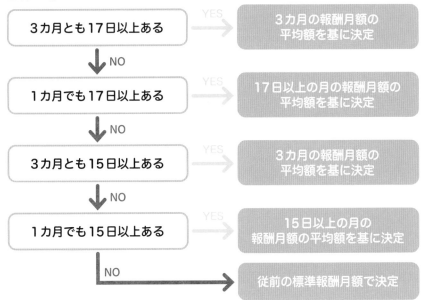

📌 短時間労働者の定時決定

上記、パートタイム労働者の「4分の3基準」を満たしていなくても特定適用事業所等（被保険者が常時100人超※）に勤務している週所定労働時間20時間以上などの者

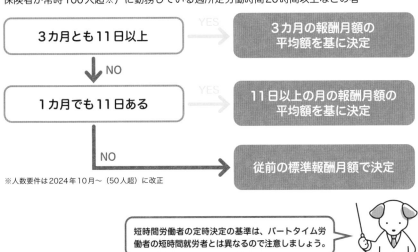

※人数要件は2024年10月〜（50人超）に改正

> 短時間労働者の定時決定の基準は、パートタイム労働者の短時間就労者とは異なるので注意しましょう。

Advice　定時決定においては、パートタイム労働者と短時間労働者とは異なる意味で使われている。アルバイトなどの名称で判断せず、どちらの要件を満たしているかを確認しよう。

08 算定基礎届の記入方法

| 頻度 | 年に1回 | 手続者 | 事業主 | 期限 | 7月1日〜10日 |

POINT

● 算定基礎届の記入に先立ち、対象者を確定しよう
● 電子申請はIDとパスワードがあれば簡単に利用できる

算定基礎届の記入準備をしよう

算定基礎届を作成するための準備として、まずは対象者を確定しましょう。7月1日現在の全被保険者と70歳以上被用者から、①6月1日以降に被保険者の資格を取得した人、②6月30日以前に退職した人、③7月改定の月額変更届を提出する人を対象から外します。

算定基礎届の用紙は、6月下旬までの間に年金事務所などから事業主宛に送られてきますが、対象となる人がすべて記載されているわけではありません。すでに記載されているのは、5月中旬の時点で年金事務所などが把握している対象者だけなので、必要に応じて情報を追加したり削除したりする必要があります。

算定基礎届の届け出について

算定基礎届が記入できたら、7月10日までに年金事務所などに提出します。年度によっては7月10日が休日となるため、締め切りの日が変動することがあります。

提出方法は、電子申請、電子媒体（CDまたはDVD）、郵送、窓口持参から選ぶことができます。電子申請は、e-Govから電子証明書を利用する他、「Gビズ ID」というIDとパスワードを取得して行うこともできます。Gビズ IDは無料で取得することができ、電子証明書も必要ありません（270ページ）。

電子媒体で提出する場合は、日本年金機構のホームページから「届書作成プログラム」をダウンロードして行います。提出する際には、事業所名称、事業所整理記号などを記載したラベルを電子媒体に貼りつけしましょう。

健康保険
厚生年金
労災保険
雇用保険

Keyword Gビズ ID　1つのID/パスワードで複数の行政サービスにアクセスできる認証システム。算定基礎届以外にも用途が広がっている。

「健康保険・厚生年金保険 被保険者報酬月額算定基礎届」の記入例

書類内容	社会保険の定時決定を行うときに提出する書類
届出先	事業所管轄の年金事務所・年金事務センターまたは健康保険組合

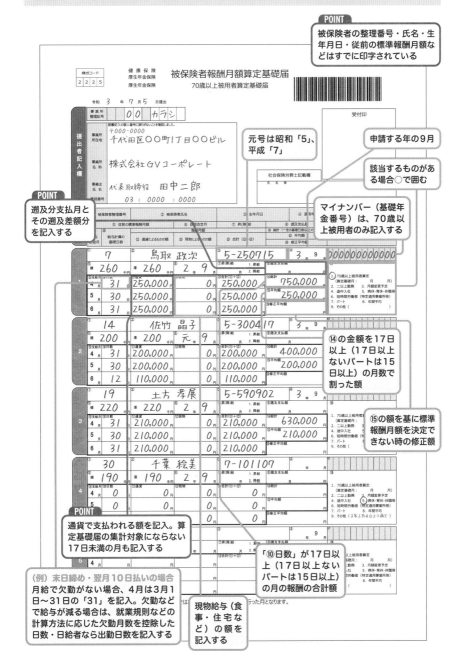

POINT
被保険者の整理番号・氏名・生年月日・従前の標準報酬月額などはすでに印字されている

元号は昭和「5」、平成「7」

申請する年の9月

該当するものがある場合○で囲む

マイナンバー（基礎年金番号）は、70歳以上被用者のみ記入する

POINT
遡及分支払月とその遡及差額分を記入する

⑭の金額を17日以上（17日以上ないパートは15日以上）の月数で割った額

⑮の額を基に標準報酬月額を決定できない時の修正額

POINT
通貨で支払われる額を記入。算定基礎届の集計対象にならない17日未満の月も記入する

「⑩日数」が17日以上（17日以上ないパートは15日以上）の月の報酬の合計額

（例）末日締め・翌月10日払いの場合
月給で欠勤がない場合、4月は3月1日〜31日の「31」を記入。欠勤などで給与が減る場合は、就業規則などの計算方法に応じた欠勤月数を控除した日数・日給者なら出勤日数を記入する

現物給与（食事・住宅など）の額を記入する

219

（例）末日締め、翌月10日払いの場合（①〜⑥）

①支払基礎日数に17日未満の月があるとき

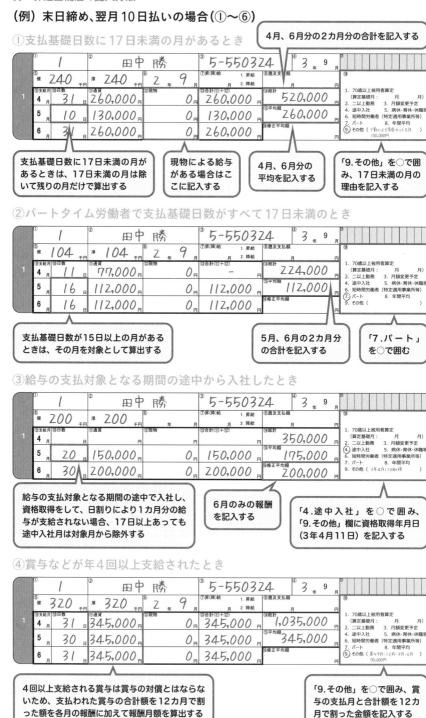

4月、6月分の2カ月分の合計を記入する

支払基礎日数に17日未満の月があるときは、17日未満の月は除いて残りの月だけで算出する

現物による給与がある場合はここに記入する

4月、6月分の平均を記入する

「9.その他」を○で囲み、17日未満の月の理由を記入する

②パートタイム労働者で支払基礎日数がすべて17日未満のとき

支払基礎日数が15日以上の月があるときは、その月を対象として算出する

5月、6月の2カ月分の合計を記入する

「7.パート」を○で囲む

③給与の支払対象となる期間の途中から入社したとき

給与の支払対象となる期間の途中で入社し、資格取得をして、日割りにより1カ月分の給与が支給されない場合、17日以上あっても途中入社月は対象月から除外する

6月のみの報酬を記入する

「4.途中入社」を○で囲み、「9.その他」欄に資格取得年月日（3年4月11日）を記入する

④賞与などが年4回以上支給されたとき

4回以上支給される賞与は賞与の対償とはならないため、支払われた賞与の合計額を12カ月で割った額を各月の報酬に加えて報酬月額を算出する

「9.その他」を○で囲み、賞与の支払月と合計額を12カ月で割った金額を記入する

健康保険

厚生年金

労災保険

雇用保険

⑤短時間労働者で3カ月とも支払基礎日数が11日以上のとき

① 1	② 田中　勝	③ 5-550324	3 年 9 月

	④健 104 千円	厚 104 千円	乙 年 9 月	⑦昇(降)給　1. 昇給　2. 降給　月	⑧遡及支払額　月　円	⑩ 1. 70歳以上被用者算定（算定基礎月：　月　月） 2. 二以上勤務　3. 月額変更予定 4. 途中入社　5. 病休・育休・休職等 ⑥ 短時間労働者（特定適用事業所等） 7. パート　8. 年間平均 9. その他（　　　　）
1	⑤支給月 4 月	⑥日数 12 日	⑫通貨 100,800 円	⑬現物 0 円	⑭合計⑪+⑫ 100,800 円	⑮総計 302,400 円
	5 月	11 日	92,400 円	0 円	92,400 円	⑯平均額 100,800 円
	6 月	13 日	109,200 円	0 円	109,200 円	⑰修正平均額

短時間労働者で支払基礎日数が3カ月とも11日以上ある場合は、3カ月すべてが算出の対象となる

「6.短時間労働者」を○で囲む

⑥短時間労働者で支払基礎日数に11日未満の月があるとき

① 1	② 田中　勝	③ 5-550324	3 年 9 月

	④健 110 千円	厚 110 千円	乙 年 9 月	⑦昇(降)給　1. 昇給　2. 降給　月	⑧遡及支払額　月　円	⑩ 1. 70歳以上被用者算定（算定基礎月：　月　月） 2. 二以上勤務　3. 月額変更予定 4. 途中入社　5. 病休・育休・休職等 ⑥ 短時間労働者（特定適用事業所等） 7. パート　8. 年間平均 9. その他（　　　　）
1	⑤支給月 4 月	⑥日数 10 日	⑫通貨 101,000 円	⑬現物 0 円	⑭合計⑪+⑫ －	⑮総計 232,300 円
	5 月	11 日	111,100 円	0 円	111,100 円	⑯平均額 116,150 円
	6 月	12 日	121,200 円	0 円	121,200 円	⑰修正平均額

短時間労働者で支払基礎日数に11日未満の月があるときは、支払基礎日数が11日以上の月のみを対象とする

「6.短時間労働者」を○で囲む

⑦短時間労働者である月と短時間労働者でない月が混在しているとき※

※正社員から短時間労働者への区分変更など

（例）25日締め、当月末日払いの場合

5月1日に、一般被保険者から短時間労働者に区分変更した場合、締日の4/25日時点で一般、5/25日時点で短時間となるため4月は17日以上、5・6月は11日以上あるかどうかで判断をする

① 1	② 田中　勝	③ 5-550324	3 年 9 月

	④健 118 千円	厚 118 千円	乙 年 9 月	⑦昇(降)給　1. 昇給　2. 降給　月	⑧遡及支払額　月　円	⑩ 1. 70歳以上被用者算定（算定基礎月：　月　月） 2. 二以上勤務　3. 月額変更予定 4. 途中入社　5. 病休・育休・休職等 ⑥ 短時間労働者（特定適用事業所等） 7. パート　8. 年間平均 ⑨ その他（ 5月 短時間変更 ）
1	⑤支給月 4 月	⑥日数 16 日	⑫通貨 172,800 円	⑬現物 0 円	⑭合計⑪+⑫ －	⑮総計 248,400 円
	5 月	11 日	118,800 円	0 円	118,800 円	⑯平均額 174,700 円
	6 月	12 日	129,600 円	0 円	129,600 円	⑰修正平均額

短時間労働者である月と短時間労働者でない月が混在しているときは、給与の締め日時点で短時間労働者に該当するかどうかに従って算定対象月を判断する

「6.短時間労働者」を○で囲み、「9.その他」の欄に変更月と被保険者区分を記入する

09 報酬が２等級以上変わったら 月額変更届を提出する

| 頻度 | 随時 | | 手続者 | 事業主 | | 期限 | 報酬が変わってから４カ月目 |

POINT
- 随時改定は給与（報酬）が変動してから４カ月目に行う
- 随時改定は昇給や降給などで固定的賃金に変動などがあった場合が対象

随時改定とは

　４〜6月の報酬額を基に年に一度「定時決定」された標準報酬月額は、原則としてその年の9月から翌年の8月まで適用されます。しかし、その間に大幅な昇給や降給があった場合に、社会保険料の額が変わらないと保険料の負担などに不公平が生じます。そこで、固定的賃金が大幅に変わり、標準報酬月額が２等級以上変動するときには、報酬が変動してから４カ月目に随時改定を行います。

　随時改定は、①昇給または降給などにより固定的賃金に変動（または賃金体系の変更）があった、②変動月から3カ月間に支給された報酬（残業手当などの非固定的賃金を含む）の平均月額に該当する標準報酬月額にこれまでとは２等級以上の差が生じている、③3カ月とも支払基礎日数が17日（特定適用事業所に勤務する短時間労働者は11日）以上である、という3つの要件をすべて満たすときに行います。

　なお、その他、産前産後休業・育児休業等を終了後（職場復帰）、勤務時間短縮などで、賃金が変動する際にも改定の申出ができます（右ページ下表）。

随時改定で必要な書類

　随時改定を行うときに年金事務所などに提出するのが被保険者報酬月額変更届／70歳以上被用者月額変更届（以下、月額変更届）です。

　基本的には添付書類は必要ありませんが、年間報酬を平均して給与額を算定する場合は、①（様式1）年間報酬の平均で算定することの申立書（随時改定用）、②（様式2）健康保険厚生年金保険被保険者報酬月額変更届・保険者算定申立に係る例年の状況、標準報酬月額の比較及び被保険者の同意書（随時改定用）の添付が必要です。

<table>
<tr><td>Keyword</td><td>固定的賃金</td><td>支給額や支給率が一定で、稼働実績に関わらず継続して支給される報酬。</td></tr>
<tr><td></td><td>月額変更届</td><td>随時改定の際に年金事務所などに提出する書類。正式名称は「被保険者月額変更届」。</td></tr>
</table>

健康保険

厚生年金

労災保険

雇用保険

📌 固定的賃金の変動と月額変更届との関係

↑（増額）　↓（減額）

随時改定の必要		有	有	有	有	無	無
報酬	固定的賃金	↑	↑	↓	↓	↑	↓
	非固定的賃金	↑	↓	↓	↑	↓	↑
3カ月の報酬の平均額で2等級以上の差		↑	↑	↓	↓	↓	↑

固定的賃金と3カ月の報酬の平均額の矢印が同じ向きの場合、随時改定が必要になる

以下の場合、2等級以上の差が出ても随時改定には該当せず、月額変更届の提出の必要はない
・固定的賃金は増額したが非固定的賃金が減少したため2等級以上下がった
・固定的賃金は減額したが非固定的賃金が増加したため2等級以上上がった

📌 固定的賃金の変動から4カ月目が標準報酬月額の改定月

標準報酬		報酬月額	
健康保険等級	厚生年金保険等級	月額（円）	円以上～円未満
22	19	300000	290,000～310,000
23	20	320000	310,000～330,000
24	21	340000	330,000～350,000

※例：協会けんぽ東京支部（2021年度）の場合

固定的賃金が変動して4カ月目に標準報酬月額が改定される

標準報酬月額

	昇給月			改定月
30万円 健保22級 年金19級	4万円	4万円	4万円 2等級UP！	34万円 健保24級 年金21級
7月	8月	9月	10月	11月

昇給後の3カ月の平均月額：34万＝標準報酬月額：34万円となる

📌 「産前産後休業・育児休業等終了時改定」と「随時改定」の違い

	産前産後休業・育児休業等終了時改定	随時改定
基礎期間	産前産後休業終了日または育児休業等終了日の翌日が属する月以後の3カ月間	固定的賃金に変動があった月以後の3カ月間
支払基礎日数	支払基礎日数が17日未満の月があっても改定を行うことはできるが、17日未満の月を除く※ パートタイム労働者で3カ月いずれも17日未満の場合は、15日以上17日未満の月	支払基礎日数が17日未満の月があるときは随時改定を行わない※
2等級以上の差	2等級以上の差が生じない場合でも改定	原則として2等級以上の差が生じることが必要
改定月	産前産後休業終了日または育児休業終了日の翌日が属する月から起算して4カ月目から改定	固定的賃金に変動を生じた月から起算して4カ月目から改定
届け出方法	被保険者の申出に基づき、事業主を経由して速やかに届け出	随時改定に該当する場合、事業主が速やかに届け出

※特定適用事業所等の短時間労働者である被保険者は「17日」を「11日」に読み替えて適用します。

出典：一般社団法人東京社会保険協会「令和3年度版 算定基礎届・月額変更届の手引き」

10 月額変更届の集計方法

| 頻度 | 随時 | 手続者 | 事業主 | 期限 | 報酬が変わってから4カ月目 |

POINT

- 残業手当など非固定的賃金による増減は随時改定の対象外
- 上限・下限の等級変更は2等級以上の変更がなくても随時改定の対象となる

随時改定の対象となるもの・ならないもの

固定的賃金に変動があるとき随時改定を行いますが、固定的賃金には昇給（ベースアップ）や降給（ベースダウン）の他に、日給から月給への変更などの給与体系の変更、日給や時間給の基礎単価の変更、住宅手当、役付手当などの固定的な手当の追加、支給額の変更などが含まれます。

例えば、公共交通機関の運賃が値上がりした、ガソリン単価（車両通勤）が値上がりしたなどの通勤手当の単価変動も随時改定の要因となりえます。一方、残業手当等の非固定的賃金が増減したために2等級以上の差が生じた場合は、随時決定の対象とはなりません。

随時改定による標準報酬月額は、1～6月改定の場合は、その年の8月まで、7～12月の改定の場合は、翌年の8月まで適用されます。その間に固定的賃金の変動があれば、再度随時改定の対象となります。

2等級以上の変更がなくても随時改定が必要な場合がある

随時改定は、標準報酬月額保険料額表（207ページ）を用いて判断します。現時点では、標準報酬月額の等級は健康保険（1～50等級）・厚生年金（1～32等級）で分かれており、それぞれ上限と下限があります。そして、上限または下限にわたる等級変更の場合は、2等級以上の変更がなくても随時改定の対象となります（227ページ）。

例えば、厚生年金なら2等級に該当する従業員が降給によって1等級になった場合や、31等級に該当する従業員が昇給によって32等級になった場合です。健康保険と厚生年金保険で上限・下限の標準報酬月額は異なるので注意しましょう。

また、さかのぼって昇給があり、昇給差額が支給されたときは、差額が支給された月を変更月として随時改定の対象となるかどうかを判断します。

健康保険

厚生年金

労災保険

雇用保険

📌 随時改定（修正平均の例）

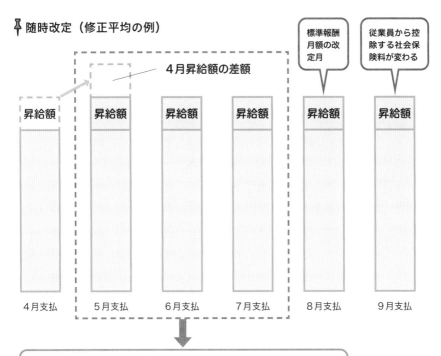

4月昇給額の差額

| 標準報酬月額の改定月 | 従業員から控除する社会保険料が変わる |

4月にさかのぼって昇給を実施し、4月の差額を5月に支払った場合、昇給差額が支給された月（5月）が固定的賃金変動月となる。
この場合、遡及昇給の差額分（4月の昇給額の差額）が5月に支払われても、報酬月額からは除外して計算する

📌 「報酬」に当たるもの・当たらないもの

報酬にあたるもの	●基本給 　月給、週給、日給など ●諸手当 　役付手当、職階手当、特別勤務手当、勤務地手当、通勤手当、住宅手当、日直手当、家族手当、扶養手当　など
報酬にあたらないもの	●実費弁償的なもの 　出張旅費、交際費　など ●臨時的・一時的に受けるもの 　退職手当、大入袋、解雇予告手当　など ●事業主が恩恵的に支給するもの 　病気見舞金、災害見舞金、慶弔金　など

11 月額変更届の記入方法

| 頻度 | 随時 | | 手続者 | 事業主 | | 期限 | 報酬が変わってから4カ月目 |

POINT
- 月額変更届はダウンロードするなどして自分で用意する
- 年間平均の報酬月額で月額変更届を申し立てることもできる

例年繁忙期がある場合には、年平均で申し立てできる

月額変更の対象者をピックアップしたら、実際に月額変更届を記入していきます。原則として、対象となるのは変動月から3カ月間の報酬の平均額が、現在の標準報酬月額より2等級以上変動があった従業員ですが、年間平均の報酬月額で月額変更届を提出することもできます（例年、季節的な報酬変動が見込まれる場合など）。この場合は、条件を満たすことで1等級以上の差があれば、随時改定を申し立てることが

できます。

定時決定とは異なり、随時改定に必要な月額変更届の用紙は事業主が用意する必要があります。

日本年金機構のホームページにある「随時改定」のページからPDFをダウンロードできる他、年金事務所や健康保険組合で入手することも可能です。この用紙には、最大5人までの情報を記載することができます（228ページ）。

月額変更届の記入方法

月額変更届には、変更した3カ月分の報酬月額を記載し、さらにそれらを合計し平均額を算出したものを記載します。また、従業員の生年月日や被保険者整理番号などの情報も記載します。あらかじめ必要な情報をまとめておきましょう。

添付書類は必要ありません。ただし、

年間報酬の平均で算定することを申し立てる場合は、「申立書」「申立に係る例年の状況、標準報酬月額の比較及び被保険者の同意等書面」が必要です。提出方法には、電子申請（270ページ）、電子媒体（CDまたはDVD）、郵送、窓口持参の方法があります。

1等級変更でも上限・下限では随時改定の対象となる

●健康保険

従前の標準報酬月額		昇給降給	報酬の3カ月平均額	改定後の標準報酬月額	
等級	月額			等級	月額
50	1,390,000円	↓	1,355,000円未満	49	1,330,000円
49	1,330,000円	↑	1,415,000円以上	50	1,390,000円
2	68,000円	↓	53,000円未満	1	58,000円
1	58,000円	↑	63,000円以上	2	68,000円

●厚生年金保険

従前の標準報酬月額		昇給降給	報酬の3カ月平均額	改定後の標準報酬月額	
等級	月額			等級	月額
32	650,000円	↓	635,000円未満	31	620,000円
31	620,000円	↑	665,000円以上	32	650,000円
2	98,000円	↓	83,000円未満	1	88,000円
1	88,000円	↑	93,000円以上	2	98,000円

※額は協会けんぽ東京支部（2021年度）の例

●昇給があったときの例

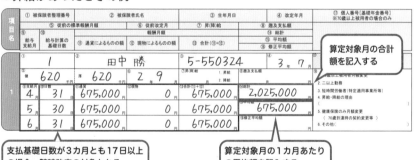

算定対象月の合計額を記入する

支払基礎日数が3カ月とも17日以上の場合、随時改定の対象となる

算定対象月の1カ月あたりの平均額を記入する

●さかのぼって昇給があったときの例

「⑧遡及支払額」の欄に差額支給月・昇給差額を記入する

さかのぼって昇給があったときは、以前の昇給差額分（または遅配分）を除いた報酬月額の総計から報酬月額を算出する

昇給差額分を除いた修正総計（⑭－⑧）を3で割った額を記入する

「健康保険・厚生年金保険 被保険者報酬月額変更届・厚生年金保険 70歳以上被用者月額変更届」の記入例

書類内容	報酬額が2等級以上上がり、月額変更をするときに必要な書類
届出先	事務所管轄の年金事務所・年金事務センターまたは健康保険組合

様式コード
2 2 1

健康保険
厚生年金保険　**被保険者報酬月額変更届**
厚生年金保険　70歳以上被用者月額変更届

令和 3 年 7 月 5 日提出

事業所整理記号　00-カラシ

提出者記入欄

〒 000-0000
事業所所在地　千代田区〇〇町1丁目〇〇ビル
事業所名称　株式会社GVコーポレート
事業主氏名　代表取締役　田中二郎
電話番号　03（0000）0000

受付印

①〜⑰の詳細は229ページ

社会保険労務士記載欄　氏名等

① 被保険者整理番号	② 被保険者氏名	③ 生年月日	④ 改定年月	⑪ 個人番号[基礎年金番号]※70歳以上被用者の場合のみ
⑤ 従前の標準報酬月額	⑥ 従前改定月	⑦ 昇(降)給	⑧ 遡及支払額	⑩ 備考
⑨ 給与支給月 給与計算の基礎日数	⑩ 通貨によるものの額 報酬月額 ⑪ 現物によるものの額	⑫ 合計(⑩+⑪)	⑬ 総計 ⑭ 平均額 ⑮ 修正平均額	

1
① 19　② 土方 孝展　③ 5-590902　④ 3 8　⑰
⑤ 健340 厚340　⑥ 2 9　⑦ 5　⑧　⑱
⑨ 5月 ⑩30 ⑪380,000 ⑫0 ⑬380,000 ⑭1,140,000
6月 31 380,000 0 380,000 ⑮380,000
7月 30 380,000 0 380,000 ⑯

1.70歳以上被用者月額変更
2.二以上勤務
3.短時間労働者(特定適用事業所等)
4.昇給・降給の理由
　基本給の変更
5.健康保険のみ月額変更
　(70歳到達時の契約変更等)
6.その他( )

2
① 1　田中 勝　5-550324　3 8
健410 厚410　2 9　5　50,000
5月 30 510,000 510,000 1,430,000
6月 31 460,000 460,000 476,666
7月 30 460,000 460,000 460,000

基本給の変更

3
① 12　神田川 希望　7-100830　3 8
健200 厚200　2 9　5　697,000
5月 30 230,000 230,000 697,000
6月 31 235,000 235,000 232,333
7月 30 232,000 232,000 232,000

住宅手当の支給(新規)

4

5

※ ⑨支給月とは、給与の対象となった計算月ではなく実際に給与の支払いを行った月となります。

最大5名まで情報を載せることが可能

📌 被保険者報酬月額変更届を記入するときの注意点

記号	項目	記入のポイント
❶	被保険者整理番号	資格取得時に払い出しされた被保険者整理番号
❷	被保険者氏名	被保険者の氏名
❸	生年月日	元号は、昭和が「5」、平成が「7」、令和が「9」
❹	改定年月	標準報酬月額が改定される年月（変動後の賃金を支払った月から4カ月目）
❺	従前の標準報酬月額	現在の標準報酬月額
❻	従前改定月	「⑤従前の標準報酬月額」が適用された年月
❼	昇（降）給	昇給または降給のあった月の支払月（該当する昇給または降給の区分を〇で囲む）
❽	遡及支払額	遡及分の支払があった月と支払われた遡及差額分
❾	給与支給月	変動後の賃金を支払った月から3カ月
❿	給与計算の基礎日数	報酬(給与)支払の基礎となった日数を記入 ・月給・週給者→暦日数 ・日給・時給者→出勤日数 ※月給・週給者で欠勤日数分の給与を差し引く場合→就業規則等で定められた日数から欠勤日数を除く
⓫	通貨によるものの額	労働の対償として通貨で支払われるすべての合計金額
⓬	現物によるものの額	報酬のうち食事・住宅・被服・定期券など、通貨以外で支払われるすべての合計金額
⓭	合計	「⑪通貨」と「⑫現物」の合計額
⓮	総計	3カ月間の「⑬合計」を総計
⓯	平均額	「⑭総計」の金額を3カ月（月数）で割った額
⓰	修正平均額	昇給がさかのぼったことで対象月中に差額分が含まれている場合は、差額分を除いた平均額
⓱	個人番号（基礎年金番号）	70歳以上被用者のみ個人番号（あるいは基礎年金番号）を記入
⓲	備考	該当箇所を〇で囲む

12 賞与を支払ったら 賞与支払届を提出する

| 頻度 | 都度 | 手続者 | 事業主 | 期限 | 賞与の支給日から5日以内 |

POINT

- 賞与の保険料は標準賞与額を基に計算される
- 標準賞与額は、健康保険・厚生年金保険それぞれに上限額がある

賞与を支払ったときも社会保険料を納付する

　従業員に賞与を支給したときは、社会保険料を計算して年金事務所や健康保険組合に被保険者賞与支払届という書類を提出します。賞与から天引きする保険料は「標準賞与額」によって決まります。標準賞与額は、実際に支払われた賞与額（税引き前の総支給額）から1,000円未満を切り捨てた額です。保険料は各被保険者の標準賞与額に、毎月の給与の保険料率と同率を乗じて計算し、事業主と被保険者が折半で負担します。

　標準賞与額は、健康保険では年度（4月1日〜翌年3月31日）の累計額が573万円、厚生年金保険は支給1カ月あたり150万円という上限があります。なお、給与規定などにより、賞与が年4回以上支払われることが定められている場合は報酬として取り扱うため、「定時決定」「随時改定」の対象となります（210ページ）。

賞与支払届の提出方法

　日本年金機構に登録されている賞与支払予定月の前月に、被保険者賞与支払届等が事業所宛に送られてきます。賞与を支給した際は、支給日から5日以内に賞与支払届・70歳以上被用者賞与支払届を年金事務所や健康保険組合に提出します。届出用紙には、賞与支払予定月前の情報が反映されています。必要に応じて追加を行いましょう。

　添付書類は必要ありませんが、標準賞与額の年度の累計額が573万円を超える場合は、被保険者からの申出に基づいて健康保険標準賞与額累計申出書の提出が必要です。これは電子申請ではできません。

　また、登録している賞与支払予定月に賞与を支給しなかった場合、以前までは、賞与支払届に被保険者賞与支払届総括表を添付する必要がありましたが、2021年4月1日に廃止されました。現在は賞与不支給報告書の提出が必要です。

健康保険

厚生年金

📌 賞与支払時の社会保険料の計算方法

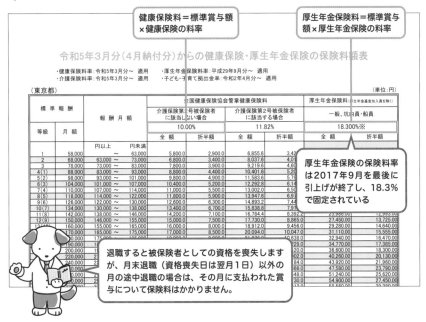

健康保険料＝標準賞与額 × 健康保険の料率

厚生年金保険料＝標準賞与額 × 厚生年金保険の料率

令和5年3月分（4月納付分）からの健康保険・厚生年金保険の保険料額表

・健康保険料率：令和5年3月分〜 適用　・厚生年金保険料率：平成29年9月分〜 適用
・介護保険料率：令和5年3月分〜 適用　・子ども・子育て拠出金率：令和2年4月分〜 適用

（東京都）　　　　　　　　　　　　　　　　　　　　　　　（単位：円）

厚生年金保険の保険料率は2017年9月を最後に引上げが終了し、18.3%で固定されている

退職すると被保険者としての資格を喪失しますが、月末退職（資格喪失日は翌月1日）以外の月の途中退職の場合は、その月に支払われた賞与について保険料はかかりません。

📌 退職時の賞与にかかる保険料

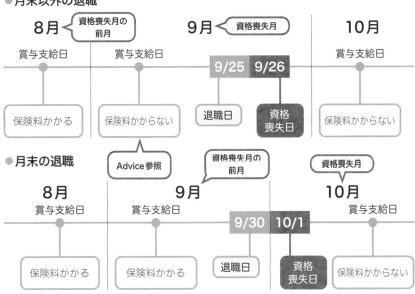

●月末以外の退職

8月　資格喪失月の前月

賞与支給日　　賞与支給日

9月　資格喪失月

10月

賞与支給日

9/25 9/26

保険料かかる

保険料かからない

Advice参照

退職日

資格喪失日

保険料かからない

●月末の退職

8月

賞与支給日

9月　資格喪失月の前月

賞与支給日

10月　資格喪失月

賞与支給日

9/30 10/1

保険料かかる

保険料かかる

退職日

資格喪失日

保険料かからない

Advice 資格喪失日の前日までに支払われた賞与には保険料はかからないが、健康保険の標準賞与額の年度累計の対象となるため、該当者の賞与支払届は必要なので注意しよう。

「健康保険・厚生年金保険 被保険者賞与支払届・厚生年金保険 70歳以上被用者賞与支払届」の記入例

書類内容	従業員に賞与を支払ったときに提出する書類
届出先	事業所管轄の年金事務所・年金事務センターまたは健康保険組合

健康保険
厚生年金保険　被保険者賞与支払届
厚生年金保険　70歳以上被用者賞与支払届

様式コード
2 2 6 5

令和 3 年 7 月 5 日

提出者記入欄

事業所整理記号　0 0 カラシ

事業所所在地　〒000-0000
千代田区○○町1丁目○○ビル

事業所名称　株式会社GVコーポレート

事業主氏名　代表取締役 田中二郎

電話番号　03（0000）0000

元号は昭和が「5」、平成が「7」

④ 賞与支払年月日（共通）　9.令和 0 3 0 7 0 1　←1枚ずつ必ず記入してください。

1 14　佐竹 昌子　5-300417
300,000　300,000

2 19　土方 孝展　5-590902
500,000　500,000

70歳以上被用者のみ記入する

POINT
「④賞与支払年月日（共通）」の日付と異なる場合は、実際の賞与支払日を記入する

⑦通貨で支払われる額を記入。⑦現物給与（食事・住宅など）の額を記入

「健康保険・厚生年金保険 賞与不支給報告書」の記入例

書類内容 　登録している賞与支払予定月に賞与を支給しなかったときに提出する書類
届出先 　　事業所管轄の年金事務所・年金事務センターまたは健康保険組合

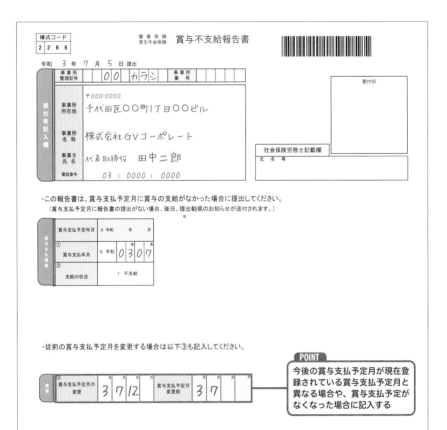

・この報告書は、賞与支払予定月に賞与の支給がなかった場合に提出してください。
（賞与支払予定月に報告書の提出がない場合、後日、提出勧奨のお知らせが送付されます。）

・従前の賞与支払予定月を変更する場合は以下③も記入してください。

POINT
今後の賞与支払予定月が現在登録されている賞与支払予定月と異なる場合や、賞与支払予定がなくなった場合に記入する

被保険者賞与支払届総括表は、電子申請の利用促進と手続きの簡素化を図るため廃止されました。

13 労働保険料の決定から 納付までの流れを知ろう

頻度	年に1回	手続者	事業主	期限	6月1日〜7月10日

POINT
- 労働保険の保険料は概算保険料と確定保険料を申告・納付する
- 概算保険料額が40万円以上のときは3回に分けて保険料を納付できる

労働保険料の「年度更新」とは

　労働保険の保険料は、毎年4月1日から翌年3月31日までの1年間（保険年度）を単位として計算し、1年分をまとめて納付します。ただし、納付した後に労働保険料が変動する可能性もあるため、確定した金額を出すことはできません。

　そこで、年度当初には概算で申告・納付をしておき、翌年度の当初に改めて確定して、概算で納付した額と実際の額を精算します。この手続きを「年度更新」といいます。年度更新は、原則として毎年6月1日から7月10日までの間に行うことになっています。

　労働保険の保険料は、保険年度を単位とし、その間ですべての労働者（雇用保険においては被保険者）に支払われる賃金の総額に、その事業の種類ごとに定められた保険料率をかけて算定します。

年度更新の申告・納付について

　年度更新の際は、①確定保険料・一般拠出金算定基礎賃金集計表と②申告書を作成して、申告書を労働基準監督署などに提出します。

　まず①を作成し、この集計表で算出した確定保険料・一般拠出金の算定基礎額を②に転記し、それぞれの額を計算します。それとともに、次年度の概算保険料も計算し、確定保険料額と前年度申告の概算保険料額との差額を計算して申告書を完成させます。

社会保険

厚生年金

労災保険

雇用保険

📌 年度更新の流れ

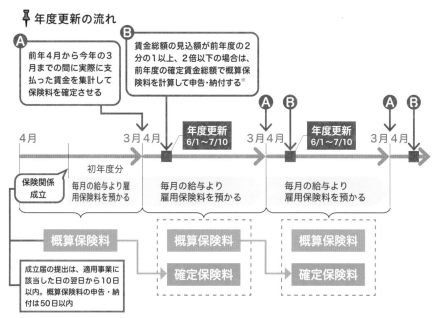

Ⓐ 前年4月から今年の3月までの間に実際に支払った賃金を集計して保険料を確定させる

Ⓑ 賃金総額の見込額が前年度の2分の1以上、2倍以下の場合は、前年度の確定賃金総額で概算保険料を計算して申告・納付する※

4月　　　　　　3月 4月　　年度更新 6/1〜7/10　　3月 4月　　年度更新 6/1〜7/10　　3月 4月

保険関係成立

初年度分　毎月の給与より雇用保険料を預かる

毎月の給与より雇用保険料を預かる

毎月の給与より雇用保険料を預かる

概算保険料

概算保険料 → 確定保険料

概算保険料 → 確定保険料

成立届の提出は、適用事業に該当した日の翌日から10日以内。概算保険料の申告・納付は50日以内

※この図では、前年度途中成立のため2分の1、2倍の範囲外となる場合には、新規に1年間の見込額を設定して申請・納付する。

📌 概算保険料の精算例

● 概算保険料＞確定保険料の場合

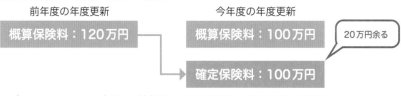

前年度の年度更新　　　　今年度の年度更新

概算保険料：120万円

概算保険料：100万円

確定保険料：100万円

20万円余る

➡ 余った20万円と相殺　納付額：100万円−20万円＝80万円

● 概算保険料＜確定保険料の場合

前年度の年度更新　　　　今年度の年度更新

概算保険料：70万円

概算保険料：100万円

確定保険料：100万円

30万円不足

➡ 不足の30万円を加算　納付額：100万円＋30万円＝130万円

概算保険料と確定保険料に差額が生じたときには、差額が多いか少ないかによって処理が変わります。

14 労働保険の対象となる労働者と賃金

POINT

- 労災保険は全従業員が対象となるが雇用保険は条件が設定されている
- 賃金総額に含まれるものと含まれないものがあるので整理しよう

労働保険（労災保険・雇用保険）の対象となる労働者とは

労災保険は、正社員やパートタイマー、契約社員など雇用形態に関わらず、労働の対償として賃金を受けるすべての人が対象となります。雇用保険も雇用形態は関係しませんが、すべての人が対象となるわけではありません。

対象となるのは、①1週間の所定労働時間が20時間以上、②31日以上の雇用が見込める、③昼間学生や一定条件の季節的に雇用される者などではないことが要件です。65歳以上の労働者は、従前は適用対象外でしたが、2017年1月1日以降、雇用保険の適用対象となりました。このように、雇用保険は加入要件が設定されているため、

労働保険に加入している労働者の中には、雇用保険に加入している人・していない人の両者が存在します。

その他、原則として対象外の人（事業主と同居の親族、役員など）でも、条件により加入できる人も存在します（兼務役員など）。この場合、加入するにはハローワークへ雇用実態を確認できる書類等の提出が必要となります（本書の雇用実態証明書を参照）。労働保険料を算出する際は、兼務役員の場合、対象となる賃金は、「役員報酬」の部分は含まれず、労働者としての「賃金」部分のみとなります。

労働保険算出の対象となる賃金とは

労働保険料を算出する基礎となるのが、賃金（給与支給額）です。労働保険における賃金総額とは、事業主が従業員に対して、賃金、手当、賞与など、労働の対償として支払った賃金の支払い総額のことを指します。

従業員に支払った、扶養手当や家族

手当、技能手当、住宅手当などは賃金総額に含まれますが、出張旅費や退職金、持ち家奨励金、解雇予告手当などは賃金総額に含まれません。このように、賃金総額に含まれるものと含まれないものがあるので、右ページの一覧表で確認しておきましょう。

健康保険

厚生年金

労災保険

雇用保険

236

📌 労働保険の対象となる賃金の範囲

賃金とするもの		賃金としないもの	
基本賃金	時間給・日給・月給、臨時・日雇労働者・パート・アルバイトに支払う賃金	役員報酬	取締役等に対して支払う報酬
賞与	夏季・年末などに支払うボーナス	結婚祝金 死亡弔慰金 災害見舞金 年功慰労金 勤続褒賞金 退職金	労働協約・就業規則等の定めがあるとないとを問わない
通勤手当	課税分、非課税分を問わない		
定期券・回数券	通勤のために支給する現物給与		
超過勤務手当 深夜手当等	通常の勤務時間以外の労働に対して支払う残業手当等	出張旅費 宿泊費 赴任手当	実費弁償と考えられるもの
扶養手当 子ども手当 家族手当	労働者本人以外の者について支払う手当	工具手当 寝具手当	労働者が自己の負担で用意した用具に対して手当を支払う場合
技能手当 特殊作業手当 教育手当	労働者個々の能力、資格等に対して支払う手当や、特殊な作業に就いた場合に支払う手当	休業補償費	労働基準法第76条の規定に基づくもの。法定額60%を上回った差額分を含めて賃金としない
在宅勤務手当	在宅勤務を行うことのみを要件として、就業規則等の定めに基づき定額を支払う手当	傷病手当金	健康保険法第99条の規定に基づくもの
調整手当	配置転換・初任給等の調整手当	解雇予告手当	労働基準法第20条に基づいて労働者を解雇する際、解雇日の30日以前に予告をしないで解雇する場合に支払う手当
地域手当	寒冷地手当・地方手当・単身赴任手当等		
住宅手当	家賃補助のために支払う手当	財産形成貯蓄等のため事業主が負担する奨励金等	勤労者財産形成促進法に基づく勤労者の財産形成貯蓄を援助するために事業主が一定の率または額の奨励金を支払う場合（特殊奨励金など）
奨励手当	精勤手当・皆勤手当等		
休業手当	労働基準法第26条に基づき、事業主の責に帰すべき事由により支払う手当		
宿直・日直手当	宿直・日直等の手当	会社が金額負担する生命保険の掛け金	労働者を被保険者として保険会社と生命保険等厚生保険の契約をし、事業主が保険料を全額負担するもの
雇用保険料 社会保険料等	労働者の負担分を事業主が負担する場合		
昇給差額	離職後支払われた場合で在職中に支払いが確定したものを含む	持家奨励金	労働者が持家取得のため融資を受けている場合で事業主が一定の率または額の利子補給金等を支払う場合
前払い退職金	支給基準・支給額が明確な場合は原則として含む	住宅の貸与を受ける利益（福利厚生施設として認められるもの）	住宅貸与されない者全員に対し（住宅）均衡手当を支給している場合は、賃金となる場合がある

出典：厚生労働省「令和5年度　労働保険年度更新申告書の書き方」

Advice 在宅勤務の従業員が業務として一時的に出社するときの交通費については、労働契約上の労務提供地が自宅の場合は実費弁償となり、労働契約上の労務提供地が会社の場合は通勤手当として取り扱う。

15 事業の種類によって異なる労災保険率

POINT

- 労災保険率は危険度が高い事業ほど料率が高い
- 雇用保険率は失業等のリスクが高い事業ほど料率が高い

労災保険の料率は事業の違いで決まる

労災保険は、労働者である従業員が業務災害や通勤災害に遭ったとき、生活保障や医療費負担の軽減などをサポートしてくれる保険です。労災保険の保険料は、事業主が全額負担します。

保険率は事業の種類によって変わるため、会社単位ではなく事業所（事業）単位で保険率が異なります。料率は事業の危険度に基づき、危険度が高い事業ほど保険料率が高くなるしくみです。

事業の業種には、「林業」「漁業」「鉱業」「建設事業」「製造業」「運輸業」などに分かれており、その中でもさらに細分化されています。例えば、建設事業の中でも「水力発電施設」の労災保険率は62／1000ですが、「舗装工事業」の労災保険率は9／1000と、かなりの差があります。

雇用保険の料率は雇用の不安定さによって異なる

雇用保険は、労働者の生活や雇用の安定を図ることや再就職の援助を行うことなどを目的とした制度です。雇用保険の保険料は、事業主と被保険者となる従業員とで負担します。

雇用保険も、事業の種類によって若干保険率が異なります。事業は「一般」「農林水産・清酒製造」「建設」に分かれており、建設の事業にかかる保険率

が最も高くなっています（241ページ）。

雇用保険の保険率が異なるのは、保険給付を受ける頻度が事業によって異なるからです。建設業は工事単位で仕事がくるため、工事が終わると失業してしまう不安定さを持っています。また、農林水産や清酒製造も季節により業務の繁閑の差が大きい業種のため高い保険率となっています。

健康保険

厚生年金

労災保険

雇用保険

📌 労災保険率表（2023年4月1日現在）

労災保険の料率は原則3年ごとに見直しされる。必ず最新の表を確認しよう

（単位：1／1,000）

事業の種類の分類	番号	事業の種類	労災保険率
林業	02または03	林業	60
漁業	11	海面漁業（定置網漁業または海面魚類養殖業を除く）	18
	12	定置網漁業または海面魚類養殖業	38
鉱業	21	金属鉱業、非金属鉱業（石灰石鉱業またはドロマイト鉱業を除く）または石炭鉱業	88
	23	石灰石鉱業またはドロマイト鉱業	16
	24	原油または天然ガス鉱業	2.5
	25	採石業	49
	26	その他の鉱業	26
建設事業	31	水力発電施設、すい道等新設事業	62
	32	道路新設事業	11
	33	舗装工事業	9
	34	鉄道または軌道新設事業	9
	35	建設事業（既設建築物設備工事業を除く）	9.5
	38	既設建築物設備工事業	12
	36	機械装置の組立てまたは裾付けの事業	6.5
	37	その他の建設事業	15
製造業	41	食料品製造業	6
	42	繊維工業または繊維製品製造業	4
	44	木材または木製品製造業	14
	45	パルプまたは紙製造業	6.5
	46	印刷または製本業	3.5
	47	化学工業	4.5
	48	ガラスまたはセメント製造業	6
	66	コンクリート製造業	13
	62	陶磁器製品製造業	18
	49	その他の窯業または土石製品製造業	26
	50	金属精錬業（非鉄金属精錬業を除く）	6.5
	51	非鉄金属精錬業	7
	52	金属材料品製造業（鋳物業を除く）	5.5
	53	鋳物業	16
	54	金属製品製造業または金属加工業（洋食器、刃物、手工具または一般金物製造業およびめっき業を除く）	10
	63	洋食器、刃物、手工具または一般金物製造業（めっき業を除く）	6.5
	55	めっき業	7
	56	機械器具製造業（電気機械器具製造業、輸送用機械器具製造業、船舶製造または修理業および計量器、光学機械、時計等製造業を除く）	5
	57	電気機械器具製造業	2.5
	58	輸送用機械器具製造業（船舶製造または修理業を除く）	4
	59	船舶製造または修理業	23
	60	計量器、光学機械、時計等製造業（電気機械器具製造業を除く）	2.5
	64	貴金属製品、装身具、皮革製品等製造業	3.5
	61	その他の製造業	6.5
運輸業	71	交通運輸事業	4
	72	貨物取扱事業（港湾貨物取扱事業および港湾荷役業を除く）	9
	73	港湾貨物取扱事業（港湾荷役業を除く）	9
	74	港湾荷役業	13
電気、ガス、水道または熱供給の事業	81	電気、ガス、水道または熱供給の事業	3
その他の事業	95	農業または海面漁業以外の漁業	13
	91	清掃、火葬またはと畜の事業	13
	93	ビルメンテナンス業	5.5
	96	倉庫業、警備業、消毒または害虫駆除の事業またはゴルフ場の事業	6.5
	97	通信業、放送業、新聞業または出版業	2.5
	98	卸売業・小売業、飲食店または宿泊業	3
	99	金融業、保険業または不動産業	2.5
	94	その他の各種事業	3
	90	船舶所有者の事業	47

Advice 特別加入者（26ページ）は、第1種（当該事業と同一率）、第2種（1,000分の3〜52）、第3種（1,000分の3）となっている（2022年7月1日現在）。

16 雇用保険料の算出と控除方法

| 頻度 | － | 手続者 | － | 期限 | － |

POINT
- 雇用保険率は4月1日に改定されることがある
- 控除した保険料は一旦事業主が預かり、年度更新の際に納付する

雇用保険料の算出方法

雇用保険料は、【毎月の給与総額×雇用保険率】で計算します。雇用保険率は4月1日に改定されます。2023年度の雇用保険率は、一般事業で1,000分の15.5になっています（右ページ上表）。改定される年度とされない年度があるので、雇用保険の計算時には注意しましょう。

従業員が負担する雇用保険料に1円未満の端数が生じたとき、給与から控除する場合は、50銭以下は切り捨て、50銭1厘以上は切り上げます。従業員が現金で支払う場合は、50銭未満が切り捨て、50銭以上は切り上げになります。会社によって異なる慣習がある場合は、慣習に従うことも問題ありません。従業員に賞与を支払ったときにも、雇用保険料は発生します。賞与にかかる雇用保険料も、給与と同じ保険率で算出します。

雇用保険料の控除方法

従業員が負担する雇用保険料は給与から控除します。毎月給与や賞与が支払われるごとに保険料額を算定します。被保険者が退職して、締め日の関係などで退職後に支払う最終給与からも控除することになります。控除した保険料は「預かり金」として事業主がいったん預かっておき、年に一度の年度更新の際に、事業主の負担分とまとめて申告・納付を行います。

では、退職後の賞与に関する保険料の控除はどうでしょうか。社会保険の場合は、退職して資格喪失した後に支給された賞与については保険料が控除されません。しかし雇用保険は、在職中の労働の対価として支払う賞与については、支給日が退職日の前後どちらにおいても保険料を控除するので、注意しましょう。

📌 雇用保険率（2023年度）

事業の種類＼負担者	①労働者負担（失業等給付・育児休業給付の保険率のみ）	②事業主負担	失業等給付・育児休業給付の保険率	雇用保険二事業※2の保険率	①+②雇用保険率
一般事業	6／1,000	9.5／1,000	6／1,000	3.5／1,000	**15.5／1,000**
農林水産・清酒製造の事業※1	7／1,000	10.5／1,000	7／1,000	3.5／1,000	**17.5／1,000**
建設の事業	7／1,000	11.5／1,000	7／1,000	4.5／1,000	**18.5／1,000**

※1　園芸サービス、牛馬の育成、酪農、養鶏、養豚、内水面養殖および特定の船員を雇用する事業については一般の事業の率が適用される

※2　雇用安定事業・能力開発事業（事業主に対する各種助成金の事業など）

📌 雇用保険料の計算例

労働日数（給与計算対象期間）	2月21日 〜 （28日）3月20日
労働時間	
時間外等労働時間	

支給額	基本給	320,000
	時間外手当	12,500
	住宅手当	20,000
	扶養手当	5,000
	技術手当	12,000
	課税合計	369,500
	通勤手当	20,000
	非課税合計	20,000
	合計	389,500

● 雇用保険料算定の基礎となる支給額

$$389,500円$$

● 雇用保険料

$$389,500円 \times \frac{6}{1,000}$$

$$= \boxed{2,337円}$$

（50銭以下は切り捨て）

Advice 通勤手当は、非課税枠内であれば所得税は課税されないが、雇用保険料の算定に含まれる（237ページ）。

17 毎年6月1日〜7月10日に行う 労働保険の年度更新の申告納付

| 頻度 | 年に1回 | 手続者 | 事業主 | 期限 | 6月1日〜7月10日 |

POINT
- 労働保険の年度更新と社会保険の定時決定は同時に提出期限がくる
- 労働保険料が急増するときは増加概算保険料を申告・納付できる

労働保険の年度更新の申告準備は早めに

5月下旬になると、労働保険年度更新の申告書の書き方ガイドや各種申告書の用紙が事業所宛に送られてきます。申告書の作成はできるだけ早めに行いましょう。というのも、7月10日は労働保険だけでなく、社会保険の算定基礎届の締め切りでもあります（218ページ）。年度更新申告書と定時決定に必要な算定基礎届の作成を同時に進めなければならなくなるため、この時期は余裕をもってできる作業から進めていくといいでしょう。

増加概算保険料の申告・納付

事業が拡大すると、保険年度の途中で社員が増加することがあります。年度更新は労働者や被保険者の人数に応じて保険料の負担が増えるため、今年概算で納めていた保険料よりも、翌年の年度更新の際に清算した実際の保険料の額が大幅に上がってしまうこともあります。そこで、ある程度計画的に保険料を納付できるよう、労働保険料では「増加概算保険料の申告・納付」という制度があります。これは、事業規模の拡大などによって、①年度途中に当初の申告よりも賃金総額の見込額が2倍を超えるとき、かつ②申告済の概算保険料よりも概算保険料の額が13万円以上増加する場合には、年度途中に増加概算保険料として申告・納付することができるという制度です。この場合の申告納付期限は賃金総額の増加が見込まれた日から30日以内です。

また労働保険の年度更新を行う事業は、事業の種類により「継続事業」と「一括有期事業」に分けられます。継続事業とは、事業の期間が予定されていない事業のことです。一括有期事業とは、有期事業のうち一定の要件を満たす複数の事業を一括して扱い、年度更新ができる事業を指します。

Keyword **有期事業** 建設事業や立木の伐採業などは、工事期間や活動期間が明確な事業。労災が起こる可能性が高い事業のため、事業ごとに管理することとなっている。

年度更新のスケジュール

5月下旬に申告書等が送付され次第処理を進める	
労働保険の対象者の確認	申告に先立ち、労働保険の対象者をピックアップして、以下のように分類する。 労災保険：(1) 常用労働者（臨時労働者で雇用保険被保険者含む） (2) 役員で労働者扱いの者 (3) 臨時労働者（雇用保険非保険者） 雇用保険：(1) 雇用保険被保険者 (2) 役員で雇用保険被保険者 退職者がいる場合は、退職までの賃金について申告の対象となるので注意

賃金集計表の作成	賃金集計表の作成は、前年度の賃金台帳を参照しながら行う。賃金集計表は申告の必要はなく、事業主側の控えとして保管する

年度更新の申告書を作成	作成した賃金集計表を基に、年度更新の申告書を作成する。確定保険料と概算保険料などを記入する

6/1〜7/10までに	
労働保険料を申告・納付する	申告・納付期限に間に合うように申告・納付を行う

継続事業と一括有期事業とは

両者とも一定要件を満たすことで、複数の事業を1つに取りまとめて年度更新ができます。

継続事業	●事業の期間が予定されていない事業のこと →工場、商店、事業所など多くが該当する
一括有期事業※	●有期事業のうち一定の要件を満たす複数の事業を一括して、年度更新ができるもの →以下の要件を満たす建設事業や立木の伐採事業などが該当する ＜要件＞ 建設業 ・一工事の請負額が1億8千万円未満 ・概算保険料額が160万円未満 立木の伐採事業 ・素材の見込生産量が1,000立方メートル未満 ・概算保険料額が160万円未満の場合

> 一括有期事業は継続事業と異なり、労災保険料と雇用保険料の申告書を別々に作成し、それぞれ更新手続きをする必要がある

※一括有期事業に該当しない大規模事業は、各事業ごとに労災保険を成立させて、保険料を申告・納付し、事業終了時に精算する。

Advice 一括有期事業では、現場の労災保険と事務所の労災（事務員の労災）、その他、雇用保険もあるため3つの申告が必要となることがある。

18 労働保険料の申告と納付の方法

| 頻度 | 年に1回 | 手続者 | 事業主 | 期限 | 6月1日～7月10日 |

POINT
- 金融機関や郵便局では労働保険の申告と納付を同時にできる
- 労働保険料は要件により3分割納付（延納）ができる

申告書の提出先と提出方法

労働保険料は、労働保険申告書に必要事項を記入し、記載内容に応じた額を提出先に申告・納付します。申告書は、①銀行などの金融機関、②事業所を管轄する労働局、③事業所を管轄する労働基準監督署などのいずれかに提出します。他にも郵送や電子申請（270ページ）で行う方法もあります。

労働保険申告書は、提出用（1枚目）と事業主控（2枚目）を含む3枚つづ

りとなっており、用紙の下部に領収済通知書（納付書）がついています。申告の際には、2枚目の事業主控えと3枚目は切り離し、1枚目の提出用だけを提出しましょう。

事業主控（2枚目）に受付印が必要な場合は、提出用（1枚目）と一緒に、前述の②、③窓口に提出します。郵送の場合は、切手貼付した返信用封筒を同封します。

労働保険料の納付方法

申告書の提出と保険料の納付を同時に行う場合は、申告書と領収済通知書（納付書）を切り離さずに金融機関の窓口に提出します。労働局などに申告書のみを提出する場合は、領収済通知書（納付書）を切り離し、金融機関で保険料の納付を行います。

労働保険料（概算保険料）の納付は、要件を満たしていれば、一括納付ではなく年3回に分けて納付する「延納」

が可能です。延納の要件は、①概算保険料額が40万円（労災保険・雇用保険どちらか一方のみ成立している場合20万円）以上の場合、②概算保険料の金額に関わらず**労働保険事務組合**に労働保険事務を委託している場合です。10月1日以降に成立した事業所は延納ができません。労働保険料を納付する際に**電子納付**が行える場合があります（右ページ下表）。

> **Keyword** **労働保険事務組合** 事業主の委託を受けて、事業主が行うべき労働保険事務処理をすることについて、厚生労働大臣の認可を受けた団体。委託することで26ページの特別加入制度を利用できる。
> **電子納付** 自宅や会社からインターネット経由などで納付手続きを行うもの。

📌 労働保険料の申告書　提出・納付の流れ

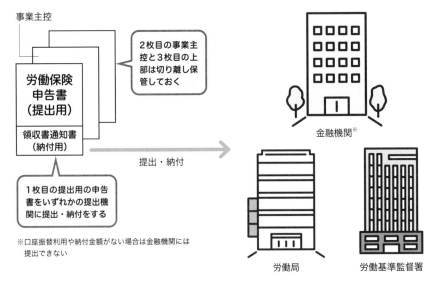

事業主控

労働保険
申告書
（提出用）

領収書通知書
（納付用）

2枚目の事業主
控と3枚目の上
部は切り離し保
管しておく

1枚目の提出用の申告
書をいずれかの提出機
関に提出・納付をする

提出・納付

金融機関※

労働局

労働基準監督署

※口座振替利用や納付金額がない場合は金融機関には
提出できない

● 労働保険（概算保険料）の延納のスケジュール

	前年度以前に成立した事業場			4/1〜5/31に成立した事業場			6/1〜9/30に成立した事業場	
	第1期	第2期	第3期	第1期	第2期	第3期	第1期	第2期
期間	4/1〜7/31	8/1〜11/30	12/1〜3/31	成立日〜7/31	8/1〜11/30	12/1〜3/31	成立日〜11/30	12/1〜3/31
納期限	7月10日	10月31日	1月31日	成立日の翌日から50日※	10月31日	1月31日	成立日の翌日から50日※	1月31日

※納期限が土曜日の場合はその翌々日、日曜日の場合はその翌日が納期限となる

📌 電子納付の対象となる労働保険料

現在、電子納付を利用できるのはこれら3つの場合です。

申告書・年度更新申告書による概算・確定保険料	概算・増加概算・確定保険料申告書、年度更新申告書の申請を電子申請した場合
期別納付書による概算保険料	毎年10月末、1月末、3月末を納期として事業主宛に送付される納付書に印字されている納付番号などを用いる
督促状による労働保険料	督促状と同時に事業主宛に発行された納付書に印字されている納付番号などを用いる

Advice　労働局などの受付印が必要な場合は、金融機関ではなく労働局か労働基準監督署に提出するようにする。

19 労働保険料の算出と集計表・申告表の記入方法

| 頻度 | − | 手続者 | − | 期限 | − |

POINT

● 概算保険料は1カ月あたりの賃金総額を基に算出する
● 確定保険料が前年度の申告済概算保険料より少ない場合、差額を今年度に充当

確定保険料の算出方法

　労働保険料を算出するには、まず労働保険の対象者を確定し、次に賃金集計表を作成します。作成した賃金集計表を基に申告書を作成し、労働保険料の申告と納付を行うという流れです。

　保険年度（4月1日〜翌年3月末日）が終わったら、確定した前年度の賃金総額を基に、前年度の確定保険料を算出します。労災保険料は【労災保険の対象となる従業員の賃金総額の確定額×業種ごとの労災保険率】から算出し、全額を事業主が負担します。

　雇用保険料は【雇用保険の対象となる従業員の賃金総額×業種ごとの雇用保険率】から算出します。雇用保険料は、事業主負担分と従業員負担分に分かれます（241ページ）。一般拠出金は【労災保険の対象となる従業員の賃金総額の確定額×一般拠出金率】で算出します。

申告書の記入方法

　確定保険料を算出するときには保険年度の実績額を基にしますが、概算保険料を算出するときには、1カ月あたりの賃金総額を基にします。計算式は、【1カ月あたり賃金総額×月数＋賞与等臨時給与の額】です。確定保険料よりも前年度の申告済概算保険料の額の方が大きい場合、生じた差額は今年度の労働保険料額と一般拠出金に充当します。それでもあまりが生じるときに

は、労働保険料・一般拠出金還付請求書を提出して還付の請求を行います。

　賃金集計表は、前年4月1日〜当年3月31日までの月ごとの賃金総額を記載するものです。労働保険料申告の対象となる従業員は同期間の賃金台帳を準備し、賃金を集計しながら賃金集計表に転記していきます。申告書に漏れがないよう一覧表を作成しましょう（本書チェックシートデータを参考）。

Keyword　一般拠出金　すべての労災保険適用事業場の事業主が負担するもので、アスベストの健康被害者の救済費用にあてられる。

📌 労働保険料の算出方法

| 確定
保険料 | = | 労災保険料： | **前年度**の賃金
総額の**確定**額 | × | 業種ごとの
労災保険率 |
| | | 雇用保険料： | **前年度**の賃金
総額の**確定**額 | × | 業種ごとの
雇用保険率 |

| 概算
保険料 | = | 労災保険料： | **今年度**の賃金
総額の**概算**額 | × | 業種ごとの
労災保険率 |
| | | 雇用保険料： | **今年度**の賃金
総額の**概算**額 | × | 業種ごとの
雇用保険率 |

| 一般
拠出金 | = | **前年度**の賃金総額の**確定**額
（労災保険対象者の賃金総額） | × | 一般拠出金率 |

📌 確定保険料・一般拠出金算定基礎賃金の集計方法

労災保険　次の3つに分けて集計する。

①常用労働者
常用労働者の他、パートタイマーやアルバイトなど、雇用保険に加入している人の人数と賃金を集計する

集計表の（1）例

②兼務役員
役員でありながら労働者扱いの人（兼務役員）の人数と役員報酬を除いた賃金部分を集計する

集計表の（2）例

③(雇用保険に加入していない)臨時労働者
雇用保険に加入していないパートタイマーやアルバイトなどの人数と賃金を集計する

集計表の（3）例

雇用保険　次の2つに分けて集計する。

①雇用保険被保険者
雇用保険に加入している人（兼務役員を除く）の人数と賃金を集計する

集計表の（5）例

②兼務役員で雇用保険資格のある人
役員でありながら労働者扱いの人（兼務役員）で、雇用保険に加入している人の人数と役員報酬を除いた賃金部分を集計する

集計表の（6）例

Advice　賃金集計表には「申告書に転記」と書かれた箇所があるので、この部分に記載した数字を申告書に転記していく。大元となる数字を間違えないように注意しよう。

「労働保険 確定保険料・一般拠出金算定基礎賃金集計表」の記入例

書類内容	労働保険料の申告書を作成するために使用する書類
届出先	なし（事業主が保管）

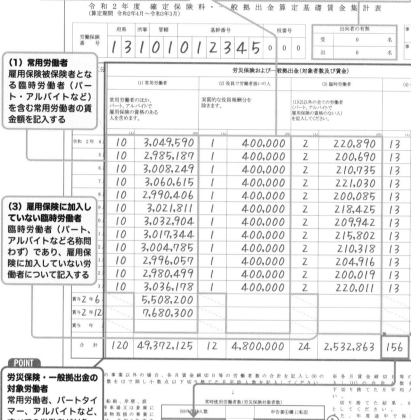

(2) 兼務役員
役員で労働者扱いの人（兼務役員）について記入する（役員報酬部分を除く）

出向労働者
「受」…出向元から受け入れた労働者
「出」…他の事業所へ出向している労働者を記入する

令和2年度 確定保険料・一般拠出金算定基礎賃金集計表
（算定期間 令和2年4月～令和3年3月）

労働保険番号　1 3 1 0 1 0 1 2 3 4 5 0 0 0

	出向者の有無	
受	0	名
出	0	名

(1) 常用労働者
雇用保険被保険者となる臨時労働者（パート・アルバイトなど）を含む常用労働者の賃金額を記入する

労災保険および一般拠出金（対象者数及び賃金）

	(1) 常用労働者		(2) 役員で労働者扱いの人		(3) 臨時労働者		(4) 合
令和 2 年 4	10	3,049,590	1	400,000	2	220,890	13
5	10	2,985,187	1	400,000	2	200,690	13
6	10	3,008,249	1	400,000	2	210,735	13
7	10	3,060,615	1	400,000	2	221,030	13
8	10	2,990,406	1	400,000	2	200,085	13
0	10	3,021,811	1	400,000	2	218,425	13
1	10	3,032,904	1	400,000	2	209,942	13
1	10	3,017,344	1	400,000	2	215,802	13
2	10	3,004,785	1	400,000	2	210,318	13
1	10	2,996,057	1	400,000	2	204,916	13
2	10	2,980,499	1	400,000	2	200,019	13
3	10	3,036,178	1	400,000	2	220,011	13
賞与 2 年 6		5,508,200					
賞与 2 年 12		7,680,300					
賞与　年							
合 計	120	49,372,125	12	4,800,000	24	2,532,863	156

常用労働者のほか、パート、アルバイトで雇用保険の資格のある人を含めます。

実質的な役員報酬分を除きます。

(1)(2)以外の全ての労働者（パート、アルバイトで雇用保険の資格のない人）を記入してください。

(3) 雇用保険に加入していない臨時労働者
臨時労働者（パート、アルバイトなど名称問わず）であり、雇用保険に加入していない労働者について記入する

POINT

労災保険・一般拠出金の対象労働者
常用労働者、パートタイマー、アルバイトなど、すべての労働者が対象

上記の事業以外の場合、各月賃金締切日等の労働者数の合計を記入し(9)の数を12で除し小数点以下切り捨てた月平均人数を記入してください。

常時使用労働者数（労災保険対象者数）

(9)の合計人数		申告書④欄に転記	
156	÷12=	13	人	①

各月賃金締切日等の労働者数の合計÷12（小数点以下切り捨て）

（令和2年度に使用した延労働者数/令和2年度における所定労働日数）

備考	役員で労働者扱いの詳細		
	氏 名	役職	雇用保険の資格
	阿部 進	取締役	有・無
			有・無
			有・無
			有・無

POINT

備考
役員のうち労働者として取り扱われ、労災保険または雇用保険に算入している者については、備考欄に氏名、役職、雇用保険の資格の有無を記入する

集計表には、年度途中の退職者の賃金も含めます。年度中に支払いが確定した賃金は、年度中に実際に支払われていなくても算入しなければなりませんので注意しましょう。

POINT

雇用保険の被保険者の範囲
常用労働者、パートタイマー、アルバイトなど、雇用
形態に関わらず以下の場合は原則被保険者となる
・1週間の所定労働時間が20時間以上
・31日以上雇用の見込みがある

※ただし以下の労働者は除く
①季節的労働者で次のいずれかに該当する者
・4カ月以内の期間を定め雇用される者
・1週間の所定労働時間が30時間未満の者
②昼間学生

事業内容または製品名
製品名や作業工程など事業の
内容を具体的に記入する

事 業 の 名 称　株式会社ＧＶコーポレート　電話 03-0000-0000　具体的な業務又は作業の内容
事 業 の 所 在 地　千代田区○○町1丁目○○ビル　郵便番号　000 - 0000　情報通信業

合 計 ((1)+(2)+(3))	雇 用 保 険（対象者数及び賃金）					
	被保険者					(7) 合 計 ((5)+(6))
	(5) 常用労働者、パート、アルバイトで雇用保険の資格のある人（日雇労働被保険者に支払った賃金を含む）		(6) 役員で雇用保険の資格のある人（実質的な役員報酬分を除きます）			
3,670,480	10	3,049,590	1	400,000	13	3,449,590
3,585,877	10	2,985,187	1	400,000	13	3,385,187
3,618,984	10	3,008,249	1	400,000	13	3,408,249
3,681,645	10	3,060,615	1	400,000	13	3,460,615
3,590,491	10	2,990,406	1	400,000	13	3,390,406
3,640,236	10	3,021,811	1	400,000	13	3,421,811
3,642,846	10	3,032,904	1	400,000	13	3,432,904
3,633,146	10	3,017,344	1	400,000	13	3,417,344
3,615,103	10	3,004,785	1	400,000	13	3,404,785
3,600,973	10	2,996,057	1	400,000	13	3,396,057
3,580,518	10	2,980,499	1	400,000	13	3,380,499
3,656,189	10	3,036,178	1	400,000	13	3,436,178
5,508,200		5,508,200				5,508,200
7,680,300		7,680,300				7,680,300
(10) 56,704,988	120	49,372,125	12	4,800,000	132	(12) 54,172,125

各月の賃金締切日等の労働者数の合計÷12（小数点以下切り捨て。切り捨ての結果0人のときは1人とする）

の 労　　　　　合計を記
を 12　(A)　　小数点以
人 数 に 記 入 し て く だ さ
0 人 と な る 場 合 は 1 人

雇用保険被保険者数

(11)被保険者人数		申告書⑤欄へ転記	(B)
132	÷12=	11 人	②

険 関 係 が 成 立 し た 事
関 係 成 立 以 後 の 月 数

労災保険対象者分	(10)の合計額の千円未満を切り捨てた額	③	56,701 千円 申告書⑧欄(ロ)へ転記
雇用保険対象者分	(12)の合計額の千円未満を切り捨てた額	④	54,172 千円 申告書⑧欄(ホ)へ転記
一般拠出金	(10)の合計額の千円未満を切り捨てた額	⑤	56,704 千円 申告書⑧欄(へ)へ転記

(A) 額を千円未満切り捨て

(B) 額を千円未満切り捨て

(A) 額を千円未満切り捨て

(5) 雇用保険被保険者
すべての雇用保険被保険者（兼務役員を除く）について記入する

(6) 兼務役員で雇用保険資格のある人
雇用保険被保険者である兼務役員について記入する（役員報酬部分を除く）

Advice　賃金集計表は厚生労働省ホームページでExcelシートが公開されている。「労働保険関係各種様式」で検索し、利用しよう。

「労働保険 概算・増加概算・確定保険料申告書（様式第6号）」の記入例

書類内容	労働保険料の申告・納付を行う際に提出する書類
届出先	銀行などの金融機関、事業所管轄の労働局または労働基準監督署

● 年度更新で不足額が生じた例
（確定保険料＞既納付概算保険料）

集計表の②を記入

ここに電子申請アクセスコード（8桁の英数字）が記載されている。電子申請利用時に使用

集計表の①を記入

集計表の③④⑤を記入

1円未満は、それぞれ切り捨て

新年度の概算保険料は前年度と比較して2分の1以上2倍以下の場合は、前年度と同額を見込額として記入

**⑥確定保険料額629,308円
－⑧申告済概算保険料620,000円
＝9,308円**

⑦の概算保険料が40万円以上のため3回に延納可（244ページ）。一括納付は「1」。延納なら「3」と記入して⑦を3で割った額を㉒の各期に記入。あまりが出たときは1期分に加算する

金額の前に「¥」記号を記入。内訳、納付額の変更は不可。書き損じた場合は、新たな領収済通知書（納付書）により納付。口座振替利用の場合は、領収済通知書での納付はできない

第8章

会社に変更があった際の手続き

第8章では、会社になんらかの変更があった際、社会保険・労働保険において必要になる手続きを説明していきます。社名や所在地が変更になったとき、支店の新設・移転・廃止をしたとき、代表者が変わったとき、などには届け出が必要になります。漏れがないようにしっかりと手続きを行いましょう。

01 事業所の名称・所在地が変わったときの手続き

頻度	発生の都度		対象者	事業主		期限	5日以内・10日以内

POINT
- 事業所名変更や他都道府県への移転の場合は健康保険証が新しくなる
- 労働保険は一元適用事業と二元適用事業で書類の提出先が変わる

名称や所在地の変更による社会保険の手続き

　健康保険・厚生年金保険では、事業所の名称・所在地に変更があった場合、変更から5日以内に管轄の年金事務所または健康保険組合に適用事業所名称/所在地変更（訂正）届を提出します。添付書類として法人登記簿謄本のコピーが必要です。所在地の変更（同時に名称変更の場合を含む）によって管轄

の年金事務所が変更になる場合は、変更前の所在地を管轄する年金事務所に書類を提出します。管轄の年金事務所が変わる場合は、協会けんぽ加入事業所の場合、従業員の持つ健康保険証も新しいものに変わります。なお、他の都道府県に移転すると、健康保険料率が変更になる場合があります。

名称や所在地の変更による労働保険の手続き

　労働保険の手続きには、①労働基準監督署に、労働保険名称、所在地等変更届（様式第2号）を提出し、②ハローワークに、雇用保険事業主事業所各種変更届を提出する2つがあります。どちらも提出期日は、名称または所在地の変更があった日の翌日から10日以内です。注意が必要なのは、一元適用事業と二元適用事業で書類の提出先が変わるということです。一元適用事業は労働保険名称、所在地等変更届（様式第2号）を移転後管轄の労働基

準監督署に提出します。控えを受け取ったら、雇用保険事業主事業所各種変更届に添付し、移転後管轄のハローワークに提出します。
　二元適用事業は、労災保険については、労働保険名称、所在地等変更届を移転後の所在地を管轄する労働基準監督署に提出します。雇用保険については労働保険名称、所在地等変更届と雇用保険事業主事業所各種変更届を移転後管轄のハローワークに提出します。

健康保険

厚生年金

労災保険

雇用保険

Keyword **一元適用事業**　労災保険と雇用保険の保険料の申告・納付等を1つにまとめて行うもの。
二元適用事業　労災保険と雇用保険の保険料の申告・納付等をそれぞれ個別に行うもの。

「健康保険・厚生年金保険 適用事業所名称/所在地変更（訂正）届」の記入例

書類内容	事業所の名称・所在地に変更があるときに使用する書類
届出先	移転前管轄の年金事務所または健康保険組合

● 所在地変更の例

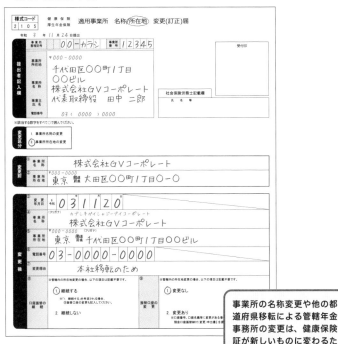

事業所の名称変更や他の都道府県移転による管轄年金事務所の変更は、健康保険証が新しいものに変わるため、古い保険証を返却しよう

🚩 社会保険と労働保険の事業所の名称・所在地変更

	変更する内容	届出書		提出先	提出期限
社会保険	● 事業所の所在地 ● 事業所の名称 （同一の年金事務所の管轄地域内で所在地および名称を変更する場合）	適用事業所名称/ 所在地変更（訂正）届		管轄の年金事務所または健康保険組合 （管轄外への移転のときは移転前管轄へ）	事実発生から5日以内
労働保険	● 事業主の住所 （法人の場合、主たる事務所の所在地） ● 事業主の名称・氏名 （法人の場合、代表者の変更は届け出不要） ● 事業・事業所の名称 ● 事業・事業所の所在地 ● 事業の種類	一元適用事業	労働保険 名称、所在地等変更届 （様式第2号）※	移転後の所在地を管轄する労働基準監督署	変更があった日の翌日から起算して10日以内
			雇用保険事業主事業所各種変更届 （上記※の写しを添付）	移転後の所在地を管轄するハローワーク	
		二元適用事業	＜労災保険分＞ 労働保険 名称、所在地等変更届（様式第2号）	移転後の所在地を管轄する労働基準監督署	
			＜雇用保険分＞ ● 労働保険 名称、所在地等変更届（様式第2号） ● 雇用保険 事業主事業所各種変更届	移転後の所在地を管轄するハローワーク	

Advice 他の都道府県への移転の場合、一括有期事業（243ページ）については、移転前事業所で労働保険の確定申告を行い、移転後事業所で新規に保険関係の成立と概算保険料の申告が必要。

「労働保険 名称、所在地等変更届（様式第2号）」の記入例

書類内容	事業所の名称・所在地が変わるときに使用する書類
届出先	移転後管轄の労働基準監督署

●所在地変更の例

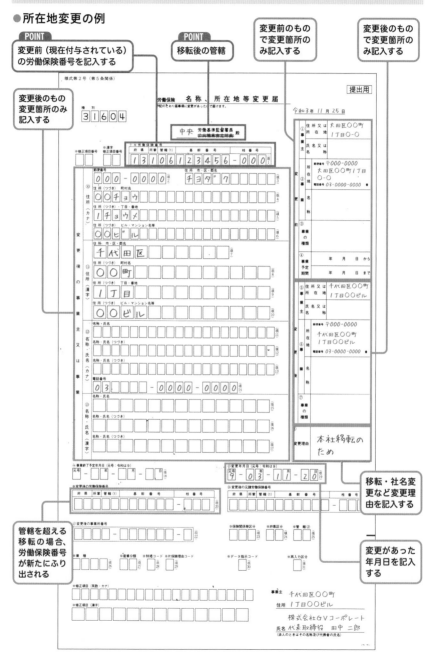

POINT
変更前（現在付与されている）の労働保険番号を記入する

POINT
移転後の管轄

変更前のもので変更箇所のみ記入する

変更後のもので変更箇所のみ記入する

変更後のもの変更箇所のみ記入する

管轄を超える移転の場合、労働保険番号が新たにふり出される

移転・社名変更など変更理由を記入する

変更があった年月日を記入する

健康保険
厚生年金
労災保険
雇用保険

「雇用保険事業主事業所各種変更届」の記入例

書類内容	雇用保険適用事業所や事業主に変更があるときに使用する書類
届出先	移転後管轄のハローワーク

●所在地変更の例・表面

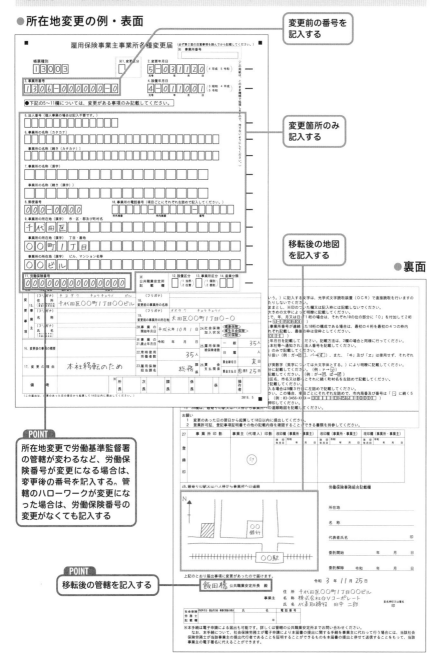

変更前の番号を記入する

変更箇所のみ記入する

移転後の地図を記入する

●裏面

POINT
所在地変更で労働基準監督署の管轄が変わるなど、労働保険番号が変更になる場合は、変更後の番号を記入する。管轄のハローワークが変更になった場合は、労働保険番号の変更がなくても記入する

POINT
移転後の管轄を記入する

02 事業所が増えた、移転した、廃止したときの手続き

| 頻度 | 発生の都度 | 対象者 | 事業主 | 期限 | 10日以内・50日以内 |

POINT

- 労働保険は会社単位ではなく適用事業所単位で加入する
- 条件により支店等の事務を本社等で一括処理できる場合がある

労働保険は適用事業所単位で加入が原則

労働保険は原則として、会社単位ではなく適用事業所単位で加入します。支店等が増えたときは、「労働保険の成立手続き」を行う必要があります。まず保険関係成立届と概算保険料申告書を支店等を管轄する労働基準監督署に提出します。その際に、当年度分の概算保険料を申告・納付します。保険料の申告と納付は、労働基準監督署の他、金融機関でも行うことができます。

支店等が雇用保険の適用事業所になるときは、加えて雇用保険適用事業所設置届と雇用保険被保険者資格取得届を管轄のハローワークに提出します。

継続事業の場合、新設する支店等の事業が一定条件の場合、継続事業の一括（継続一括）の認可を受けることができます（32ページ）。その場合は、まず支店管轄の監督署に保険関係成立届を提出します。その後、継続事業一括認可・追加・取消申請書を本社等管轄の監督署に提出し、継続事業の一括の認可を受けます。すでに複数の事業所で継続事業の一括の認可を受けており、そこに新たに追加する場合も同様です（右ページ上表）。

支店等を移転または廃止するときの手続き

継続事業の一括の認可を受けている支店等の場合、移転するときは、労働保険 継続被一括事業名称・所在地変更届を提出します。提出先は支店等を管轄する労働基準監督署ではなく、指定事業を管轄する労働基準監督署です。

継続事業の一括の支店等を廃止するときは、労働保険 継続事業一括認可・追加・取消申請書を指定事業を管轄する労働基準監督署に提出します。一括の認可を受けない単独の事業所の廃止の手続きは右ページ下表を参照してください。

Advice 社会保険も労働保険と同じく事業所単位で成立させるのが原則だが、小規模事業所の場合は本社等での一括処理が一般的。雇用保険も独立性のない小規模事業所の場合は非該当承認申請書を提出し、承認を受ければ直近上位の事業所で一括して事務処理ができる。

労災保険
雇用保険

📌 継続事業の一括の認可を受ける支店等の新設、移転または廃止

継続事業の一括の認可を受けたとき、一括する事業所（本社等）を「指定事業」といい、一括される事業所（支店等）を「被一括事業所」といいます。

		内容	届出書	提出先
新設		<労働保険> 複数の支店等の労働保険関係を本社等で一括処理することを希望するとき	労働保険 保険関係成立届（様式第1号） ※258ページ	支店等を管轄する労働基準監督署
			労働保険 継続事業一括認可・追加・取消申請書（様式第5号） ※261ページ	本社等を管轄する労働基準監督署
		（継続一括を受けない単独の支店等に必要）	労働保険 保険関係成立届（様式第1号） ※258ページ	支店等を管轄する労働基準監督署
			労働保険 概算保険料申告書（様式第6号）	
		<雇用保険> 独立性がない支店等の事務処理を本社等で行う場合	雇用保険 事業所非該当承認申請書 ※259ページ	支店等を管轄するハローワーク
		（独立性のある単独の支店等に必要）	雇用保険適用事業所設置届	
			雇用保険被保険者資格取得届（様式第2号）	
移転		一括される個々の支店等の名称または当該事業の行われる場所に変更があったとき	労働保険 継続事業一括変更申請書／継続被一括事業名称・所在地変更届（様式第5号の2） ※260ページ	本社等を管轄する労働基準監督署
廃止		一括される個々の支店等の取消をするとき	労働保険 継続事業一括認可・追加・取消申請書（様式第5号） ※261ページ	

📌 一括の認可を受けない単独の継続事業の廃止に必要な手続き

届出書	提出先	提出期限
確定保険料申告書（様式第6号） ※250ページ	管轄の労働基準監督署（雇用保険のみはハローワーク）、労働局または日本銀行（本店、支店、代理店、歳入代理店（銀行、信用金庫の本店・支店、郵便局））	事業を廃止・終了した日から50日以内
労働保険料還付請求書（様式第8号）	管轄の労働基準監督署（雇用保険のみはハローワーク）または労働局	確定保険料申告書と同時（概算保険料額が確定保険料額より多い場合）
雇用保険適用事業所廃止届	管轄のハローワーク	事業を廃止・終了した日から10日以内
雇用保険被保険者資格喪失届		被保険者でなくなった事実があった日の翌日から起算して10日以内
雇用保険被保険者離職証明書		

「労働保険 保険関係成立届（様式第1号）」の記入例

書類内容	労働保険の適用事業となり、支店を新たに開設したときに提出する書類
届出先	被一括事業（支店等）を管轄する労働基準監督署

●支店等（被一括事業所）を新設したとき

POINT
「継続一括申請予定」と明記する

本社等住所

新しく開設した支店等

労災の事業の種類

支店等の所在地・名称、電話番号

POINT
支店等の労働者数

支店等の保険関係成立日

支店等の労働者の中の雇用保険被保険者数

本社等の労働保険番号

事業主氏名〔法人のときはその名称及び代表者の氏名〕記名押印又は署名
マツモトベーカリー
松本 太郎

健康保険　厚生年金　労災保険　雇用保険

「雇用保険 事業所非該当承認申請書」の記入例

書類内容	各支店等の雇用保険の手続きを本社等で一括して行う際に提出する書類
届出先	適用事業所に該当しないことを承認してもらう支店等を管轄するハローワーク

● 支店等を新設したとき

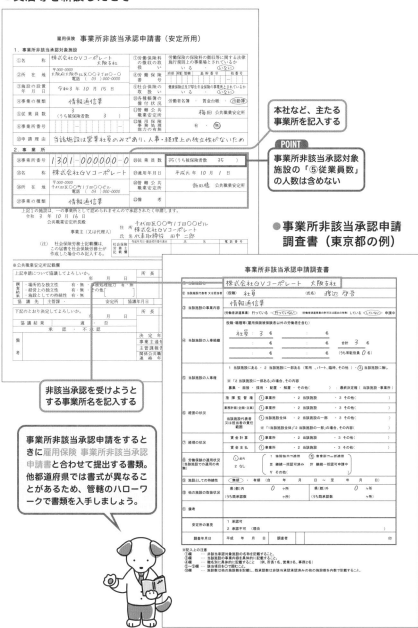

本社など、主たる
事業所を記入する

POINT
事業所非該当承認対象
施設の「⑤従業員数」
の人数は含めない

● 事業所非該当承認申請
調査書（東京都の例）

非該当承認を受けようと
する事業所名を記入する

事業所非該当承認申請をすると
きに雇用保険 事業所非該当承認
申請書と合わせて提出する書類。
他都道府県では書式が異なるこ
とがあるため、管轄のハローワ
ークで書類を入手しましょう。

「労働保険 継続事業一括変更申請書／継続被一括事業名称・所在地変更届（様式第5号の2）」の記入例

書類内容	継続一括事業の認可を受けている支店等の名称や所在地が変わったときに提出する書類
届出先	指定事業（本社等）を管轄する労働基準監督署

●支店等（被一括事業所）の所在地を変更したとき

認可待ちで整理番号がふられていない場合、番号が通知された後に提出する

新様式5号の2（第10条関係）

労働保険
継続事業一括変更申請書／継続被一括事業名称・所在地変更届

提出用

種別 `3 1 6 4 2`

該当するものを○で囲む

指定を受けている事業

労働保険番号
府県 所掌 管轄(1) 基幹番号 枝番号
`1 3 1 0 1 1 2 3 4 5 6 - 0 0 0`

新所在地 千代田区〇〇町1丁目〇〇ビル

名称 株式会社GVコーポレート

POINT
指定事業（本社等）の情報を記入する

`0 0 0 1`

所在地（カナ）
`0 0 0 - 0 0 0 0`
`オ オ サ カ フ オ オ サ カ シ`
`キ タ ク 〇 〇`
`3 チ ョ ウ メ 0 - 0`

所在地（漢字）
`大 阪 府 大 阪 市`
`北 区 〇 〇`
`3 丁 目 〇 - 〇`

変更後の被一括事業所（支店等）について、変更箇所のみ記入する

名称・氏名（カナ）

名称・氏名（漢字）

※一括事業の変更があった場合のみ記入すること。

変更前の事業
所在地 大阪府大阪市北区〇〇1丁目〇-〇
郵便番号 000-0000
電話番号 03-0000-0000
名称 株式会社GVコーポレート 大阪支社

変更前の被一括事業所（支店等）について記入する

変更後の労働保険番号
府県 所掌 管轄(1) 基幹番号 枝番号

事業主

住所 千代田区〇〇町1丁目〇〇ビル
氏名 株式会社GVコーポレート 代表取締役 田中 三郎
（法人のときはその名称及び代表者の氏名）

東京 労働局長 殿

「労働保険 継続事業一括認可・追加・取消申請書（様式第5号）」の記入例

書類内容　継続一括事業として支店等の追加や取消などを行うときに提出する書類

届出先　指定事業（本社等）を管轄する労働基準監督署

●支店等（被一括事業所）を廃止するとき

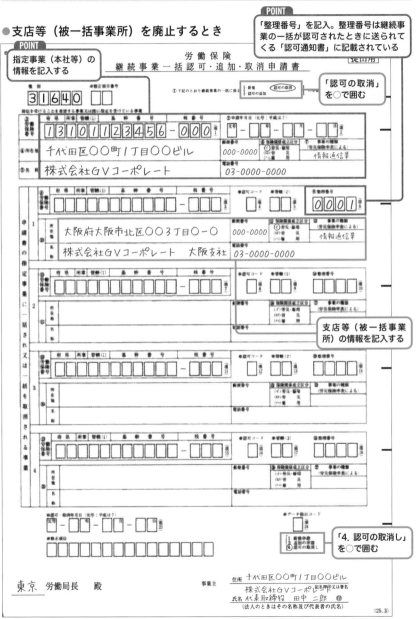

POINT
「整理番号」を記入。整理番号は継続事業の一括が認可されたときに送られてくる「認可通知書」に記載されている

POINT
指定事業（本社等）の情報を記入する

「認可の取消」を○で囲む

支店等（被一括事業所）の情報を記入する

「4. 認可の取消し」を○で囲む

第8章　会社に変更があった際の手続き

03 代表者が変わったときの手続き

> **POINT**
> ● 代表者が変わったら健康保険と厚生年金保険の手続きを行う
> ● 労務の他にも税務や法務に関する手続きを忘れない

代表者が変わったときの手続き

事業所の代表者が変わったときは、年金事務所や健康保険組合に事業所関係変更（訂正）届を提出して手続きを行います。

従来は変更前の事業主（代表者）の署名も必要でしたが、現在は変更後の事業主（代表者）が変更前後の氏名、住所、変更年月日を記入することで届け出ができます。

代表者の氏名が変わった際にも事業所関係変更（訂正）届を提出します。事業所の連絡先電話番号が変わったときや、昇給月・賞与支払予定月・現物給与の種類の変更、社労士に業務を委託したときなどにもこの届による手続きが必要です。なお、法人の場合、名称が変わらなければ、代表者が変わっても労働基準監督署・ハローワークへの手続きはありません。

保険関係以外にも手続きは多岐に渡るので注意しよう

保険関係で必要な手続き以外にも代表者が変わるときには、さまざまな手続きが発生します。

例えば、法務局での変更登記手続きや税務署での異動事項に関する届け出手続きなどが必要です。また、代表者の変更に伴い代表者印を変更する場合は、法務局で改印届を提出する他、ハローワークでも届出印鑑の改印届の手続きを行いましょう。

これらの公的手続きの他にも、取引金融機関への代表者変更手続きやホームページ・会社案内の変更など、さまざまな手続きが発生します。漏れのないよう、一覧表を作成しておくとよいでしょう（本書チェックシートデータを参考）。

健康保険

厚生年金

「健康保険・厚生年金保険 事業所関係変更（訂正）届」の記入例

書類内容	事業主の変更や法人番号などに変更があったときに提出する書類
届出先	事業所管轄の年金事務所・年金事務センターまたは健康保険組合

「①事業所整理記号」と「②事業所番号」は必ず記入する

事業主または代表者に変更があった場合、変更後の事業主（代表者）が変更前後の事業主（代表者）の氏名、住所および変更年月日等を記入する

●事業主変更の例

健康保険 厚生年金保険 事業所関係変更（訂正）届（処理票）

届書コード 1 0 4

①事業所整理記号 00 カラシ　②事業所番号 12345

⑥事業主又は代表者の氏名
（変更前）田中　二郎
（変更後）田中　雄一

⑦事業主又は代表者の住所
〒000-0000　杉並区○○町2丁目○○
〒000-0000　品川区西五反田1丁目○-○　○○マンション101

⑨変更年月日　令和3年4月1日

事業所所在地　〒000-0000　千代田区○○町1丁目○○ビル
事業所名称　代表取締役 田中 雄一
事業主氏名
電話番号　03（0000）0000

令和 3 年 4 月 5 日 提出

各欄は変更があった場合のみ記入する

POINT
変更後の年間における昇給月、および賞与支払予定月を記入する。変更後の通貨以外で支給する給与（現物支給）に該当するものがあれば○で囲む

法人番号の変更があったときで、法人番号指定通知書のコピーが添付できない場合は、「国税庁法人番号公表サイト」で確認した法人情報（事業名称・法人番号・所在地が掲載されているもの）の画面を印刷して添付しましょう。

第8章　会社に変更があった際の手続き

263

04 会社が社会保険・労働保険を やめるときの手続き

| 頻度 | — | 対象者 | 事業主 | 期限 | 5日以内・10日以内・50日以内 |

POINT
- 社会保険から脱退するときは、適用事業所全喪届を提出する
- 労働保険脱退時は、適用事業所廃止届や概算保険料の精算を行う

社会保険から脱退するときの手続き

会社が解散したり、休眠したりすることで事業所が存続できない場合は、事実発生から5日以内に年金事務所・健康保険組合に適用事業所全喪届を届け出し、社会保険を脱退することになります。脱退するケースとしては、①事業の解散や休業、②他の事業所との合併により事業所が存続しなくなる、③一括適用により単独の適用事業所で

なくなる、④一定条件の下で認可を受けていた任意適用事業所で被保険者の4分の3以上の同意によって脱退が認可される場合などが該当します。また、被保険者資格喪失届（67ページ）も必要となります。なお、任意適用事業所の取り消しの申請をする場合は、同時に任意適用取消申請書の提出が必要です。

労働保険から脱退するときの手続き

事業を廃止・休止（再開見込みなし）したり、雇用保険の被保険者がいなくなった（今後雇用する見込みがない）場合は、雇用保険の適用事業所を廃止する手続きを行います。事業所を廃止した日の翌日から10日以内に、管轄のハローワークに雇用保険適用事業所廃止届の提出が必要です。添付書類として、法人登記簿謄本など廃止の事実が確認できる書類を用意しましょう。被保険者である従業員がいる事業

所を廃止する場合は、併せて雇用保険被保険者資格喪失届（77ページ）と雇用保険被保険者離職証明書の提出も行います（78〜81ページ）。

労働保険は、保険年度単位で概算保険料を事前に納付しているため、事業を廃止した日の翌日から50日以内に確定保険料申告書と労働保険料還付請求書を管轄の労働基準監督署に提出し、前払いしている概算保険料の精算を行います。

健康保険
厚生年金
労災保険
雇用保険

Keyword **休眠** 解散とは異なり、会社を存続させたまま停止することができる。手続きを行えばいつでも再開が可能。

「健康保険・厚生年金保険 適用事業所全喪届」の記入例

書類内容　健康保険・厚生年金保険から脱退するときに記入する書類
届出先　　事業所管轄の年金事務所・年金事務センターまたは健康保険組合

「①事業所整理記号」と「②事業所番号」は必ず記入する

POINT
事実発生日の翌日を記入する。「④全喪の原因」が「1解散」「2休業」の場合は、被保険者全員が資格を喪失した日（退職日の翌日）を記入する

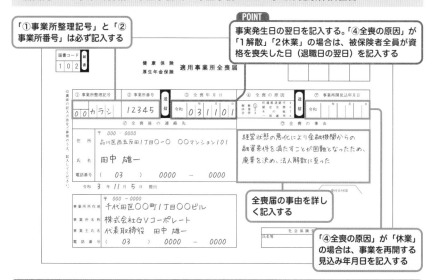

全喪届の事由を詳しく記入する

「④全喪の原因」が「休業」の場合は、事業を再開する見込み年月日を記入する

「健康保険・厚生年金保険 任意適用取消申請書」の記入例

書類内容　任意適用事業所の取り消しの申請をするとき記入する書類
届出先　　事業所管轄の年金事務所・年金事務センターまたは健康保険組合

POINT
健康保険のみ、厚生年金保険のみの取消を申請する場合は、取消する制度を○で囲む

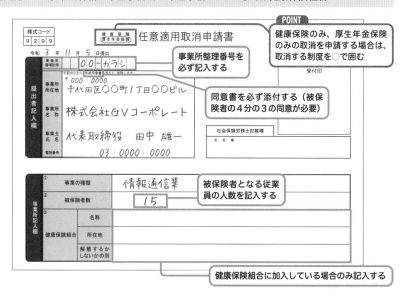

事業所整理番号を必ず記入する

同意書を必ず添付する（被保険者の4分の3の同意が必要）

被保険者となる従業員の人数を記入する

健康保険組合に加入している場合のみ記入する

Advice　適用事業所全喪届に記入した事業所名称や所在地などの情報は、日本年金機構のホームページの事業所検索システムで情報公開される（276ページ）。

「労働保険 概算・増加概算・確定保険料申告書（様式第6号）」の記入例

書類内容	労働保険の保険関係が消滅したとき保険料を精算するために作成する書類
届出先	事業所管轄の労働基準監督署

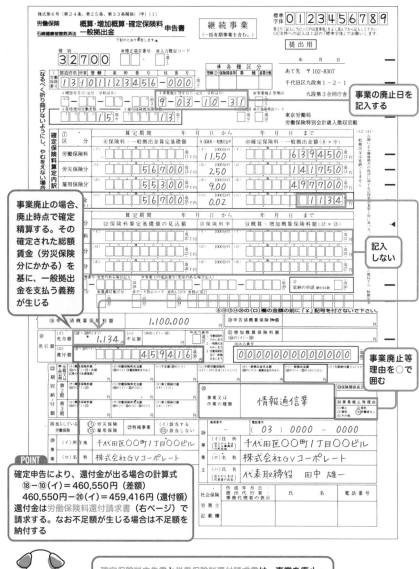

事業の廃止日を記入する

事業廃止の場合、廃止時点で確定精算する。その確定された総額賃金（労災保険分にかかる）を基に、一般拠出金を支払う義務が生じる

記入しない

事業廃止等理由を○で囲む

POINT

確定申告により、還付金が出る場合の計算式
⑱−⑩(イ)＝460,550円（差額）
460,550円−⑳(イ)＝459,416円（還付額）
還付金は労働保険料還付請求書（右ページ）で請求する。なお不足額が生じる場合は不足額を納付する

確定保険料申告書と労働保険料還付請求書は、事業を廃止・終了した日から50日以内に提出。納付する保険料がある場合は、確定保険料申告書は金融機関でも提出できますが、労働保険料還付請求書は管轄の労働基準監督署・都道府県労働局に提出しましょう。

「雇用保険適用事業所廃止届」の記入例

書類内容　雇用保険の適用事業所ではなくなったときに提出する書類

届出先　　事業所管轄のハローワーク

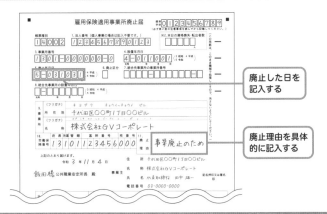

廃止した日を
記入する

廃止理由を具体
的に記入する

「労働保険 労働保険料還付請求書（様式第8号）」の記入例

書類内容　労働保険料に還付金が発生するときに記入する書類

届出先　　事業所管轄の労働基準監督署

還付金を振り込む
金融機関名および
支店名、金融機関
コード、支店コー
ドを記入する

郵便局での受け取り
を希望する場合はこ
の欄に記入する

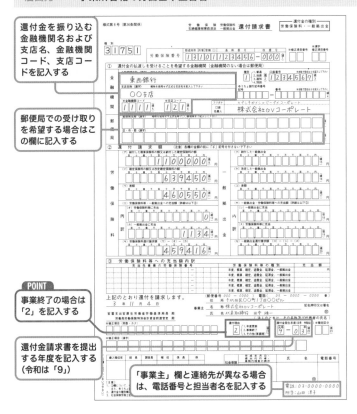

POINT
事業終了の場合は
「2」を記入する

還付金請求書を提出
する年度を記入する
（令和は「9」）

「事業主」欄と連絡先が異なる場合
は、電話番号と担当者名を記入する

ダブルワークと社会保険・労働保険

副業先でも社会保険に加入できる

　国が副業を推進しはじめたこともあり、ダブルワークを行う社員が増えています。主な勤務先で、フルタイムで働いた後、副業先で短時間勤務するような場合は、基本的に主な勤務先で社会保険に加入するため問題にはなりません。しかし、主な勤務先と副業の勤務先の両方で、ある程度の長時間働く従業員については、厚生年金と健康保険の加入をどちらの会社で行うかが問題になることがあります。

　健康保険と厚生年金保険は、労働時間が正社員の3／4以上という要件を満たせば、副業先の会社でも加入することができます。この場合、従業員が負担する社会保険料は報酬額に応じて割りふられることになります。複数の勤務先で社会保険に加入したとしても、発行される健康保険証は1枚です。従業員がダブルワークをしていても、社会保険の月額変更届や基礎算定届については、自社の報酬月額などを考慮して届け出を行います。実際の社会保険の手続きや要件を満たすかどうかなどの具体的なことについては、年金事務所や健康保険組合などと相談しながら進めていきましょう。

ダブルワークをする場合は申告を忘れずに

　雇用保険は社会保険のように、複数の勤務先で加入するという制度はありません。基本的に、給与額が大きい方の勤務先で雇用保険に加入するのが一般的な運用です。ただし、2022年1月から、65歳以上で複数の勤務先で勤務する場合、2つの勤務先の労働時間を合計して20時間以上などの条件を満たすと加入することができるようになりました。

　従業員がダブルワークをしていることを副業先に申告せず、副業先で知らずに雇用保険の資格取得手続き（給与からの保険料控除）が行われることがあります。その場合、従業員と事業主とも雇用保険を重複して支払ってしまうことになるので注意が必要です。

第 9 章

電子申請と届け出状況の
確認・訂正手続き

第9章では、社会保険と労働保険の電子申請と届け出
状況の確認・訂正手続きについて解説していきます。
社会保険・労働保険の届け出や手続きは、紙や電子媒
体（CD・DVD）の他にオンラインによる電子申請
でも可能です。電子申請は、申請できる手続きも増え
てきているため、義務化された企業以外も活用を検討
してみるといいでしょう。

01 電子申請（e-Gov　イーガブ）の しくみと流れを知ろう

頻度	－	対象者	事業主	期限	－

POINT

- e-Gov電子申請では多くの社会保険・労働保険の手続きを行うことができる
- 無料で登録でき、電子証明書が不要になるGビズIDが便利

会社から各種電子申請ができる「e-Gov」とは

社会保険や労働保険などの各種行政手続きは、紙やCD・DVDなどで提出する方法以外に、現在では電子申請が追加されています。電子申請の窓口となるのが「e-Gov」という総務省が運営しているポータルサイトで、社会保険・労働保険の多くの手続きを行うことができます。e-Govを使えば、各省庁等のホームページを1つひとつ開く必要がありません。24時間いつでもどこでも会社のパソコン等から手続きができるため、各手続き機関に行く手間が省け、書類の郵送費も節約することもできます。

なお、2020年4月からは特定の法人（資本金等が1億円を超える法人等）については、社会保険・労働保険の一部手続きを必ず電子申請で行うよう義務化されています（一部例外あり）。

GビズIDの取得で電子申請がさらに便利に

e-Govを利用するには、従来は必ず電子証明書を取得する必要がありました（272ページ）。電子取引において、書面取引における「実印・印鑑証明書」の代わりとなるものです。信頼できる第三者（認証局）に間違いなく本人であることを電子的に証明してもらうしくみです。電子証明書を取得・維持するためには数千円から数万円の費用がかかる上に、取得するまでの流れが複雑であるというデメリットがありました。

しかし、2020年4月からGビズIDといって、1つのID・パスワードでe-Govをはじめさまざまな行政サービスにログインできる共通認証システムが登場しました。これにより無料で簡単に手続きが行えるようになりました。これからe-Govを使うという人は、GビズIDを取得して利用するといいでしょう。

健康保険

厚生年金

労災保険

雇用保険

📌 e-Govの利用イメージ

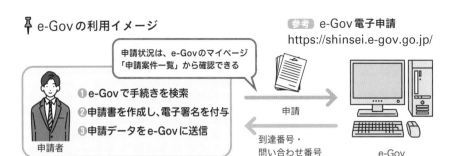

📌 e-Govアカウントについて

アカウント（ID）とは、Webサービスなどを利用するための権限が付与された識別名のことです。「e-Gov アカウント」「G ビズ ID」「Microsoft アカウント」のいずれかを利用することで、e-Gov電子申請サービスを利用できます。

●e-Govで利用できるアカウントサービス

サービス名	Gビズ ID	e-Govアカウント	Microsoftアカウント
概要	1つのID・パスワードでさまざまな法人向け行政サービスにログインできる共通認証システム　https://gbiz-id.go.jp/top/	e-Govが発行するアカウント	マイクロソフトが提供するサービスで利用することができるアカウント

印鑑証明の郵送と2週間程度の審査期間がある　　　オンラインで即時取得できる

ONE　電子媒体（CD・DVD）による届け出について

　日本年金機構のホームページから「届出作成プログラム」をダウンロード（無償）し必要事項を入力した後、提出用CD・DVDを作成して年金事務所へ提出します。申請可能な届け出は以下の通りです。

資格取得届／資格喪失届／算定基礎届／月額変更届／賞与支払届／被扶養者（異動）届／国民年金第3号被保険者関係届

　また算定基礎届や賞与支払届などで電子媒体を利用する届け出をしておくと、届け出期間になった際に、日本年金機構から「ターンアラウンドCD」が送られてきます。このCDには、届け出に必要な被保険者の情報があらかじめ入力されています。

参考　日本年金機構ホームページ「電子媒体申請」
https://www.nenkin.go.jp/denshibenri/denshibaitai/denshibaitai.html

---

Keyword　**ターンアラウンドCD**　日本年金機構から送付される被保険者のデータが収録されたCD。このCDは、届書作成プログラムでのみ読み込み可能で、使用することでより簡単に届書の作成が可能となる。

02 電子申請の事前準備

| 頻度 | － | 対象者 | 事業主 | 期限 | － |

POINT
- e-Govを利用するためにはアプリのインストールが必要
- 電子証明書は、「ICカード形式」と「ファイル形式」の2種類がある

gBizIDプライムを申請する

e-Gov電子申請を利用するために、GビズIDのアカウントを取得する場合は、3つある種類のうち事業主向けのgBizIDプライムを申請しましょう。申請方法は、GビズIDのホームページから申請書を作成し、ダウンロードします。その後、申請書と印鑑証明書を郵送します。2週間程度の審査期間が必要なので、余裕を持って申請しましょう。GビズIDで、まだすべての手続きはできませんが（右ページ上表）、今後対応は増えていく予定です。

GビズID以外では利用する前に電子証明書が必要か確認

GビズID以外のアカウントを使ってe-Gov電子申請をする場合、原則として電子証明書が必要です。まず利用する手続きで電子証明書が必要か確認しましょう。必要な場合、手続きに対応している認証局の証明書を取得しましょう（右ページ下表）。

電子証明書は、「ICカード形式」と「ファイル形式」の2種類があります。ICカード形式の場合、電子証明書が記録されたマイナンバーカード等（ICカード）と、ICカードリーダー（読み取り機）を用意し、利用者クライアントソフトをダウンロードします。ファイルで交付を受ける場合は、専用のソフトウェアをダウンロードし、それを使用してインターネット経由で電子証明書のダウンロードが可能です。

e-Govの各サービスの利用方法、情報の探し方については、ヘルプ（https://shinsei.e-gov.go.jp/contents/help）を参照してください。ヘルプではわからない場合は、お問合せ（https://shinsei.e-gov.go.jp/contents/contact）を利用しましょう。

健康保険

厚生年金

労災保険

雇用保険

Keyword **gBizIDプライム** GビズIDのアカウントの1つ。GビズIDには「gBizIDエントリー」「gBizIDプライム」「gBizIDメンバー」の3種類のアカウントがあり、それぞれ利用できる行政サービスが異なる。
認証局 デジタル証明書を発行する機関のこと。電子証明書の発行や失効を行う。

📌 GビズIDで可能な社会保険・労働保険の電子申請手続き

社会保険	資格取得届・70歳以上被用者該当
	資格喪失届・70歳以上被用者不該当
	算定基礎届・70歳以上被用者算定基礎届
	月額変更届・70歳以上被用者月額変更届
	賞与支払届・70歳以上被用者賞与支払届
	被扶養者（異動）届
	国民年金第3号被保険者関係届
雇用保険	雇用保険被保険者資格取得届
	雇用保険被保険者資格喪失届
	雇用保険被保険者転勤届
	個人番号登録届
労働保険	労働保険年度更新申告書等

> GビズIDでは提出頻度の高い書類の電子申請が可能です。

📌 e-Govで利用可能な電子証明書と主要手続き

(2021年7月5日調べ)

番号	認証局（電子証明書発行機関）	証明書の発行対象者	「電子政府の総合窓口（e-Gov）」で受付けている手続き			
			厚生労働省に対して申請・届け出を行うもの			
			社会保険関係手続き		雇用保険関係手続き	労働保険関係手続き
			健康保険・厚生年金保険被保険者資格取得届、健康保険・厚生年金保険者賞与支払届など	年金加入記録照会・年金見込額試算	雇用保険被保険者資格取得届、雇用保険高年齢雇用継続給付の申請など	労働保険概算・増加概算・確定保険料申告書など
1	商業登記に基礎を置く電子認証制度	法人	○	×	○	○
2	AOSignサービス	法人・個人	○	○（個人のみ）	○	○
3	TOiNX電子入札対応認証サービス	法人	○	×	○	○
4	TDB電子認証局サービスTypeA	法人・個人	○	○（個人のみ）	○	○
5	セコムパスポートforG-IDサービス	法人・個人・社会保険労務士等士業者	○（個人・法人・社会保険労務士）	○（個人・社会保険労務士）	○（個人・法人・社会保険労務士）	○（個人・法人・社会保険労務士）
6	DIACERTサービス、DIACERT-PLUSサービス	法人・個人	○	○（個人のみ）	○	○
7	公的個人認証サービス	個人	○	○（個人のみ）	○	○
8	e-Probatio PS2サービス	法人・個人	○	○（個人のみ）	○	○

出典：デジタル庁「e-Gov電子申請ホームページ」

Advice 電子証明書は認証局で発行している。認証局によって対応している手続きの種類や費用などが異なるため、各認証局のホームページで確認しよう。

03 電子申請の手続き

| 頻度 | － | 対象者 | 事業主 | 期限 | － |

POINT
- e-Govで受付していない手続きもあるので最初に調べておく
- 添付書類にも電子署名必要なものがあるので注意する

電子申請の手順

電子申請は「e-Gov電子申請」のマイページから行います。まずは、行いたい手続きがe-Govで受付可能かどうかを調べます。ページ上部の「手続検索」タブを選ぶと、状況や名称等から検索できます。e-Govでの申請が可能なら、目的の手続きを選択します。各種手続きの画面右下にある「申請書入力へ」をクリックし、e-Govアプリケーションを起動します。アプリが起動したら、必要なデータを入力しましょう。

電子署名が必要な手続きの場合は、電子署名のために必要な電子証明書を取得しておく必要があります（272ページ）。また、手続きの中には、所管行政機関から届く個別のユーザIDとパスワードが必要な手続き（個別認証）もあります。

申請データの送信から処理の終了まで

申請書にデータを入力し終わったら、添付書類が必要かどうかを確認します。添付書類がある場合は、添付書類にも電子署名を行いましょう。添付書類が電子ファイルで準備できないときは、郵送で送ることも可能です。その場合は「到達番号」を明記して郵送してください。

必要なデータがすべてそろったら、「申請書送信」のボタンをクリックしてe-Govにデータを送信します。送信が完了したら、「到達番号」と「問い合わせ番号」が表示されますので、必ず控えておきましょう。申請書のデータは、任意の場所に保存しておくことができます。

行政機関の審査が完了したら、e-Govから登録したメールアドレス宛に審査が完了したことを通知するメールが届きます。メッセージを開くと、行政機関から発行された公文書がある場合はダウンロードできます。

Keyword 個別認証 e-Gov電子申請の手続きごとで求められるIDとパスワード。行政手続きの中には個別のIDとパスワードが必要な場合がある。

健康保険
厚生年金
労災保険
雇用保険

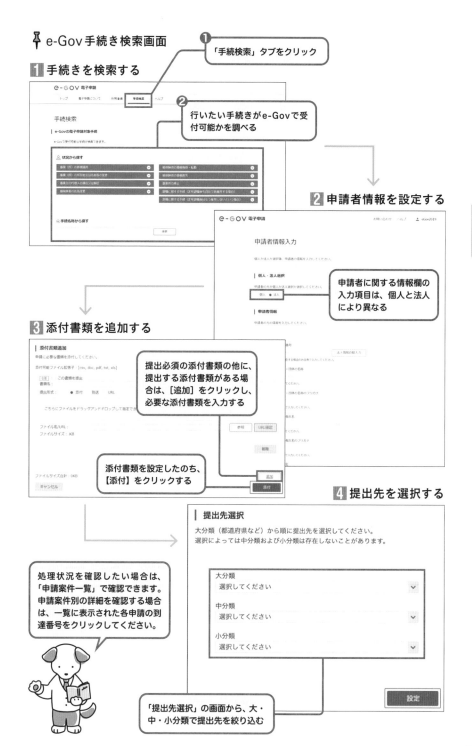

e-Gov手続き検索画面

1 手続きを検索する

❶「手続検索」タブをクリック

❷ 行いたい手続きがe-Govで受付可能かを調べる

2 申請者情報を設定する

申請者に関する情報欄の入力項目は、個人と法人により異なる

3 添付書類を追加する

提出必須の添付書類の他に、提出する添付書類がある場合は、[追加]をクリックし、必要な添付書類を入力する

添付書類を設定したのち、【添付】をクリックする

4 提出先を選択する

提出先選択

大分類（都道府県など）から順に提出先を選択してください。
選択によっては中分類および小分類は存在しないことがあります。

大分類
選択してください

中分類
選択してください

小分類
選択してください

設定

処理状況を確認したい場合は、「申請案件一覧」で確認できます。申請案件別の詳細を確認する場合は、一覧に表示された各申請の到達番号をクリックしてください。

「提出先選択」の画面から、大・中・小分類で提出先を絞り込む

04 社会保険・労働保険の届け出状況を確認する

| 頻度 | ― | 対象者 | 事業主 | 期限 | ― |

POINT

● 従業員の資格取得状況は、被保険者リストで確認する
● 適用事業所になっているかどうかはホームページで確認できる

届け出が受理されていなければ再提出や訂正が必要

社会保険・労働保険に関する手続きは多岐にわたります。例えば、新たに工場や支店等ができ適用事業所となったときは、社会保険や労働保険の新規適用手続きをします。従業員が結婚したり、子どもが生まれたときは、社会保険の扶養に入る手続きを、新入社員が入社したときは、資格取得届などを提出します。

さまざまな手続きを行う中で、間違った申請をしてしまうことがあるかもしれません。申請内容にミスがあったり、そもそも申請自体が漏れてしまっていたりした場合には、早急に再提出や訂正の対応をしなければなりません。そのためにも、申請を行った後や定期的に、届け出状況を確認することはとても大切なことです。

各種公的保険の加入状況を確認する

事業所が健康保険・厚生年金保険の適用事業所になっているかどうかは、日本年金機構ホームページ上の「厚生年金保険・健康保険適用事業所検索システム」（https://www2.nenkin.go.jp/do/search_section/）を使って検索することができます。現存する適用事業所と直近2年以内に全喪した事業所の情報を検索することができるシステムです。

労災保険・雇用保険の適用事業所になっているかは、厚生労働省ホームページ上の「労働保険適用事業場検索」

（https://chosyu-web.mhlw.go.jp/LIC_D/workplaceSearch）で検索すると確認できます。

従業員の加入状況等を知りたい場合は、被保険者リストを請求して確認することができます。健康保険・厚生年金保険では、厚生年金保険被保険者・国民年金第3号被保険者住所一覧表提供申出書を年金事務所に提出します。雇用保険では、雇用保険適用事業所情報提供請求書をハローワークに提出すると取得できます。

健康保険

厚生年金

労災保険

雇用保険

「厚生年金保険被保険者・国民年金第3号被保険者住所一覧表提供申出書」の記入例

書類内容　**厚生年金保険・健康保険に加入している従業員を確認するときに提出する書類**

届出先　　**事業所管轄の年金事務所**

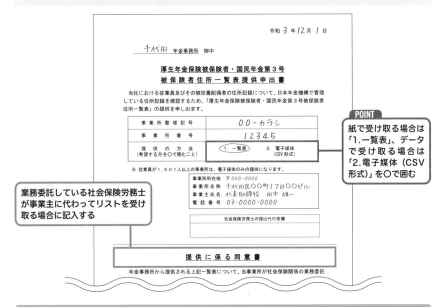

POINT
紙で受け取る場合は「1.一覧表」、データで受け取る場合は「2.電子媒体（CSV形式）」を〇で囲む

業務委託している社会保険労務士が事業主に代わってリストを受け取る場合に記入する

「雇用保険適用事業所情報提供請求書」の記入例

書類内容　**雇用保険適用事業所の届け出状況などを請求するときに使用する書類**

届出先　　**事業所管轄のハローワーク**

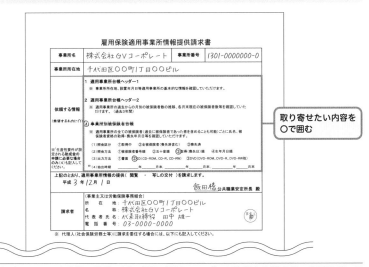

取り寄せたい内容を〇で囲む

Advice　労働保険における支店等の継続一括の状況（256ページ）を確認する場合は、各労働局に労働保険継続事業一括認可等確認照会票を提出する。

05 間違って届け出したときの訂正方法（社会保険）

頻度	－		対象者	事業主		期限	－

POINT
- 訂正する情報が被保険者と被扶養者の場合では書類が異なる
- 訂正届で訂正する場合と、同一書式で訂正する場合がある

事業所関係の情報を間違えたときの訂正方法

　社会保険では間違った情報を届け出してしまった場合、訂正の届け出が必要になります。事業所関係の届け出に訂正があるとき（事業主の氏名や住所、法人番号や本店・支店の区分など）には、事業主が事業所関係変更（訂正）届（263ページ）を使用し、訂正の手続きを行います。

　訂正に際しては、法人番号指定通知書や登記簿謄本のコピーなど、訂正する事実に関連する添付書類が必要となります。

従業員の情報を間違えたときの訂正方法

　健康保険の被保険者証や厚生年金保険の年金手帳に記載されている従業員の氏名や生年月日に誤りがある場合は、被保険者氏名変更（訂正）届、被保険者生年月日訂正届を年金事務所や健康保険組合に提出します。

　資格取得時に届けた報酬月額・取得年月日、あるいは被扶養者の氏名や生年月日などに訂正が生じる場合は、専用の訂正届はないため、すでに提出済の書類（被保険者資格取得届や被扶養者（異動）届など）と同じものを用意し、誤った情報を赤字で、訂正後の内容を黒字で記載します。このとき、書類のタイトルの上に「訂正届」など、訂正の内容がわかるタイトルを赤字で書き添えましょう。

「健康保険・厚生年金保険 被保険者氏名変更（訂正）届」の記入例

書類内容　健康保険の被保険者証や厚生年金保険の年金手帳に記載されている従業員の氏名誤りがあるときに必要な書類

届出先　　事業所管轄の年金事務所または年金事務センター

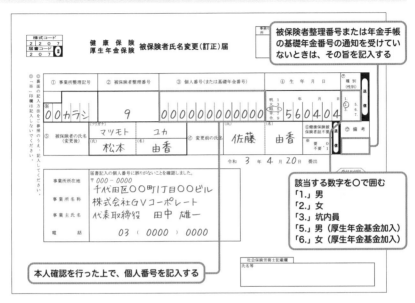

> 被保険者整理番号または年金手帳の基礎年金番号の通知を受けていないときは、その旨を記入する

> 該当する数字を○で囲む
> 「1.」男
> 「2.」女
> 「3.」坑内員
> 「5.」男（厚生年金基金加入）
> 「6.」女（厚生年金基金加入）

> 本人確認を行った上で、個人番号を記入する

「健康保険・厚生年金保険 資格取得時報酬訂正届」の記入例

書類内容　健康保険・厚生年金保険の報酬などを訂正するときに必要となる書類

届出先　　事業所管轄の年金事務所または健康保険組合

●被保険者の資格取得時の報酬月額を訂正する例（社会保険）

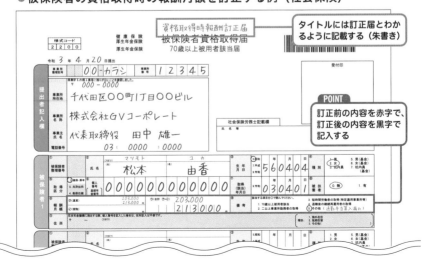

> タイトルには訂正届とわかるように記載する（朱書き）

> **POINT**
> 訂正前の内容を赤字で、訂正後の内容を黒字で記入する

06 間違って届け出したときの訂正方法（労働保険）

| 頻度 | － | 対象者 | 事業主 | 期限 | － |

POINT

- 雇用保険の被保険者情報訂正のときには添付書類が必要
- 労働保険料の申告・納付後に誤りがあれば処理方法を労働局に確認する

雇用保険の加入情報を間違えたときの訂正方法

従業員の資格取得届を提出すると、「雇用保険被保険者証」が発行されます。この被保険者証の情報が間違っていたときは、ハローワークに雇用保険被保険者資格取得・喪失届等 訂正・取消願の届け出を行いましょう。

届け出の際は、間違った内容の交付書類と、契約書や労働者名簿などの訂正の根拠を確認できる書類を添付します。

離職票の情報を訂正するときは、雇用保険被保険者離職票記載内容補正願に離職証明書（事業主控、回収できれば離職票－2も添付）、賃金台帳や辞令、解雇通知書など、訂正内容が確認できる書類を添付してハローワークに提出します。

労働保険料の申告・納付に誤りがあったとき

労働保険の年度更新の際、申告書の作成中に書き間違えてしまったとしても、領収済通知書（納付書）の納付金額以外は訂正することができます。その際は、訂正後の数字（文字）がわかるように書き直して申請しましょう。訂正印は必要ありません。領収済通知書の納付金額を書き間違えてしまったときは、新しい用紙（労働基準監督署に用意あり）に書き直します。

労働保険料の申告・納付が終わった後で間違いに気づいたときは、労働基準監督署に修正申告を行います。その際、労働保険再確定申告理由書（任意のフォーム）などの添付が必要ですので、訂正に関する具体的な手続きについては、管轄の労働局に確認しましょう。

労働保険関係成立届や継続事業の一括の認可申請など、労働保険の適用事業所に関する届け出の訂正をするときには、労働保険関係届出書 訂正・取消願を提出します。